民俗与乡情

——铜陵民间与地域文化拾遗文集

鲍安顺　主编

合肥工業大學出版社

图书在版编目(CIP)数据

民俗与乡情:铜陵民间与地域文化拾遗文集/鲍安顺主编.—合肥:合肥工业大学出版社,2018.5

ISBN 978-7-5650-3997-3

Ⅰ.①民… Ⅱ.①鲍… Ⅲ.①地方文化—铜陵—文集 Ⅳ.①G127.543-53

中国版本图书馆CIP数据核字(2018)第110837号

民俗与乡情

——铜陵民间与地域文化拾遗文集

鲍安顺 主编　　　　责任编辑 郭娟娟

出 版	合肥工业大学出版社	**版 次**	2018年5月第1版
地 址	合肥市屯溪路193号	**印 次**	2018年6月第1次印刷
邮 编	230009	**开 本**	710毫米×1010毫米 1/16
电 话	人文编辑部:0551-62903205	**印 张**	19
	市场营销部:0551-62903198	**字 数**	328千字
网 址	www.hfutpress.com.cn	**印 刷**	安徽联众印刷有限公司
E-mail	hfutpress@163.com	**发 行**	全国新华书店

ISBN 978-7-5650-3997-3　　　　定价:48.00元

编　委　会

序

张　进

民俗是依附于人们的生活、习惯、情感与信仰而产生的一种文化。由于民俗文化活动的集体性，民俗培育了该民族或者该地区共同达成的社会认识观念的一致性。有一种观点说，民俗文化强化了民族精神，塑造了民族品格。民俗既是社会意识形态之一，又是一种历史悠久的文化遗产。早在《汉书·王吉传》中就有“百里不同风，千里不同俗”的记载。

我国是一个历史悠久的多民族文化古国，各族人民世世代代形成了极其丰富的民俗传统，这是中华民族灿烂文化宝库中极为珍贵的财富。可惜的是，由于多种原因，大量民俗资料散失，有些已经无法挽回和补偿。自党的十一届三中全会以来，民俗文化工作获得了重视和发展，经过多年的抢救搜集，积累了大量资料，编纂了大量成果。我市也顺应时代要求，广泛开展了民俗与地域文化的探讨、研究与相关书籍出版工作，先后有《大俗民韵》《铜陵石洞耆民间故事》《习俗·方言·文艺》《枞阳民俗》《铜陵方言研究》等书问世，填补了许多民间、民俗与地域文化的空白，捡遗、发掘和整理了一系列珍贵的地域文化宝藏。可以肯定，有针对性地在全市开展民俗与民间文化的搜集、整理工作，是非常有价值、有意义的，习俗留于后世，风情留于后世，就是把好的精神与传统留于后世。有些珍贵记忆，当老人离去，新人不再提及，就会消失。因此我们要把这项工作当成迫在眉睫的使命与责任，经过抢救、挖掘，那些存在于人们口头上、记忆中的文化财富就不会继续泯灭而失传，通过广泛有效的搜集，通过大量繁杂的整理和编纂工作，就能使这份文化财富得以保存，使我市优秀的民间文化传统得以继承和发扬。

《民俗与乡情——铜陵民间与地域文化拾遗文集》一书，揭示了铜陵民俗与人文的丰富记忆，展示了铜陵多姿多彩的地域人情画卷，以及历史人文风情。同时，体现了浓郁的地方色彩，彰显了一定的文化价值、社会价值、艺术价值、科研价值和资料保存价值，对保护铜陵非物质文化遗产、推动地域特色文化建设有着积极健康的作用。可以看出，这本书出版的价值，在于收集了铜陵历经沧桑的古老时光与特定历史时期的人文风情，体现了铜陵民俗鲜明的特色与意义，那些铜陵人民的优秀传统、习惯、品质、精神与生存价值取向，都得以历历在目，回声荡漾，亘古不息。其实民俗的魅力，借助口头相传，身心体验，生活感悟，生命积淀，成为丰富的人文财富，成了赖以继承和发扬的优秀文化。如何让民俗文化更好地发展起来并且能够更好地为人民服务，在社会主义物质文明和精神文明建设中更好地发挥作用，这就需要民俗文化的研究者和爱好者们，付诸千辛万苦的努力和孜孜以求的热情，编著出更多有传承价值的民俗书籍，汇集乡情与乡愁的辉煌篇章。

本书共分四个篇章，分别为风俗篇、风物篇、风情篇、风貌篇，分别展示了铜陵的习俗、特产、文化、地域等内容，全范围、多角度、立体地展示了铜陵民俗与地域文化整体风貌、独特个性与人文魅力。全书共收录文字 30 万之多，参与作者 60 多人。本书具有以下几个特点：一是保持了最初的生活本真，许多文章的语言特点，保持了民间文学必须是原装的才不会游离民间文学的特性，作品体现了原发地的生存活力与人文风貌。二是在具备纯正民俗文化特点的基础上，大胆收集了一些铜陵民间与地域文化的知识类文稿，以展示更为丰富的铜陵人文风貌。三是读起来能感觉到浓重的农村泥土气息，没有刻意创作之嫌，具有民间流传的口头散文作品特色，所有作品以其紧凑的艺术结构和朴素的口头语言，生动描绘了一幅幅久远年代的社会生活场景，强烈地表达了劳动人民的愿望和思想感情。它们褒彰真善美，介绍地方风物，表达向往美好生活的强烈愿望，汇集山川名胜的灵韵生机，展示民间传统的文明精华，体现人民智慧的丰富结晶。作品具有一定的思想教育意义，反映民间生活、生产、繁衍、生老病死和历史演变的丰富性和可读性。四是从文字和内容的整体布局上来看，编者是严格而机智的，在不改变原作的主题思想，不改变原作的基本情节和结构，不改变原作的体裁和叙述方式，不改变原作的艺术特色和语言风格的基础上，经过合理布局和精心安排，让编辑成书的面貌富有生机，浑然一体。五是本着尽量真实、尽量保持原叙述者叙述的地方特色的原则，努力使所选文章在内容和题材上体现落地生根的乡土气息，也就是具有典型意义的本土文化特质，有知识点，不空泛，努力保持着“原汤原汁原味”的原生态乡土特色。从全书整体上来看，有别于经过艺术加工的书面文学。

铜陵人在不断向前发展的历史进程中，形成了很多独具特色的传统民俗，形式多样，内容丰富。民俗是铜陵人民精神和情感的重要载体，并以文化的形式深深扎根于民众之中，具有强盛鲜活的生命力，历经岁月的变迁，逐渐成为铜陵文化的一份珍贵遗产。在此特别感谢，那些参与本书搜集、整理、创作、编辑工作的人们，正是这些有着浓厚兴趣和丰富民俗文化知识的人，以艺术传承的精神和弘扬宝贵精神财富的态度，付出了许多默默无闻的艰辛劳作，做出了积极的贡献，才留给了我们一本厚厚的闻之有芳香的乡情之卷。

此书编纂成书，是给铜陵子孙后代留下的可贵的文化遗产，从中我们能深刻地体会到民俗与民间文化遗产抢救工程的深远意义，我们完成了特定历史时期赋予铜陵人的一份文化责任与义务。这一任务的完成，是由于许多领导和热心的同志们对这项工作给予了满腔热忱的支持，还有许多外地的有识之士，在我们的收集整理工作中给予了热忱的指导和帮助，在此表示真诚的感谢！

2018 年 2 月 18 日

（张进，铜陵市文学艺术界联合会党组书记、主席）

目录

Contents

风俗篇（习俗）

铜陵农事民俗

耿宏志

铜陵历史上是一个农业地区，民风对农耕非常重视。乾隆铜陵县志《风俗》篇记载："其民自农亩外，无商易于四方者。"铜陵民间有谚："生意钱，眼面钱；庄稼钱，万万年。""七十二行，种田为王。"祖祖辈辈生活劳作在这块土地上的铜陵先民，积累了丰富的农业生产经验，通过时间的固定，逐步形成农业礼俗规范，也就是农事民俗。这些农事民俗是农业文明的重要组成部分。铜陵农村以种植水稻为主，其农事民俗活动也基本上围绕着种植水稻开展。

1. 迎春。立春是二十四节气之首，农事活动就从每年的头一个节日开始，所以立春也是农业民俗正式开始的起点。立春这一天的天气对全年的农业生产有非常重要的影响。铜陵气象谚语说："立春雨淋淋，阴阴湿湿到清明。"铜陵民间《十二月节令歌》唱道："最好立春晴一日，农夫耕田不费力。"如果立春是晴天，那一年就有望是丰收年。

铜陵民间把立春叫"打春"。这有两个意思，一是从这一天开始，春气打退了寒潮，春日春风，阳和气暖；二是鞭打春牛，即所谓"鞭春"，鼓励农耕。

立春之时行迎春之礼，在先秦时期已被视为国家的一种制度。《礼记·月令》载："孟春之月……立春之日，天子亲帅三公九卿诸侯大夫以迎春于东郊。"而"打春牛"仪式最早可以追溯到周朝。宋代高承所著的《事物纪原》记载："周公始制立春土牛，盖出土牛以示农耕早晚。"他这里说的是泥土制作的土牛。《事物纪原》是一本专记万事之源的科技著作，作者高承为宋代开封人。史书记载该书共十卷，"自博弈嬉戏之微、鱼虫飞走之类，无不考其所自来"。到唐宋，鞭春牛活动便愈演愈烈。孟元老《东京梦华录》:“立春前一日，开封府进春牛于禁中鞭春。开封、祥符两县，置春牛于府前。至日绝早，府僚打春，如方州仪。”鞭春此时已在全国通行。直到今天，全国很多地方仍都有立春打春牛活动，不过打的多数是土牛，也有少数打纸糊的牛。有的地方还兴师动众把纸扎的春牛用车推着到村头田畈周游，并伴以鼓乐歌舞，谓之“游春牛”。铜陵自古也有鞭打土牛的活动。明朝万历《铜陵县志》记载:“先一日邑宰率官属迎春于东郊，邑人扮杂剧以迎春，观土牛以占岁。次早祀芒神，鞭土牛如仪。”明知县李士元有《迎春》一诗，开头两句是:“绮罗成队接青阳，春仗行春春水茫。”写的就是他率官属和百姓迎春于东郊的热闹场面。那时鞭打的是土牛，可是到后来，我们铜陵乡间打的却是真牛了。

这里有个故事。传说铜陵某村有一个姓王的泥匠，他的泥塑手艺非常高，每年立春他都要为自己村里塑土牛。由于他塑的土牛特别好，四乡八邻都赶来看。每年立春的头一天，村长或族长把各家各户凑来的春钱送到他手上，让他准备第二天的春牛。他为了保护自己的手艺不外泄，总是在晚饭时慢慢地喝酒，一直喝到深夜大家都睡了，才动手做。第二天一早，一头形象逼真的漂亮土牛便立在村中的稻场上了。有一年他在立春前一夜照常喝酒，没想到高兴过度，喝多了，一觉呼噜到天亮。第二天大家兴高采烈地跑到稻场上，什么也没有看到。这下可急了，每年的立春可只有一天，把这一天误了还得了哇。大家急忙跑到王泥匠家。那王泥匠已经被吵闹声惊醒了，知道大事不好。但他灵机一动，从牛栏里牵出自己家的水牯牛，三下五除二就将牯牛涂得满身彩，说:“年年都玩假的，今年我们玩真家伙。”大家是气不打一处来，不敢打人就打牛，人人拿着鞭子打得那花里胡哨的彩色水牛满村乱跑。谁知那一年，风调雨顺，五谷丰登。尤其是这姓王的泥匠家的稻子，籽粒饱满，产量格外高。于是人们自然把功劳算在鞭打真牛的事上。从此铜陵农村的迎春活动打春，打的就是真牛了。全国恐怕也只有铜陵这样做。每年正月初八，村里几个年岁长的老农挨家巡看，选中身材高大、膘肥体健的水牛。到立春时就给这头水牛角挂红幅、遍身披彩，由一位标致活泼的男孩牵着在村里巡游。村中男性老少每人手拿一根柳枝不断地挥舞，以示鞭打。这柳枝有讲究，要两尺四寸，象征一年二十四个节气。这时村里锣鼓喧天，家家户户鞭炮相迎，这叫接春。最后游到这头最幸运的牛的主人家，把牛角上的红布挂在他家的门楣上，这才结束仪式。仪式搞得越热闹，全村人的心理就越能够得到满足，大家对一年的农业生产就越有信心。

立春吃春食谓之“尝春”。其时令食品为“春饼”和“春卷”。铜陵人吃春饼、春卷时，伴喝的米酒叫“春酒”。《诗·豳风·七月》：“为此春酒，以介眉寿。”春酒是头年冬天所酿的糯米酒，铜陵人也叫“甜酒”。同时配上铜陵的特产腌蒜子、腌生姜、腌水萝卜、腌辣椒、腌韭菜。这五种腌菜用碟子装起来称为“春盘”。春盘在我国其他地方称作“五辛盘”。明代李时珍《本草纲目》：“元旦立春，以葱、蒜、韭、蓼蒿、芥辛嫩之菜杂和食之，取迎新之意，谓之五辛盘。”五辛不一定能够凑齐，各地会根据自己的地方特点增减或更换菜谱，称作“春盘”更加名副其实。杜甫《立春》诗就有“春日春盘细生菜”（《全唐诗·卷二百二十九》）之句，尝春之风可谓由来已久。

2. 请秧田神。水稻育秧要先浸稻种。铜陵农谚说：“清明浸种，谷雨下秧。”现在农村浸稻种，水里要加一些农药或者石灰。过去铜陵农村是用清水浸种，为的是要做“芽稻粑粑”。农家每年浸种时，总要比实际需要特意多放一点稻籽，入浸两天后起水，然后放在稻箩里让它发芽。用作稻种多下来的稻籽叫“剩稻”，晒干后用来磨粉做粑。育秧剩下来的稻芽叫“剩稻芽”，用来熬糖。把这些粉和糖做成粑叫“芽稻粑粑”。人们要把第一锅芽稻粑粑恭恭敬敬地送到田头，供奉心目中的秧田菩萨，并插上柳枝，烧香放鞭炮，磕头作揖。然后，全家才开始吃芽稻粑粑。这就是所谓的请秧田神。

有一些研究民俗的人认为，“剩稻”“剩稻芽”的“剩”，应该是“胜利”的“胜”字，表示老百姓希望通过这一活动祈求胜利。笔者认为这十分牵强。通过仔细斟酌，我认为应当写作剩下的“剩”，有两种寓意：一是它本来就是特意多下的稻籽，育秧以后剩下来的；二是剩者余也，祈求时和岁丰，家有富余。有兴趣的可以研究一下。

3. 开秧田门。这是最重要的活动。铜陵乡间有谚“小孩望过年，大人望插田”，插田就是插秧。插田的这一天大家都要穿上干净的衣服，最好是新衣，买来酒肉鱼菜，以欢庆一年田事的开始。早中晚三餐都要吃酒。早晨起来先要喝酒、抽烟、吃酥糖和用糯米或高粱做的麻糍。然后带上最好的酒、糯米饭和其他祭品，来到自家秧田边，举行开秧田门的仪式。先由户主或村中有名望的老农烧香敬神，再由户主下田扯第一把秧苗。因为这第一把秧非常讲究，要看准方向，不能朝太白星也就是金星的方向，否则就是犯了太岁，就会“发秧风”“生稻瘟”。第一把秧拔过后人们兴高采烈地欢呼“嗬嗬”，开始下田拔秧插秧。拔秧要讲究效率和质量。讲效率就是要快，赶时辰；讲质量就是秧把要匀、要齐、要净。好的拔秧高手每一把秧几乎大小甚至轻重都没有差别。秧把扎得要齐整不乱，秧苗根部要尽量洗净，这就便于运输和栽插。插田也是由插秧能手先下田

“破趟”，也叫“开趟子”或“跑趟子”。这个插秧能手叫“秧师”。“破趟”，就是按田的最佳方位，由秧师先行插一条直线，然后其他人才下田按着这个“趟子”分插。这样才美观，又有利于秧苗均匀地承接雨露阳光。最后一个下田的也是插田高手。两个高手一前一后，前后夹攻，叫“关鸡笼”。中间的人不得不抓紧加油。落后无能的，或者插得歪歪扭扭、前后左右距离不匀的，就会被人耻笑。向田间传递秧苗，不是来回递送，更不可以在田里走来走去，而是抛掷，称为“抛秧”。抛秧也有讲究，不可以从插秧人头上抛过去，必须把秧束丢在田里，由接秧人去拿。当然现在抛秧已没有这么多规矩，年轻人甚至从空中抛接来取乐。

一户的田插完要放爆竹，以示庆祝，告示四邻。过去有的地方还特意要放铳三响，叫作“关秧田门”。到了下晚，往往铳声此起彼伏，逼得那些任务多还没有完工的人家，没命地打号子，玩命地加快速度。秧栽完后，大家会围住落后的人，将他关进所谓的“秧门”，抓起稀泥便糊向他的头脸和全身，以此取乐，说是“栽完秧，糊稻仓”“庄稼丰收，粮食满仓”。也常用“糊稻仓”来拿主人开心，往主人身上涂烂泥。更有调皮的还会偷偷带回秧田泥来涂抹东家的女主人，此时女主人只能嬉笑躲让，不可以生气翻脸，否则就不吉利。这也是一种农家乐事吧。完工这餐饭很丰盛，但是不吃鸡肉，因为鸡和“饥”同音。吃了鸡一年就得不到收成，就要挨饿受饥。这一餐饭还讲究要把酒菜一吃精光，说这样田里才不会长稗子。总之，怎么说都有理由。不过，这一天是农家最辛苦也最快乐的日子。

4. 六月六，天贶节。“贶”，赠予、赐予的意思。天贶，是天赐的意思。其来源有多种说法，比较有影响的说法在我们铜陵有两种。一曰这是宋朝宋真宗钦定的节日。宋真宗赵恒是一个毫无作为的皇帝，公元 1004 年，辽邦侵宋，在当时的宰相寇准力主下，宋真宗御驾亲征。双方在澶洲（今河南省濮阳市）交战，宋军大胜，并射杀了辽军的一个姓萧的统军。打了胜仗按说应当扬眉吐气，这宋真宗却反而害怕了，同辽兵签订了一个休兵协议，同意每年向辽纳白银十万两、绢二十万匹，买得与辽的和平。历史上叫“澶渊之盟”。这么一个无能的皇帝为了提高自己的威信，就装神弄鬼，说在某年的六月初六做了一个梦，梦见上天赐他一本天书，教给他怎样治理天下，永保国泰。为了感谢上天的恩泽，于是就将六月初六这天定为天贶节。还于 1008 年到泰山举行了封禅大典，并在泰山的岱庙建造了一座规模宏大的天贶殿。故事的真假当然需要考察，但泰山确实有一座天贶殿，它与北京太和殿、曲阜大成殿并称为中国古代三大宫殿式建筑。这件事在正史里还有记载，《宋史·真宗纪三》：宋真宗大中祥符四年正月“丙申，诏以六月六日天书再降日为天贶节”。

在我们铜陵民间对天贶节还有另一种说法。铜陵沿江一带到了农历六月进入了盛夏伏季，天气非常炎热。“六月六，墙上晒得鸡蛋熟。”民间也有称六月初六为“晒经节”的。传说唐僧西天取经回来过通天河时，不慎将经卷打湿，只好将经卷一页页翻开，放在一个大石头上晾晒，这一天刚好是农历六月初六。还有称“晒书节”，读书人这一天要把家藏的书卷拿出来“晒霉”。总之这一天开始了酷暑，农村里麦收也结束了。“六月六，水性伏”，长江的水汛也已经平稳。庄户人家处于一种相对休闲的时期，人们称这个时期为“歇伏”。加上水稻已经丰收在望，大家认为这是上天赐予的好年成，便把农历六月初六定为天贶节。明朝万历《铜陵县志》记载：“六月六日，祀田祖祈谷。”为了感谢神恩，在六月初六天贶节这天，人们买来香烛和黄纸，有的在黄纸上还画了田公田母的头像，粘贴在小棍上，插在田边，摆上酒菜，燃香点烛，祭拜田公田母。仪式过后回家来还要吃酒欢宴。

现在很少听到“天贶节”这个节名了，六月六也成了一个平淡的日子。不过有的人家还作兴在这天加点餐吃点酒，作为秋收大忙之前的战备活动吧。

5. 求雨之俗。祈雨是各地遇干旱时普遍盛行的风俗。求雨的对象有龙王、水神、河神等。早在殷商时代就有祈雨的记载：商代卜辞“庚寅卜，辛卯隶舞，雨……”（殷墟文字甲编 3069）当龙成为雨水之神后，人们又“设土龙以招雨，其意以云龙相致”（王充《论衡·乱龙》）。旧时铜陵民间笃信求雨，县内多处建有龙王庙、水府庙，一遇久旱不雨便会有大户带头组织求雨。

铜陵以金榔乡求雨活动最为隆重。徐冲曾经有各自然村联合行动，求雨队伍轰轰烈烈竟出动了上千人。水村则用兴龙灯仪式求雨。龙灯用蓝色的纸裱糊，象征龙在云中行雨。求雨队伍全部身穿白衣，头戴荷叶或者柳条枝扎成的头圈，手拿一方黄纸旗子。大家抬着香案，挑着水桶，吹吹打打到龙王庙，摆好香案，烧香焚纸，叩头祈祷，然后挑一点泉水回家。最好能再捉到一两条小鱼或者水蛇，象征请得龙归。有的求雨队伍还请道士参加做法，道士会披发仗剑，口中念念有词。金榔的金山由于平冈突起高峰，山势威灵，常常都有人偷偷跑上去操办求雨活动。钟鸣的东牡陵牧家村人常聚在河塌吴家一带求雨，名为做“炎天会”。天旱时人们抬出石头雕的“炎天菩萨”，到当地郭公桥老坝处烧香叩头。如果真的求来了甘霖，就会自发凑钱唱三天大戏，谓之唱“炎天戏”。永丰流潭等圩区农民求雨时，常将龙王庙里的龙王塑像抬出来放在太阳下面晒，同时烧香跪拜。

旧时求雨历来受到官方重视，正式的仪式都由官方主导。遇到特大旱灾，县衙会组织民众祈雨。祈雨活动前县衙官吏和绅士百姓要斋戒三天，市面上要禁杀生三天，县城南门也要关三天，据称南门为火属，克水，对求雨不利。至求雨日，官府官吏带领民众到城隍庙设坛祭祀，祈求苍天。

6. 吃新节。吃新节并没有规定的日子。每年早稻收割的第一天，就是那里的吃新节日。当天下午家家户户都会用刚收割的新米来煮新米饭。吃新的那天，无论家里有没有象征性的摆设，都要在堂屋的条桌（香案）上烧几炷香。新米饭煮熟后，要先盛上满满一碗，恭恭敬敬地放在香案上饷祭祖先。全家人向祖宗孝诚地跪拜几下，然后自己才开始吃饭。有的人家还端着新米饭，送给没有收割新稻的亲朋家，借以联络戚谊乡情，让大家共喜同乐。这一传统来自春秋时期，当时已形成了制度。《礼记·月令》“孟秋之月”：“是月也，农乃登谷。天子尝新。先荐寝庙。”这是天子的规制，民间自然照办。当时新稻收割在农历七月，所以记载为孟秋之月。

铜陵钟仓圩里有很多人家，吃新时还讲究在新米中掺一把陈米，意思是“新陈相接，永不中断”。掺了点陈米的饭比纯新米煮的饭好吃，既有新米饭的香味，又不至于硬板。尤其是老人，吃了感到软和可口。不过这样的饭煮起来却得要有技术，火候和水量都要把握好，否则容易夹生。钟鸣有的人家还把新米磨成粉，做成米粑蒸或油炸。

吃新时的蔬菜除了鸡鸭鱼肉外，还一定要有各种新上市的瓜果。所谓“插秧的酒，割稻的饭”，这一天也是农民、特别是农家孩子除过年外最开心的日子。“吃新”也能作为一个节日，大概一是为了庆祝丰收，二是因为过去物质太贫乏，找个借口来打打牙祭。如今日子好了，天天都在过年，吃新节作为一个节日也就被人淡忘了。不过新稻进仓，吃第一餐新米饭在农村还是很受重视的。

枞阳乡村年俗

章乐飞

一

人在枞阳，对乡村的记忆，刻痕最深的应该是过年的点点滴滴。那精工细作的年货，那千层底的新鞋，那鲜艳光亮的花衣，那淳厚质朴的乡情，那浓郁悠久的民俗，那红红火火、热热闹闹的时光……好似春晚，胜似春晚。在那经济物质匮乏、文化娱乐枯燥的岁月，把过年这幕大戏演唱得那么圆满、激悦、昂扬，真要谢谢我们的母亲。她是演员，是导演，是策划，是总指挥。厨房锅灶是她展示技艺的舞台，锅碗瓢盆是她擂鼓助威的道具。那一曲曲，那一幕幕，怎能忘记？

二

晚稻收割入仓，小麦、油菜等秋季作物的种子入土，就是乡村冬闲的日子了。但乡村女人却分外地忙碌。伸手所触，张嘴闲聊，都是有关过年的活计，准备了哪些年货？做了多少？……年的序幕在农历十一月的乡村就渐渐拉开了。

所谓年货，不是现在在商店里购买的金碧辉煌、洋味十足的高档食品，更不是高档烟酒或珍稀海味，而是由家庭主妇把五谷杂粮经过蒸、煮、晒、炒等烦琐工序制作而成。什么粳米、糯米、黄豆、蚕豆、山芋、玉米，在母亲粗壮灵巧的手指上，在冬日温暖的阳光下，在灶台红彤彤的铁锅里，如顽石通巧，变成玲珑剔透、温润光洁、内涵灵气的炒米红团团；变成方方正正、规规矩矩、薄如瓷片的炒米糖、山芋角儿；变成红皮如瓣衬托、肉质似棉绽放、状若梅花的六谷泡儿……

“看似寻常最奇崛，成如容易却艰辛。”有谁清楚乡村主妇为欢度新年把清贫如水、苦若黄连的日子烹煮得喜气洋洋、红红火火而流下了多少辛苦的汗水、酸涩的老泪？

炒米是年货的主打食品，俗称冻米。它是由糯米、粳米通过蒸、晒、炒等几道工序制作而成，工序多，时间跨度长。如今，年轻的主妇嫌它制作麻烦，掏几个钱在市场上买，再也不愿摆弄这种传统的方法了。为怕失传，不妨细说。

饭甑，最原始的、最进步的烧饭工具。几千年农耕饮食文化的器具，就这么在现代快餐饮食的大潮中烟消云散。若是寻得，便是古董。饭甑是木质材料，空心，圆柱形，壁厚一厘米左右，高不过二尺，底径一尺有余，有长条形镂空间隙，起漏水通气作用，有木盖。听母亲说，我们家的饭甑是奶奶陪嫁时的嫁妆，平时闻闻，都散发着米质的清香呢！

年底，饭甑就在女人的手上搽得圆润光洁，敲打得咚咚作响。从东家传到西家，从李家传到王家。最喜气的是小孩子奔走相告：我家要蒸冻米啰！那声音在村庄上空飘扬回荡，这是年事开场的锣鼓声。年，在引人驻足观望。

母亲先将糯米或粳米过筛，把碎米剔出，将长腰腰、圆滚滚的囫囵米放在清水里浸几个时辰后淘洗干净。把圆柱形饭甑竖立在饭锅里，再把干净的米粒倒入饭甑。锅内放水，淹没饭甑底即可。灶膛内大火燃烧，当锅内水沸腾片刻，可取称杆在饭甑内的米粒上直插三五个眼孔，好让锅内的沸水蒸气上行，米粒易于熟透。此时盖上饭甑盖，就不能轻易揭盖了。大火，一鼓作气，直至熟透。若判断有误，过早揭盖，米粒夹生，再想蒸熟，既耗柴火又很难了。米粒夹生的冻米在炒成爆米时，也不易炒熟，待炒熟时，其他米焦了。色、香、味皆损，似乎是一年的喜气都逊色三分。年轻的媳妇持家，操纵这活儿，还找来大嫂、大娘观阵，掌握火候，以防夹生呢！

蒸米饭熟了，母亲会盛上几碗，送给左邻右舍，让孩子尝尝新。一碗米饭，一路米香，一辈子亲亲热热、和气绵长。

米饭蒸好后，倒入簸箕里摊开。在屋内阴凉两日，若是河水结薄冰的气候最好，蒸米也有微冻状，用手轻揉，粘连在一起的全散开了，一粒一粒的，如珍珠晶莹透亮。母亲在门前的晒场上架竹席、簸箕，晒上七八个日头就干了。此曰：冻米。只等爆炒生香。

三

米面、挂面是精粮，是细食。在那粮食紧缺的年代，不做事的娃能吃一餐面食，犹如北方的孩子看见长江、南方的孩子登上长城一样心顺气畅。沿江流域小麦收成不多，且是春荒季节，吃一顿面糊糊，麦麸都舍不得筛尽，哪舍得吃这种精品。但新年的初一早晨吃炆蛋（五香茶叶蛋）或鸡汤下面，是家家必备的。那吃的是乡村习俗，吃的是长命百岁，吃的是通泰祥和，吃的是愿景希望。

米面，又称烫米面。是把粳米、籼米的碎米掺点糯米在水里浸一个日夜，淘干净，兑水磨成汁液状的米粉浆。做烫米面时，要用白铁制的烫面盘两只，烫面盘长一尺有余，宽近一尺，四周沿高二厘米左右，两头用细铁丝串着，可用手提着放入锅内或从锅内拎起。烫面时，铁锅盛水，水抵烫面盘底为宜，将水烧开。烫面盘内滴一二滴香油，再将木盆内的米粉浆用小瓢舀入烫面盘内，把烫面盘上下、左右倾斜，让米粉浆均匀地铺满烫米盘。再将烫米盘放在锅内的沸水上，盖上锅盖。片刻即可提起，然后把另一只盛放米粉浆的烫米盘放上。旋即用铁勺柄在提起的烫米盘四周划一圈，将烫面棍（即擀面棍）架这盘上，双手将薄如白纸的汤面贴上烫面棍，置放竹席或簸箕上。再把另一只烫面盘提起，如此循环往复，二三十斤的碎米磨成的米粉浆要大半天的功夫才能结束。

最后几盘，主妇会在盘子上撒上白糖或红糖，圈起，成筒状，送给邻里、老人，趁热吃，香、甜、糍、糯、软。美味，这就是原汁原味的乡村美味。现在哪里寻得？亲眷礼往礼，邻家嘴（方言：音同“叽”）换嘴。千年乡俗，演绎的是有福同享、有喜同乐的淳朴乡风，满村子都弥漫在米质的清香中，沉浸在要过年的氛围里。这薄如白纸的汤面阴凉一个晚上，微硬，圈成筒状，压扁，用刀切，即是面皮相叠的椭圆形状，在太阳下晒几日，散开，即是十多厘米长、不足一厘米宽的白白净净的白米面。

挂面不是人人都会做的，像砖匠、木匠一样需拜师学艺，会者，称“挂面匠”。秋尽，冬至，山里的或洲上的换挂面的师傅就到圩上的村庄大声吆喝：“小麦换挂面——啦！又细又白的挂面——啰！儿子娶亲要挂面，女儿出嫁要挂面，做屋上梁要挂面，老人仙逝要挂面……”我们小孩子不围观，喜欢听这声音。一听这慢条斯理的声音，胃就蠕动，舌就生津，大年初一鸡汤下挂面的味道太诱惑人啦!

我们生产队那时也有挂面坊，只给本队的社员加工挂面。师傅开张做挂面，我们早上放学经常绕道路过，看师傅盘面条的样子，如玩魔术，不可思议。有时还能得到一个小面团，回家埋在火钵里，焐成焦黄状，剥去焦皮吃。有筋道，嚼劲十足，都舍不得吞下。

头天晚上将面粉放盐、兑水揉成硬实、柔软有度的面团团进行发酵。第二天早起，将这发酵的面团揉成薄片分成条块，搓捏成绳状上筷，储存在土坯砌的保温、保湿的箱内。一两个小时后取出上架，挂面架顶端横梁上的小孔间隔插满后，师傅手握下悬的挂面筷，双手一拉一抻、一扯一放；面条伸伸缩缩，缩缩伸伸。师傅反复运作，有筷粗的面条绳就如丝如线，伸缩自如。当如线状的面条有丈把长时，师傅就把手中的挂面筷插入挂面架脚上的横梁小孔里。一架架挂面架在晒场上晾晒，有斜拉状，有直拉状，似帘，似网。看着都让人生怜，生怕折断，毁了它细细匀匀、白白净净的身子。当挂面有七分干、三分湿时，再将挂面架下端横梁的挂面筷抽出，挂面筷调头插入挂面架上端横梁的小孔里，挂面即成对折状悬挂。下架，放入竹篮，吊在堂屋的屋梁下，看着是念想，想着是希望，日子像挂面一样光洁清爽、柔韧绵长。

四

冬日，暖阳，雪化，霜融，疏朗的树木，毗邻的村舍，缥缈的炊烟，村庄是一幅素净的农家风物画卷。翻开，闲适中透视着勤快、繁忙的气象，宁静里呈现着舒适、欢悦的神韵。弥漫着年的味道，浸润着年的香醇，昭示着年的脚步愈走愈近。

家家户户的晒场上，架放着竹席、竹帘、簸箕等器具，上面晾晒着洁白晶莹的冻米，细腻雪亮的米面，整齐有序、黑白相衬的鞋底鞋帮。就树丫、就墙壁横置的竹篙或绳索上，挂着色彩斑斓的床单被套，白的、蓝的、黑的，洗得泛白的褂子裤子，阳光静静地洒在上面，散发着米汤浆渍的米香。暖，熨帖着心胸。也有挂着的是腌鱼、腌肉、腌鸡、腌鸭，醇厚浓郁。香，涌动在鼻孔。

向阳的屋檐下，是三个一群、五个一帮的姑娘、大嫂、老媪，手上舞动的是针线，是鞋底、鞋帮、鞋样。鞋样是纸剪的，一双端庄美观、精致新艳的鞋样，会在女人的手上传来传去，说它的长与短、肥与瘦、放大与缩小。这是村庄流动的风景，女人心中的蓝图。她们会小心翼翼地把鞋样剪拓下来，盘算着怎样纳底缝帮，怎样穿针引线。想象着父母、丈夫、哥哥、弟弟穿着崭新的千层鞋迈出新年的门槛、踩风踏雪的模样，心漾甜蜜，眉露欢畅。若是脸腮微泛酡红，那鞋样一定是为心上人准备的，手握鞋样不由自主地轻贴心口，眼望远方……

荒年饿不死手艺人。那时乡村靠手艺吃饭的人不多，若精通一门技艺，则特别吃香，胜过一村之长。每到年底，手艺人的吆喝声，在村庄此起彼伏：

“补锅——敲洋铁鼓——啦!”旧的、有裂缝渗漏的饭锅要补好，以备不测，偏僻村庄离集市远着呢！白铁皮做的箱子，装炒年货类的食品极妙，不易通风氧化。悠着点，到插秧时还能嚼嚼，咀嚼年味，奔日子的劲头更足。

“磨剪子——哦——铲菜——刀啦!”替心上人纳一双千层底的鞋，要一把快剪子绞边。那是剪去糟粕，剪去杂念。“铲刀”是师傅用一种扁形的钢钻把菜刀口铲薄，火花还在菜刀口上跳跃着呢！我们小孩子瞪大好奇的眼睛：硬与硬的撞击，产生激越亢奋，演变新生。刀刃雪亮锋利。女人更聪明，看着，就有悟性：日子要用雪亮的菜刀去打磨，就透明亮堂。

“修伞——啰——补靴子——啊!”过年若是下雨的天气，最煞风景，热闹也逊色三分。人生不如意事常有八九，何况老天操纵。但谨记：晴带雨伞，饱带干粮。这是我的乡村父老最朴素的忧患意识。雨天，初一初二，出门拜年的男男女女穿着雨靴，打着雨伞行走在村庄小巷、阡陌小路上，又是另一番情趣。

“鸡毛、鸭毛、鹅毛换针——换线——啊!”

咚、咚——咚、咚！咚、咚——咚、咚！

“鸡肫皮、牙膏皮——乌龟板子——鳖壳！换针——换线啊!”

咚、咚！咚、咚！

挑货郎担的一边拖着腔调，一边用手摇着鼓儿，这是村庄的画外音，这是偏僻乡野的千年货币商贸图。一声吆喝，一阵鼓响，麻雀飞到树梢叽叽喳喳地欢叫，三岁稚童手握牙膏皮屁颠屁颠地跑，八十岁老奶奶摇着清末的小脚张望，你看那十八岁的大姑娘扯一截红头绳、手握发辫的模样……

砖匠、木匠、裁缝更是忙碌。

记得我的邻居王大爷是裁缝，一到年底就是他的忙月，很难见到他的人影。白天他到人家上工，晚上很晚才回家，还是要给顾客加班加点，每至一觉醒来，还听到“嘟嘟”的缝纫机的跳动声。王大爷若是第二天到哪家上工安排有错，一架缝纫机又会让雇主抢来抢去，争吵不休。我总是在这样的争执声中被吵醒，不恼，嘴角不由自主地泛起微笑。吵闹越凶，离过年的日子就越近。

五

一眨眼就是腊月。

虽是数九寒冬，冰霜铺地，但村庄蕴藏着灵性朝气、生机活力，彰显着英姿焕发，春心萌动。

池塘瘦了，河水静悄悄的，似乎在等候着什么？等候村姑、村妇的相约，等候棒槌击打的跃动。草枯萎了，耷拉着脑袋，窥视，村庄人家“春”的大红喜字的张贴；聆听，村庄里的爆竹声声，它就可以穿上翠绿的新衣手舞足蹈了。树叶落了，但树干、树枝汁液汹涌，热血沸腾，昂着胸、伸直着腰向村庄眺望，春到，为春节喝彩！为春日鼓劲！

麻雀扑棱一声飞出屋檐，落在树梢，观望东方红红的云彩。

最先把麻雀吵醒的是我的母亲。她已把昨天洗净的几竹篮萝卜切成块状，倒在大盆里的木砧板上，双手抡起菜刀，一起一落，一落一起。咔嚓轰隆地响，似擂鼓。块状的萝卜碎了，只有黄豆粒般大小，把这拂下，又把块状的萝卜拢到砧板上，双手握刀，就这么一起一落，萝卜碎了。大点的不过黄豆，小点的只有米粒，俗称萝卜籽。这是过年做米粉萝卜粑、萝卜圆子的主要食材。过年，图的就是团团圆圆，哪一家都会做一些，吃一个正月。

萝卜、米粉在乡村是寻常之物，没有物稀为贵之身价。但在母亲的精心调配下，它们的完美组合不光是充饥的美食，也是延续农耕饮食文化的力作。哪像现在的早点，虽然品种繁多，张嘴就让人生厌。

它的独到之处当在于它的原始的、烦琐的制作过程中。

米是籼米、粳米皆可。先把米在清水里浸三五个时辰，淘干净，沥去水，在石臼（也称石凼）里用石锤压碎。石臼，是二尺见方的麻石，从一方镂空制成，镂空的底是椭圆形，口呈方形。底小口大，可装五六斤谷物。石锤一头圆形球状，另一头方形，有一方形榫眼，插进手握粗的木棍，称石臼锤。把米放入石臼，手握石锤柄，举起石锤向盛米的石臼用力砸下，一下，一下……米成齑粉。再用纱筛（筛眼只有针尖粗）筛一下，筛下的粉末方称米粉。大一点的粉粒倒入石臼，继续操作。

“田家秋作苦，邻女夜舂寒。”这是李白夜宿五松山下看到的舂米图，听到的舂米声。那是把稻碾成米的舂米声，是凄凉的，是悲苦的。

又是一个千年，我的乡村父老为了过年，为了过年的欢欢喜喜、团团圆圆，在村口的石臼旁，用我们祖先最先进又最原始的方法把米碾成米粉，烹煮美食——米粉粑、萝卜圆子。抡起石锤的是男人，他蹲着马步，手抓石锤柄，双臂用力如耍棍的拳术，把东乡武术的门道与日常的农事结合得天衣无缝。十几斤的石锤变成几十斤的重力落在石臼里，一下，一下，轻松，欢快。筛粉的是女人，一手紧扣筛箩圈，轻扭手腕，360 度旋转，另一只手指轻敲筛箩圈，不紧不慢，不急不躁……月光下或是阳光下，雪白的米粉衬着红扑扑的脸颊，是那么闲适自然，那么和谐生动。

米粉娇气得很，要细心呵护。紧接着要晒干，要炒熟。炒米粉时小火慢摇。用草把烧，火势强弱易于掌控。锅铲在锅里翻拌米粉速度要快要匀，不能让米粉粘锅而焦黑。米粉炒至微黄即可，如我母亲说的半生不熟的就是上乘。米粉粑、萝卜圆子的好吃、不粘牙、细腻柔软，大概就在炒粉的技艺上。

原汁原味的食物当是由传统的原始的手工制作而成而无须五花八门的佐料，这米粉粑、萝卜圆子即是。记得母亲把适量米粉、萝卜籽倒入木盆，撒上切碎的大蒜叶，放盐兑冷水，搅拌，干湿有度，不粘不黏。抓一粉疙瘩在手，用手指把粉疙瘩向一起拢捏，再用双掌心快速旋转，乒乓球般大小的萝卜圆子就端端正正地摆放在竹筛里了。白里微黄，一两瓣青绿的蒜叶点缀其上，看着，是一副憨厚敦实的模样，怎不让人喜欢?

米粉粑身价要昂贵得多。它是将萝卜籽、豆干、大蒜放油炒熟做馅，若是再加瘦肉则是富得流油了。米粉也用冷水调和，把粉疙瘩团成球状后捏成碗形，装入其馅，拢捏封口，双手心旋转成圆球，再双手轻压轻拍。米粉粑——五指可罩，圆心微鼓，周边如刀锋，其馅不露，那技艺可谓是炉火纯青。儿时一粑在手，焐着，那热量传身，就觉得通身舒畅。

蒸粑也有门道。先把铁锅烧红，在铁锅周围浇一点香油，把粑从锅心放起，有序排列至锅沿，然后把萝卜圆子倒在上面，盖上锅盖。大火旺烧，当锅内发出哧哧声，用水瓢从锅沿旋转一周浇水，用毛巾覆盖在锅沿周围，以防热量散发。大火，小火，焖。掌控火势，以贴锅的米粉粑不焦黑为顶上功夫。

蒸熟的米粉粑、萝卜圆子放在纱布垫好的竹篮里，吊在堂屋屋梁下的铁钩上。油炸类的鱼圆子、肉圆子也放在上面，胜似现在的冰箱，可储存一个正月。要吃，随取随烧，很是方便。那时，小孩子嘴馋，望着竹篮里的萝卜圆子，如小猫盯着腌晒的鱼肉总想弄一点吃吃，趁着大人不在家，偷吃萝卜圆子的事时有发生。隔壁的小巴货就是在凳子上架凳子，偷拿竹篮里的萝卜圆子，不慎倒地，摔断了腿。虽然医治及时，但还是留下了微残，走路一拐一拐的，人们由“枞阳大萝卜”而戏称他“萝卜腿”。现在说起，还为那时过年贪吃的趣闻轶事而忍俊不禁。

六

腊月是安静祥和的，是冬藏内敛的；腊月是热闹繁忙的，是张扬甜蜜的。鼻孔翕动，舌尖咂唇都是甜丝丝的味道——空气里都浸润着糖的成分。你看，谁家屋顶的烟囱从早到晚都冒着或浓或淡的青烟，谁家的厨房窗口一直向外涌出或密或稀的雾气，那一定是谁家的主妇在灶屋里忙着熬糖了。

熬好的糖称为糖稀，有山芋糖稀和米糖稀之别。我家人口多，口粮紧缺，一直用山芋熬糖。熬糖这天，母亲凌晨两点就起床。先把已经洗干净的山芋放在锅里烀熟，熟后兑水压碎成糊状，再加入碾碎成粑状的麦芽（小麦催生有芽、有根，用棒槌击打成饼状，浸水散开），搅拌均匀，在尚有余温的铁锅里焖一两个时辰。天亮后，把糊状的山芋装入布袋搁在大木盆的木架上，用双手在布袋外挤、捏、揉，汁液流入大木盆。这样反复数次，把汁液榨尽，只剩下麦芽渣、山芋渣的混合物。再把大盆里的浆状汁液倒入铁锅煎熬。刚开始时，灶台上的两口大铁锅、两只吊罐都装得满满的，有的还用木盆、洗脸盆另装着。随着灶膛内的烈火燃烧，锅内汁液翻滚沸腾，水汽蒸发，汁液状的糖浆水分就渐煮渐少，再把其他容器内装的汁液倒入锅里。时过中午，整合在一口大铁锅里的浆水渐有糖分，用竹筷蘸点，有黏性慢慢滴落，放到嘴里比红糖还要甜呢！这糖原汁原味，如蜜一般。待到傍晚时，只有大半洗脸盆的数量，方为糖稀。用瓦钵装着，厚墩墩，亮晶晶，表面金黄。有这么一钵糖与五谷杂粮搭档，年的味道就更甜了。

腊月二十四后不能烧红锅。这是老人传下来的，是乡风，是乡俗。大概是灶神二十三送走了，在灶台上炒制大宗年货，没有灶神保佑，怕惹火烛。再者老祖宗也接回家过年了，你还在家轰隆稀拉地穷忙，大概会扰乱老祖宗过年的心情，是对老祖宗的不恭吧！

日子向腊月二十四靠近了，赶快炒米炆糖吧！炒米即是炒冻米，并非就此一项。有六谷子（即玉米）要炒，蚕豆、黄豆要炒，南瓜子、葵花籽要炒。当把所有的年货炒结束，日头就临近下山了。忙，真的很忙。紧接着就是炆糖，腊月的夜都是甜蜜的，小孩子已经高兴得合不拢嘴了。

炆糖，就是把前几天熬好的糖稀用锅铲挖出适量放入锅里用文火溶化，倒入适量的炒米，撒点事先切碎的姜末，搅拌均匀，装入烫屜，用斧头锤结实，再反扣于桌面。用菜刀切成方片糕状的长方体，再切成不足一厘米厚的片片，此为炒米糖。经济宽裕，吃喝讲究的家庭在炒米里掺和一点芝麻，做出的炒米糖则更香，口感更妙。那时我家炆糖也做点芝麻糖、花生糖、黄豆糖，这些糖我们小孩子开始只能吃点尝尝。等来客人才放一点在茶盘里，招待客人，客人也很少吃，只是摆设，充充面子。客人一走，母亲又小心地收藏好待来客再用。到过完正月，大概没有贵客来了，母亲才分给我们小孩子吃。

磨豆子，做豆腐，炸生腐，我们小孩子不围观，也不敢围观。做豆腐很有讲究，若是豆腐做得不好，主妇会生气，小孩子就是出气筒啦！

杀年猪很热闹。帮忙的，围观的，里三层、外三层的。三五个劳力把猪按在木凳上，杀猪师傅一手掐着猪的一只耳朵，一手用白亮亮的尖刀刺向猪的心脏，真是“白刀子进，红刀子出”，血向四周喷溅，再汩汩流到木盆。家庭主妇很高兴，一刀见血，预示来年日子的红红火火、牲畜的兴兴旺旺。

杀鸡宰鸭是腊月二十七八的事情，小孩子更是盼望心切。红艳艳的公鸡毛，是做毽子的必备材料，小心收集放在书里压着，似现在书里压着的植物标本。过年时踢毽子，不但小孩子喜欢，大人也会蹦几下，既暖和身体，又舒张心情。你看“撇人在眼前，卖俏在脚尖。翻来覆去一似风前燕。这身边，方才着脚，又到那边”。一道靓丽的风景，把年舞动得热火朝天生机蓬勃。

七

腊月二十三，送灶神。鞭炮的噼噼啪啪声在村庄此起彼伏，纸钱烧尽的灰片在村庄漫天飞舞，祭祀的烟火让村庄有片刻的肃穆、宁静。忙碌的主人伫立厨房，似乎心事重重地目送灶神上天。

我们小孩子不管这些。三个一帮，五个一撮，东家瞧瞧西家看看，虽不知个中滋味，但可以得到灶王爷上路后吃剩下的米糖、花生、炒黄豆，还可捡到引线脱落未炸的爆竹。嘴里吃着，衣袋里装着，双手捧着，乐呵呵地满载而归，满身都缠绕着年味。

父亲不信这个，母亲怎样送灶神看来也是草草了事，记得不是很清楚。有一年，看到外婆送灶神是那么细心、那么虔诚，对灶王爷似乎特别恭敬又特别害怕似的，还神秘叨叨地默念着什么。她用五个碟子放在一个大木盘子里，把木盘端端正正、稳稳当当地置放在灶台上，每个碟子里年货的种类、数量相等，摆放的方式都一个样。然后用铁畚箕在灶膛里取一畚箕青灰从灶台脚撒到大门口，有一尺宽，厚实均匀，真似一条弯弯曲曲的公路。我不解其故，接二连三追问，外婆不语，用手直摇。多年后方才知道，那是通向仙界的路，是灶王爷向玉皇大帝汇报工作情况的官道。外婆走得很早，没赶上看到电视这新鲜玩意儿，她若从电视上看到现在的楼堂馆所都用红地毯铺在大门前的地上迎来送往，送灶神时外婆一定也会扯两尺宽、几米长的红艳艳的地毯铺上，让灶王爷不染俗尘，不接地气，以示对灶王爷的敬畏。

草纸点燃，鞭炮炸响，外婆磕头、作揖，这才将灶台壁上贴的灶神图像撕下放到点燃的草纸上燃烧。一瓣瓣白色的灰烬飘起，顺着外婆铺的小路飘过，一刹那间闪过堂屋的大门，飘向寒风飕飕的天空。

灶王爷送走了，父母对小孩子的管束似乎也松点，备足的年货多少也能尝点。小孩子说、笑、打、闹父母也无所顾忌，由着孩子的性情疯玩，似乎这样的一户人家才显得有“人气”，让接回家过年的老祖宗看着一个劲地“乐”呢！

腊月二十四是过小年，是接祖宗回家过年的日子。这一天，在我们生产队，我家最热闹。人来人往，川流不息。有带小孩子的，母亲会端来年货给他们吃，父亲一边陪人聊天，一边用他们带来的红纸裁成条幅书写人家接祖宗用的“牌位”。记得有一年，父亲把自家的“章氏历代祖宗之神位”写好贴上后，把全生产队二十几户人家的“牌位”也写好了放着，就忙着出门办事去了。父亲刚走，邻居王大爷就拿着红纸来了。母亲说，小孩子父亲写好了，你随意拿吧！王大爷见是清一色的“历代祖宗之神位”的字样，说上面没有写上“王”姓的字，怎么行呢？王大爷说不行，吴家、李家肯定也说不行。待父亲回家，太阳快要落山了，父亲向他们解释：“这样写可以，贴在你家就是你家祖宗牌位，贴在张家就是张家祖宗牌位。现在省两个字，我不在家，是怕你们拿错，那才是笑话呢！”他们还是说不行，说这是对祖宗的不敬、不孝。父亲拗不过，只好重写。

现在想来，虽觉温暖，更觉悲凉。如今，这样的“牌位”没人再写了。读书的，远走他乡；不读书的，只会张口不会动笔。更何况，这偏僻的乡村，一支毛笔，一瓶墨汁都是“古董”了。现在的“牌位”是木板雕刻的，又近似复古，但不是自家请木匠做的，是在市场买的，户户通用。我秉性执着的乡亲父老，他们大多隐居仙境，不知知道否？

二十四接祖宗，父亲很认真。晚饭前，父亲早早地把堂屋的大桌搬开、两把大椅子放在上首，把大桌子、大椅子、茶几擦得干干净净。母亲把煮好的鸡、鱼、肉还有生腐什么的五碗菜摆在桌上，大公鸡卧在碗里最显眼，脖子是伸直的（竹签在里撑着），头昂着，鸡冠红艳艳的，似乎还要为过年再乐一次，唱一首歌哩！酒杯三个，茶杯三盏，新筷子三双，父亲为老祖宗斟酒、倒茶。一切就绪妥当，父亲在屋角烧纸，在屋外放鞭炮。父亲磕头、作揖最规范。先牵牵袖口，拉拉衣角，掸掸拍拍身前身后的灰尘，像电视里类似的镜头，程序一道都不少。看他磕头有板有眼的模样，我直想笑，平时那么严厉严肃，一副唯我独尊的派头，我们兄弟做一点错事，就要被罚跪在青石板上。今天你也向老祖宗磕头下跪了吧，还那么点头哈腰。我抿着嘴，才没笑出声来。母亲教我们小孩子磕头，还唠唠叨叨地说些吉利话，许下新年的愿景，祈求祖宗保佑。

祭祀祖宗结束，父母把酒杯、茶盏、筷子移至茶几上摆放，到正月十六“送祖”后才把这些器具拿走。说是老祖宗在家过年，不能让他饿着，这样他随时能吃点喝点。母亲把鸡、鱼、肉类的大菜端进碗厨收藏好，待祭祀日再用。

过小年的年夜饭比平时要丰盛得多。母亲会生炭炉子（俗称“突炉子锅”，近似现在的火锅），无炭可燃，是几根木棍柴在燃烧，烟熏火燎的，呛得人眼水直流、咳嗽不断，但一家人的食欲不减，乐趣不衰。小孩子趴在桌沿，筷子在锅里寻找，为那一筷头子解馋的美食菜肴，那眼睛似乎都掉到锅里去了。锅是铝锅或陶钵类，里面烹煮的是白白的豆腐、青青的白菜、黄黄的生腐，它们相拥相煎相熬，或显或没，或躲或藏，沸沸腾腾，欢欢闹闹，怎不让小孩子心生喜欢，馋嘴先尝？屋内雾气弥漫，一屋子温暖似乎要把土坯墙涨破，温暖了门前的晒场，温暖了宁静的村庄。

这一夜户户灯火不熄，亮至天明。真的是在恫吓黑夜里的魔鬼，威慑远古的年兽？儿时，望着这如豆的灯火，异想天开，思绪飞翔：灯，夜夜都这么亮着，不就是天天过年，时时温暖，日日温饱？

八

大年三十，这是一年中最忙碌的一天。但不是播种布谷、抢收抢种那种黄汗淌、黑汗流地忙；也不是那种抢季节、抢晴天，没日没夜、争分夺秒地忙。这一天，每家每户都在主妇的安排下，从从容容地忙，欢欢喜喜地忙，说说笑笑地忙，乡下人说这是在忙“吃”。

在小河边、在池塘边，三五成群的嫂嫂、姑娘在张家山前、李家山后地闲聊，灵巧的双手在刺骨的水面上娴熟地摆弄着什么。洗衣捶被，洗菜淘米，洗碟擦锅。她们是在擦洗岁月的污垢、擦洗心灵的邋遢，清清爽爽地过年。

在门前的晒场上、在房舍的屋檐下，是老人、是小孩坐在小板凳上，细心地分拣各种蔬菜。这是男人或主妇趁着寒露在自家菜园摘回来的。大蒜、小葱剥去枯瓣，剪去根须；青菜、白菜扳开叶柄，剔去枯叶；菠菜、芹菜抖落杂草，清除泥土。三五岁的小毛孩也不安分，拿着这棵瞧瞧，那棵看看，说要做上记号，晚饭时是他吃的，别人不能乱动。

老母狗也趴在一旁，曲着前腿，伸直后脚眯合着双眼酣睡。它很清楚，它要在大年三十的夜晚陪主人守夜呢！

小花猫在向阳的草堆旁蜷缩着身躯，绿得发亮的眼珠在骨碌碌地转。它肯定在盘算：主人精心调制的佳肴，如何捷足先登偷得一份羹，也享受一餐美食。

男女主人坚守厨房。男人随女人的指挥棒转来转去、东奔西走，一会去锅仓升火，一会去池塘挑水，一会去水井旁磨刀，一会去院中劈柴。你看他笑呵呵的嗓声能把屋顶上的青瓦震得咔嚓作响，咚咚的脚步声能把大地震得摇摇晃晃。

女人系着围裙，捋着袖子，一会儿手握菜刀剁肉、剖鱼；一会儿手握锅铲炒菜、炼油。锅碗瓢盆叮当，刀铲筷勺脆响。蒸、烹、煮、炸、炖、炆、烀等十八种套路老练娴熟，十八碗佳肴色艳味香。

年夜饭，年复一年的年夜饭哦！让女人烹煮得清新别致，醇厚绵长。

这一天，我家更忙。年夜饭都是母亲一人张罗，父亲为全队的二十多户人家写对联。大清早的，大伯大妈就把红纸送来了，父亲根据各自的交代，在红纸背面写清楚。匆匆地吃过早饭，就忙着裁纸写字。记得小时候，三十的清早，父亲就把我从被窝里叫醒，让我磨墨。墨磨黑了、匀了，倒进碗里，再接着磨。也许是盼着吃年夜饭吧，小手冻得像红虾似的，也不觉得冷，兴趣极浓，干劲十足。当父亲说足够了，才肯罢休。父亲悬腕写字，我伸手牵纸。红纸黑字隐现着浓浓的年味，蕴藏着红红的喜气。父亲有时在联书上寻章摘句，有时也即兴乱涂。1974 年春节，父亲在哥哥的房门上贴的对联是“虎向茂林蓄志，燕喜暖屋争春”。多年后方知，属虎的哥哥，在这虎年突破重重阻力，有幸被推荐上大学深造。想必那一年的年夜饭，父亲一定是开怀畅饮，醉意朦胧。

20 世纪 80 年代，村庄里赌博成风。我一堂兄父母去世早，又因儿时得“天花”留下一脸的麻子而未成家。染上麻将后，没日没夜地赌，过年过节更要赌。

父亲总是在麻将场上把他请回家。后来他嗜赌如命，整日不归，输光积蓄，陷进债坑。父亲数次相劝，恶习难改。有一年春节，父亲也赌气在他家大门贴上对联“麻将麻心，赌钱赌命”。堂兄本来对“麻脸”就很忌讳，为避赌友“麻脸麻心”的嘲笑戏弄，真的戒赌，再不打牌了。

红彤彤的对联贴上，年夜饭就开始了。

请祖宗不能忘。祭祀的烟火在村庄弥漫，祭祀的鞭炮声在村庄此起彼伏。如豆的灯火越过窗户射透夜幕，似乎要把刺骨的寒风拒之村外。屋内暖意融融，亲情浓浓。小孩儿如猴跳跃，站着火桶里，一双筷子早就瞄准了糖烧生腐（即红烧肉）。这是家乡传统饮食的名菜、大菜，在婚丧喜事的酒宴中不能少。枞阳项铺的生腐史上有名，现在周边的城市还很畅销呢！红烧肉中的生腐更有嚼头，一块生腐到嘴，轻吮汁液，润舌头，洇咽喉，甜到心里。小孩子舀一勺汤汁倒进酒杯里，是酒，举杯，向爷爷奶奶敬酒，向爸爸妈妈敬酒。这是敬快乐，敬欢愉，敬祝福。夫妻之间也频频举杯，说一年中最顺畅的事、最吉利的话，谈新年里的新打算、新想法。老人慢慢地抿着酒，品咂着，眉梢是舒张的，嘴角是舒展的，微笑在布满皱褶的纹路上荡漾。他是在咀嚼生活的温润与苦涩，岁月的艰辛与通达，年味的悠长与短暂。

年夜饭，一骨碌儿就从品味美酒佳肴的舌尖上滑过，新年的钟声已经敲响，庆祝新年的鞭炮把村庄震得地动山摇。这是新年的“开门炮”，各家各户的大门吱吱呀呀地敞开了。这是通向新年的大门，是通向幸福快乐的大门，是通向春播秋实的大门。穿着新衣新鞋的小儿如雀欢欢喜喜、叽叽喳喳地跑出大门，串东家走西家，他们要把村庄的人家走个遍，送去新年的祝福，带回新年的好运。你看那女孩、男孩衣袋里都揣满着鼓囊囊的年货，手捧着红艳艳的花炮（引线断了未炸响的爆竹），一蹦三跳，哪是一个“乐”字能形容的啊！

大人是一个“闲”字了得。大年初一，一年就这么一天，身闲，手闲。男人手焐着茶杯，喝茶、吸烟、嚼着点心，早饭是炆蛋下挂面。肚子不饿，年饭还没消筋呢！但还是要吃点，这吃的是元宝，是财气，是福寿康宁。

男主人到各家各户拜年。从年高辈长的人家开始，一个生产队的人家都要跑到。这拜年是寡手（不带东西），但是新年的第一次，主人高兴、热情，泡茶、摆年货。互相问好，说些吉利话。坐一会儿，就要离身，主人会出门远送，互道祝福。村庄，人来人往，互赠香烟，互递微笑，互祝年好。喜气，在村庄里漫溢，在天空中飘荡。

初一，也有大鼓书上门说唱。咚咚的鼓声伴着抑扬顿挫的语速、高亢激越的语调，是家和业兴的序曲、平安吉祥的先兆。小孩子更显兴奋，丢下手中的游戏，一窝蜂地跟在后面，是听？是看？热闹，是阵势，是氛围，是气场。一直要把说书人送到另一村庄，还恋恋不舍，一步三回头地张望。也请说书人晚上包场子，生产队出钱，各户凑一顿晚餐。入夜，上下生产队的人都赶来了，只等说书人的锣鼓声，那场面比看电影还热闹。什么《穆桂英挂帅》《罗成招亲》就是那时听说的。

大年三十，新年初一，年头年尾，一忙一闲。这忙，是一年的停顿，忙得温馨，忙得圆满。这闲，是一年的起步，闲得红火，闲得精彩。这闲是养精蓄锐，蓄势待发。

九

初二，天气晴朗，阳光和煦，阡陌纵横的乡间小路上人来人往，络绎不绝。年轻的小伙子精神焕发、神气昂扬，手上拎着，肩上背着，用稻箩挑着的，那一定是到未婚妻家向岳父母拜年的；年轻的少妇一手拎着竹篮，一手牵着小儿，那个大一点的男孩在前一路小跑，跑一截路，停下，转身急呼："妈妈，快一点啊！"他肯定是在担心：外婆衣兜里的红包、桌上的元宝，被他的表兄表妹抢光了。夫妻、父子、母子、兄妹，一拨又一拨的人流，来来往往，从田野走进村庄，从村庄穿过田野，给亲人送去新年的祝愿，给亲人送去新春的问候。

"新郎新娘回娘家，脸皮变厚不丑啦！遇到沟沟和坎坎，又是抱来又是拉。"村子里有刚结婚的新媳妇回娘家拜年，大一点的小伙子就教我们小孩子跟在后面说说唱唱。新媳妇会一嗔一怒，小孩子说唱的音调越高，村口聚集的人就越多，调皮的小伙伴说唱的兴趣就越浓，似乎为他们回娘家开欢送会似的，热闹极了。乡下村庄，村口，就是村民聚集的文化广场。忙月，有忙月的热火朝天；闲日，有闲日的闲情逸致。你看，六七十岁的老奶奶腰系黑色或蓝色的粗布围裙，双手拢着火钵放在围裙下、搂在怀里，一晃一摇地来到村口，朝田畈里张望。有人说：您老望姑爷（即女婿）来拜年吧！老奶奶笑笑：吃过年饭，望望田畈啰！麦苗比前几天绿得多啦！你看，一位小姑娘从麦地旁的小路跑到村口，一边疯跑一边大喊大叫："我姐姐、姐夫回家啦！"那声音全村庄的人都能听到。

家家都有亲戚，户户都有客人。乡下有俗语：亲戚三年一趟不为少，田埂一日三趟不为稀。正月，难得的闲日，多年未见的表兄表弟相见，虽没山珍海味款待，但八角钱的烧酒是要喝个痛快的。推杯换盏，杯觥交错。那场面，那氛围，是何等亲热、温馨！邻里之间也互相接请。你在我家喝一杯，我在你家吞一盏。那阵势如干活儿，我帮你我争先恐后；我遇险你奋不顾身。“远亲不如近邻呀！”那亲切、那融洽，哪像城里人门对门，还形同陌路。

祭祀，是年事的主题。感恩祖宗，怀念先人，顿顿给祖宗甜饭。盛一碗饭放在茶几上的祭器旁，让老祖宗有空就可吃点。逢单日或早或晚祭祀，很是隆重，荤素菜、年货类食品搭配，斟酒、上茶、烧纸钱、燃鞭炮，磕头、作揖、许愿。

正月初七是“人日”，一家之主是不出远门的。“七不出，八不归，初九初十往家飞。”上辈人的谆谆告诫，就这么一代一代传下来了。新年伊始，人们走东串西、拜亲访友、吃喝玩乐，身闲着，心野了，该收敛了。人日，是新年后一家人团聚相商相议家事的日子。

初七“人日”也是正月闹新年的高潮。家有大秤的主人，会把大秤安置好，左邻右舍的男女老少来称称体重，避灾避祸，身体无恙。小孩子称后会扳着手指嘀咕：旧年长了几斤，今年会长多少？

“人日荡秋千，寿长赛神仙。”村庄里的老人都这么说。秋千架没有古时深宫大院的“秋千争次第”的豪华、奢侈，人们因地制宜、因陋就简地在大门前树林里选择一棵又粗又大的歪脖子树，用麻绳系住洗衣板的一头，将绳子的另一头甩到歪脖子树丫上，牵下绳子再系紧洗衣板的另一头。人坐在洗衣板上，就可以优哉游哉地荡秋千了。秋千绳用洋红色的颜料水染过或用长条的红纸包裹着一截，辟邪，应该是避免事故发生吧！“牵掩彩绳斜”，那是小孩子坐在上面，牵引着另一根绳索，一拽一放，身着花衣的小孩有彩带系身如蝶在悬空中荡来晃去。这是抵风踏浪的起步、独闯天涯的开始。老年人荡秋千，养腰，腰不痛，岂不快哉！小姑娘在荡秋千，小伙子也在荡秋千，人越荡越高，日子越荡越清爽、越红火、越安康。

初八是稻谷的生日。记得母亲起来很早，梳洗完毕，即对稻箩进行祭祀。那是她一人的事，祭品是年货类的食品，燃香、烧黄纸、炸一挂很短的鞭炮。此日，若是艳阳高照，温暖如春，母亲则眉梢舒张，欣喜若狂。说今年肯定五谷丰登，收成有望；若是阴雨将至，则唉声叹气，忧心忡忡，唠叨年成不好，日子难熬。那时很小，在被窝里窥视母亲这神秘莫测的举动不以为然，为之窃笑。现在似乎醒悟：我们这一代人对“谁知盘中餐，粒粒皆辛苦”有点滴体会，不就是因上一代老人的言传身教耳濡目染吗？谨记：敬畏五谷，亲近自然。

年接近尾声。

尖利的哨声在村庄上空回旋，那是生产队出工的口令，麦田里有成排成排锄草的村民。阳光和煦，暖风轻抚。因为年的喜庆，麦苗儿也似乎在翩翩起舞。

正月十五的夜晚，又是一年的第一个月圆之夜。家家亮灯，户户结彩。吃“元宝”，闹元宵。村民们双手托起的又是一个丰满、圆满、饱满的年。

十六的早晨，鞭炮声又在村庄里此起彼伏，燃烧纸钱的烟火又在村庄上空弥漫。那是村民恭送祖宗的礼仪，把回家过完年的祖宗送回天堂，再去亲热田野，侍弄土地。

工厂年味

鲍官明

日子一到腊月，仿佛一下子放慢了脚步。尤其是喝了腊八粥，打了扬尘灰之后。平素里不曾有过的事情，也像牛毛一样多了起来。

供销科长、采购员和大卡车司机忙着到东至山里去运炭，这炭是每年必运的。因为一个大院子里就这一辆大卡车，所以出发之前供销科长要与其他几家兄弟单位联系好，确定这家要多少、那家要多少。每年每家单位都有人进出，人数并不固定。统计好各家的数量，再加上自家单位的，然后适当地加放一点余量，把数字给采购员。采购员按数字到财务上借好钱，于是初十或十一的早晨，大卡车载着供销科长和采购员就出发了。

妇女们也一下子忙碌起来。若是天气晴好，差不多家家户户都拆出了被子来洗。早先时候，自来水供应不畅，一个厂就一个大水塔，大家都在水塔边排队。张家洗好了，李家洗；李家洗好了，王家洗。遇上谁家的手脚冻蕊蕊（方言：不利索）的，后面的人就急了。捋胳膊卷上袖，夺过那家手里的被单，三下五除二，洗好了让那家的人走，也不要那家的人一声谢。那家的人也不觉得难为情，端着洗好的被子，憨憨地走了。后来厂里水改，每家门前一只水池，想什么时候洗就什么时候洗，想洗多长时间，就洗多长时间，自由自在。

洗完被子，自然是腌制腊货。平时再节俭的人家，也要到集市上买来几副猪耳朵、猪脚和几只猪尾巴、口条（方言：猪舌）之类的。这些事，不一定是女人们做。有的人家是女人买，男人负责钳毛、洗净。那大多是因为这家男人母姑（方言：婆婆妈妈的意思），不急不躁，耳朵眼里、猪脚缝里的细绒毛都被他清理得一干二净。也有甩大裳袖的男人，根本不问这些。好一点的买来东西往家里一放，就不问了。不好的，直到正月里吃的时候，才发现家里今年也腌制了腊货。

过了腊月十五，过年似乎就成了工厂里的头等大事。厂里就算有生产任务，也不下达了。因为就算下达了生产任务，人们的心思也不在生产上了。有一年加工棉籽，因为设备老是出故障，拖到了腊月十八。最后那几天，厂长只要一到车间，工人们差不多都在瞅眼睛，最后还差点失火酿成了事故。因此后来的厂长都吸取教训，一到腊月基本上不安排生产任务。平安无事故，就算是做好了工作。

腊月十八，厂里会召开一个企管会。这个会差不多是年终总结性质的。内容包括过去一年生产经营工作的回顾，明年的打算，确定放假的时间与天数，春节值班人员的安排等。这些都是老生常谈。大家最关注的是这一年会发多少奖金还会发哪些实物。等企管会一宣布，财务上就忙着造表去了。早则一天，迟则两天，财务室门口就会挤满了人。进进出出，大家的脸上都洋溢着笑容。

司务长和办公室主任，这会儿似乎还没有功夫领钱。宿舍楼前池塘边猪圈里的十几头猪已经养了一年，平日好吃好喝地供着，长得肥头大耳，该是引刀成一快的时候了。猪粪淌到池塘里，正好喂鱼，一年下来，鱼也壮了。先领了钱的职工，这会儿都自觉地加入了杀猪、捉鱼的帮忙队伍当中。一时间，猪在岸上嚎叫，鱼在水里扑腾，人在池塘边欢呼，整个工厂仿佛要沸腾了。傍晚时分，办公楼前的大晒场上，猪肉和鱼已经被分成了 N 堆，每一堆上都编好了号。办公室主任手里拿着一个抓阄筒，里面是写好的阄子。每家都派来了人，轮流在阄筒里抓阄。抓到几号，就将标有几号阄子的鱼和肉领走。差不多就在鱼和肉快领完的时候，厂里大卡车轰隆隆地开进了厂门，于是就手每人又领走了四篓子炭。

腊月二十二上午开全体职工大会，会上厂长会将企管会上已经说过的一年总结和新年展望重讲一遍。然后就是宣布春节的值班安排表。照顾路远和不在厂里过年的职工，把他们都安排在了年初十之后十五之前或者白天值班。在厂里常住的职工则是值晚上和大年三十及初一到初十的班。最后是安排大卡车送回家过年的职工，并祝大家过一个快乐平安的春节。

我 1989 年分配到厂里工作，第一年回家过年，就是坐着这辆大卡车回家的。半边猪肉，二十多斤大大小小的鱼，四篓子炭，四瓶明光佳酿瓶装酒，一箱子苹果，五斤生腐，二十斤香油还有春联挂历年画等。母亲接到这些东西时，欢喜得眼泪都快掉下来了。母亲说，自从嫁到老鲍家来，过年从来就没有这么丰富过。那一刻，我的眼里也噙满了泪花。

放了假的工厂里要空荡许多。说是值班，其实就是四个人烧了一盆炭在办公室里打牌。那时麻将还不流行，主要是扑克。几个在厂里住的好赌的，早就联系好了，三十的晚上分到一起值班。放完开门炮都不睡觉，一夜打到天亮。几乎不出一天，就有人晓得了昨晚的战果。有人不仅自己值班了，还给别人发了“加班费”。于是就有人挖苦发“加班费”的人，回家别“叉絮被笼”（方言：睡觉踹开了被子）啊！得了“加班费”的人则揣着钱与满怀的暗喜跑回家睡觉去了。

差不多从初二开始，同事之间就开始互相接请。彼此都算好日子，就跟排值班表似的，今天中午在张家，晚上则到李家，明天中午又是王家。不管到了哪家，男人们都是一帮人打扑克，女人们则是帮厨。每天除了酒就是牌，除了牌就是酒。所有的人都沉浸在年的欢乐之中，现在过年就是头等大事，至于其他，十五以后再说。

正月十六或十八，召开全厂职工大会。这天每人都要签到，边签到还能边领一个红包。签完到，领完红包，老厂长放了一挂大鞭炮，大会开始。老厂长说，吃完年饭，望着田畈，从明天开始，正常上班，该干啥的干啥了。于是，一年的忙碌重新开始，大家又在期盼着下一个年的到来。

现如今，工厂改制拍卖十几个年头了，老厂长七八年前已驾鹤西游，我的同事们东奔西跑地散到了祖国的大江南北，好些年不曾聚首。而工厂的年味，也早已消逝在时光的风中……

大通和悦洲上的“乞丐宴”

俞俊年

清末民初时期，铜陵县的大通镇上，盛行着一种“乞丐宴”的风俗，因其具有浓郁的乡土风情和济贫帮穷的特点，一直持续到中华人民共和国成立之后才逐渐消失。

那时候，铜陵县大通镇商贾云集，热闹非凡，商店字号不下两千余家，人口有八万之多，是安徽的四大名镇（安庆、芜湖、蚌埠、大通）之一，素有“皖南小上海”之美称。

凡是热闹繁华的地方，就会有乞丐出现：逃荒的、要饭的，还有捡破烂的。这些人终日在城镇里以乞讨为生。那时候大通镇上的乞丐们有两大特点，一是划地区作业，他们按照来自不同的地区结为“帮”，如：枞阳帮、无为帮、青阳帮和江西帮等，他们只在“属于”自己的地盘上乞讨，从不越界；二是他们从来都是规规矩矩地乞讨，从不做那些偷鸡摸狗、伤天害理之事。所以大通镇上的老百姓们对这些乞丐们都有一份同情心，凡是能施舍一点的人家也总不吝啬。有的大商号里的老板们还经常找他们做一些杂活，如扫地、劈柴、挑水、打扫卫生一类的事情。

镇上有谁家结婚办喜事，或是大的商店开张庆典，是乞丐们最高兴的事，也是乞丐们最忙碌的时候。办喜事或开张庆典往往就会有一些杂事需要别人帮忙，例如打扫卫生、粉刷房屋、搬搬抬抬之类的活儿。这时候乞丐们便会主动地找上门来，主人们一般都不会拒绝他们，他们也都会干得非常卖力，又认真负责。事情干完之后，他们不会索要半点报酬就会默默地离开。等到这家人办喜事或是开张庆典的那一天，这些乞丐们便会得到主人的邀请参加宴会。这宴会不论是在家里筹办还是在饭店里举行，都要为这些曾经出过力流过汗的乞丐们准备几桌，其规格、档次、烟酒菜肴的数量与所有的酒席均无二样，但就是有一点不同处：乞丐们的餐桌不和大家的餐桌放在一起。赴宴的那天，乞丐们都要洗头、洗澡、刮胡子，还要换上一身干净的衣服。这些乞丐们不用送礼能受到如此的款待，心里都特别地高兴，也和大家一样猜拳行令，开怀畅饮；一些乞丐还在宴席上讲上几句吉利的话，还有些乞丐唱上几段喜庆的小调，更增添了热闹喜庆的气氛。

宴会过后，宾客们都陆续离去了，只有那些乞丐们还没走，他们都主动地留了下来，帮助主人们打扫“战场”，做一些收收捡捡的事情，主人还会将剩余的饭菜、烟酒等分一些给他们，主、乞双方皆大欢喜。

后来，乞丐宴又从城里流传到了乡下，并由单一的喜庆乞丐宴变成了喜庆、丧葬之事都设乞丐宴。谁家做丧事，四周的乞丐们便都来帮忙。出殡的那一天，那些哭得死去活来的，一把鼻涕一把泪水，呼天喊地的人，往往不是死者的亲属们，而是那些前来参加乞丐宴的乞丐们。

“三月三”和“上巳节”

唐科智

前几日，我去铜陵一家沐浴休闲之所，步入大厅，正中的墙面上装饰着镏金的文字，是《论语》中的一段话：“莫春者，春服既成。冠者五六人，童子六七人，浴乎沂，风乎舞雩，咏而归。”如此潇洒的文字，既蕴含经典意味，又契合沐浴特色，惹人颔首。这段脍炙人口的话，反映的是“三月三”祓禊和游春的习俗。祓禊的主要内容是沐浴，但并非一般的洗澡，而是一种庄重的仪式，代表着濯污祛邪。云南傣族的新年节日——泼水节，与此相关。

铜陵人比较熟悉的，是顺安镇每年的“三月三”庙会。商家纷至，货物云集，人潮蜂拥。江南民谣有云：“三月三，荠菜花赛牡丹。女人不戴无钱用，女人一戴粮满仓。”民间尚存戴荠菜花、食荠菜的风俗，这一天，还有吃荠菜煮鸡蛋，祈福祛病祛灾的习俗。

在古代，“三月三”还有个费琢磨的正式称谓：上巳节。“上巳”的来历，是该节日原定为三月上旬的巳日，后固定在农历三月初三。

坐落于江汉平原，被誉为“鱼米之乡”的荆州，是我度过快乐童年的地方。荆州是荆楚文化的发源地，南朝人宗懔的《荆楚岁时记》记录了荆楚地区逝去或残存的风物。其中关于上巳节，书中记述了两种习俗。一是曲水流觞，“三月三日，士民并出江渚池沼间，为流杯曲水之饮。”曲水即江渚池沼的弯曲处。把酒杯放置曲水处，任其漂流，止于何处则何人取之饮酒，酒后并赋诗。这一浪漫风雅的习俗，或许只有“梦回大唐可看见”，而现代社会哪能寻觅到“遗留的诗篇”？二是吃龙舌粄。“取鼠麹汁蜜和粉，谓之龙舌粄，以厌时气。”鼠麹即鼠麹草，俗称“清明草”，将其煮熟捣烂取汁，掺入糯米粉中，再包入豆沙、花生、芝麻等馅料，搓成团蒸熟即可食用，具有止咳平喘、降血压、祛风湿等功效。这一食俗虽流传下来，但也仅限于某些村落和某些耄耋老人，年轻人闻所未闻，就连鼠麴草也难辨识得清。

上巳还是青年男女固定的欢会时节，这一习俗于唐朝传入日本，逐渐演变为日本延续至今的女儿节。哈日族们引进了邻邦的女儿节，却不知母国的上巳节。韩国江陵端午祭“申遗”成功了，抄袭中医论著的所谓“韩医经典”“申遗”竟然也通过了，虽然是恬不知耻、强盗逻辑，但我们是不是也应该好好反省？

2008 年“清明”“端午”“中秋”三大传统节日成为国家法定假日，先前国家博物馆前又矗立起至圣先师孔子的雕像，同 40 多年前破“四旧”、砸孔庙、批“孔老二”比较起来，至少在姿态上我们开始敬畏先人，向传统真正鞠下一躬，勇气可嘉，但是与传统文化接续上因缘、连通上讯息，没那么简单，我们的寻根之旅，路依旧漫长。

那么，就让我们复兴传统的“上巳节”，赋予顺安“三月三”庙会更多的传统文化内涵吧。

乡村团圆的粑粑会（外一篇）

章铜胜

在家乡铜陵，过年是一定要吃炒米粑粑的。就像在北方过年要吃饺子，在江浙过年要吃年糕一样，都洋溢着节日的隆重和喜庆。

家乡是鱼米之乡，做粑粑的原料易得，准备起来也简单，这也淡化了乡邻之间在年节的丰与俭上的差距，牵起了一线相依相伴的浓浓乡情。我感谢家乡先贤们的智慧和善良，在炒米粑粑中，他们将节日的浓情藏在了一种团圆的美好里。于是，在家乡的新年里，就有了家家粑粑香、户户人欢喜的节日氛围。炒米粑粑通常是圆的，不同境况的人家，粑粑做得或丰盛、或简单，但家家户户的年也像圆圆的炒米粑粑，是团团圆圆的。

我想，在我儿时对新年的祈盼里，恐怕不只是盼望全家人的团圆，其中肯定还夹杂着想吃过年粑粑的渴望在里面。在今天，这样的愿望可能会被人嗤笑，而我却不以为然，我觉得有这样的愿望其实很好，也很真实。倘使有一天要远离家乡，在家乡最令我难忘的东西中，一定是有炒米粑粑在的。

记忆中的村庄，庄稼人是被季节赶着走的，像是随着农时终年忙碌的陀螺，没有时间停下来，也不敢闲下来，更没有时间享受一下自己的劳作成果，哪怕只是做一回米粉粑粑来犒劳一下自己。

在生活艰辛、物质仍不丰裕的年代，吃上一次炒米粑粑就成了我心中的一个愿望。有这样的愿望，真好，那是有梦想和盼头的生活。而这样的愿望，多半只能在过年过节时才会成为现实。但凡事也有例外，农事稍闲点，也有邻居家会做粑粑，他们因时取材，有豆角粑粑、菱角菜粑粑、韭菜粑粑、萝卜丝粑粑。做了粑粑，他们通常也会送一些给我们。非年非节的时候，收到这样的馈赠，是会让人感动的。每每此时，母亲看到我们的馋样，既心疼，也无奈。孩子都有一张馋嘴，乡亲们总有一颗善心，在馋与解馋之间，一碗热而香的粑粑，就是一脉温和的乡情。

做炒米粑粑，虽简单，但也是有些讲究的。先是准备做粑粑的原料，虽然都易得，但要备好也还要费点心思。农历六月，早稻登场，父亲会留一些籽粒饱满的早籼稻装好，留着日后碾米做炒米粑粑。

做炒米粑粑，粉要好，而早籼米磨成的粉无疑是最好的。早籼稻碾好的米，雪白，颗粒均匀而饱满。先将米拎到村东的溪边淘洗干净，做饭时，村里人说是淘米，而淘洗做粑粑的米时，人们会说成是“漱米”，我不知道其中的原委，但极喜欢那个“漱”字，那样的有雅意，像是从《诗经》里遗落的一个字，被村里的人捡了起来，嵌进自己的生活里。于是，庸常的乡村生活就有了古韵，也有了诗意。漱好的米晒干，用村里的大石磨磨成米粉。石磨一圈一圈地推着，粉从石磨的边缘细细匀匀地往下落，如乡村的日子，不疾不徐。

做炒米粑粑的馅多半是咸菜馅，有腌白菜的、腌雪菜的、腌芥菜的、腌腊菜的，多种多样，都是当年新腌好的咸菜，咸香脆嫩。菜剁得细碎，控干多余的水分，加一点切碎的豆腐干，就可以炒馅了。馅料的好坏决定了粑粑的口感。在大锅中加菜油，烧热，加入切得碎小的肉丁，瘦肉和肥肉按三比七的比例搭配好，肥肉丁炸出油来，加入瘦肉丁、豆腐干、辣椒面略翻炒，加入切好控干的咸菜，再反复翻炒，闻到菜香就差不多了。

米粉要略在锅里干炒一会儿，然后再加开水烫粉，这些都要凭借着自己的经验，掌握好火候。烫好的粉要反复地揉，粉揉得有劲道，做的粑粑才耐存放，不至于会开裂。

每年的除夕前，母亲都会安排一天的时间，专门在家做炒米粑粑，准备好新年里一家人吃的粑粑。村庄里，所有的人家在春节前都会做炒米粑粑，只是有的人手巧一点，做的粑粑细致耐看一些，有的人用模子将做好的粑粑压制出花样来，就更精致了，但都是一样的，圆圆的。

粑粑的味道，是按照各人的口味调配出来的，说不上孰优孰劣。我几乎尝遍了邻居家做的炒米粑粑，偏咸、偏辣、偏淡的口味都有，不同的口味，我都是一样的喜欢。就像在平常的日子里，我也喜欢捧着饭碗去串门，碗里的菜吃完了，也会在邻居家的餐桌上搛一点菜，自然而又随意，没有人会在意，更不会有人责怪。

新年里，这种乡情会更浓，一个村庄就是一个温馨的大家庭，其乐融融。也只有在新年的喜庆里，乡亲们才有充裕的时间聚在一起，热闹着。到了正月初八，村里的粑粑会将这种热闹推向了一个高潮。一大早，老祠堂的门前就摆上了一长溜八仙桌，各家各户都将自己家做得最好的粑粑送来，摆满了桌子。全村的男女老少都来了，他们带着碗和筷，互相品尝着邻居送来的粑粑，品评着，说着家长里短的话，温馨而又融洽。

粑粑是家乡新年里的一道主食，也是我们关于年的最深的记忆，在圆圆的粑粑上，是年的团圆，是我们对生活最美好的祝愿。

吃 新

吃新，在严格的意义上不能算是一个节日，它没有固定的时间，也没有固定的程式。可在老家铜陵，吃新的习惯相沿成俗，已经是一个比节日更加隆重的日子。

铜陵是传统两季水稻的种植区，每年农历六月，收获早稻，并开始栽种晚稻，是为双抢。双抢的劳累，经历过的人都有深切的体会，双抢带给人的喜悦，也只有经历过的人，才能感受到那种劳累后的满足感。双抢季节，人们收获了早稻，又栽种下晚稻的希望，这个时候，吃新就变得格外隆重了，乡亲们以吃新的方式来犒劳一下自己，庆祝早稻的丰收，也预祝晚稻能有一个好的收成。

“牛歇谷雨马歇夏，人歇吃新不要哇。”这是流传广泛的一句俗语。

彼时的农村，吃新是新年过后，劳累半年的乡亲们团聚在一起的一次重要聚会。在老家，吃新没有固定的时间，一般在小暑和大暑之间，早稻成熟收获以后。我们村子里的吃新要持续一个星期到十天左右，那既是长辈们的节日，也是孩子们的狂欢日。

盛夏的热浪一阵一阵地袭来，刚忙完双抢的乡亲们，难得有空闲的时间，在午后的树荫下打个盹儿，不识趣的知了却在烦躁地叫得欢实。望着门前晒场上摊晒着的金色谷子，再看一眼不远处的田野里刚栽下去却已开始返青的晚稻秧苗，歇荫的乡亲们还是会在心里荡漾着收获的喜悦和对下半年收成的美好憧憬。双抢时节的劳累已经随汗水流走，被他们轻易地忘却了。眼前平凡的日子却如夏日里乡亲们身上还在流淌着的汗水一样匀致、密实。

父亲担着刚碾好的新米从树荫下经过，“今年的早稻做得来（意思是说谷子的出米率高），米也好。”汗水顺着父亲笑弯了的睫毛流下来，树荫下的大爷、伯叔们应和着，“今年天好，收成也好。”父亲憨笑着，“二叔、大哥，歇着呢，明天我家吃新，你们都来啊。”父亲向在树荫下歇凉的大爷、叔伯发出了口头的邀请。明天要请的客，父亲和母亲会在晚饭过后商量好，让我挨家去招呼，我也非常乐意干这桩差事。

第二天一早，母亲就忙上了。从菜园里采摘回来的时鲜蔬菜，要摘净、清洗，从市场上买回来的鱼、肉也要早点准备好，还关在圈里的鸡在咕咕地叫着，它还不知道自己就要成为一道美味的盘中餐了。母亲的厨艺在今天有了展示的平台。煎炸烹炒，一道道农家的家常菜端上餐桌的时候，请来的乡亲们也陆续地来了。他们围桌而坐，面对满桌菜肴似乎有了一点的拘谨，在推杯换盏之间，乡亲们的话渐渐多了起来。从今年的天气说到上半年的收成，从现在秧苗的长势说到丰收在望的期冀，从孩子的学业说到邻里的家长里短……在杂乱的叙说中，体味着浓浓的乡情、畅叙着融融的亲情。

夜渐渐地深了，在月光下戏耍的孩子，玩累了、玩倦了，被阿妈或是阿姐唤归的声音，叫回了一间间的农舍。乡村渐渐地静了下来，月上树梢，农舍的影子在月光中静静地守护着乡村的沉默，在醉意朦胧中，吃新的席面散了，黄狗踩着主人的脚步回家了，它们默默地坐在门前，等待着明天的忙碌。

而我，却在睡梦中盼着明年的吃新了。

正月初七庆“人日”

疏泽民

正月初七一大早，故乡枞阳白梅狮子凹，那个六户人家的小山庄里就飘起袅袅炊烟，接着就有诱人的鸡香鱼香弥漫开来。人们起早做饭，蒸鸡煮鱼，是为祭祖。饭菜摆上桌，酒杯里斟上酒，焚香，烧纸，点燃鞭炮，向祖先跪拜、磕头。祭祖结束，吃过早饭，人们就相邀结伴出去玩了。

村口有棵老槐树。虬曲的枝丫上早就搭了一根长长的麻绳，麻绳垂下的两端绑在木板或板凳的两头，就成了秋千。秋千反过来念就是“千秋”，有“千秋万寿”的吉祥寓意。娃娃们可不管什么千秋万寿，只知荡秋千好玩，一人坐在木板上，双手扶绳，另一人在旁边用力一推，秋千就随着绳索来回摆动。坐在木板上的娃子，享受身体腾空飞翔的快乐，久久不愿下来。地下的娃娃不乐意了，就不再推动，让秋千停摆，或者猛然用力，让秋千横摆荡成前俯后仰状，吓得秋千上的娃子尖叫求饶。旁边的大人见了，也禁不住偷着乐呢。

庄子三面环山。大人在这天都喜欢爬山，登高望远，以祈求这一年事事顺利，财气福气步步高升。一个人爬没多大意思，若有三五个人结伴同往最妙。一路谈笑风生爬上山顶，极目远眺，村庄，田野，远山，都在暖阳下舒展身姿；山下传来的声声犬吠、阵阵鸡鸣和零星鞭炮的炸响，为村庄增添了节日的喜庆。

离庄子不远处，有两座岩壁林立的大山，小名叫七嘎山，大名叫白云岩。白云岩的两座山原本连在一起，大约很久以前的一次强烈的地壳运动，将山体拉裂，形成数百米深的峡谷。山腰间有座溶洞，“白云青鸟”的传说，就来自这里。两堵刀削般的悬崖峭壁对立相望，就是耀眼的招牌；而那曲径蜿蜒的石壁溶洞，更是勾住了无数人的脚步。初七这天，方圆几里的庄稼人成群结队，来到白云岩，曲径通幽的山路上，少男少女络绎不绝，溶洞里更是摩肩接踵。有的为看风景，有的为求签，有的则期望一场美丽的邂逅。而那些调皮的孩子，喜欢将成串的鞭炮一根根地拆下来，点燃，往溶洞里扔。胆小的女孩，吓得直往妈妈怀里钻。大人呢，也不责骂那些调皮蛋，因为这天是人的生日，人们图的，不就是一个乐吗。

据村子里念过私塾的老先生说，"人日"是个古老的节日，兴于汉代。《占书》记载，正月初一为鸡，初二为狗，初三为猪，初四为羊，初五为牛，初六为马，初七为人，初八为谷。到了唐代，"人日"节最为盛行，人们登高祈福，并举行多种庆祝、礼仪活动。娃娃们听不懂老先生说什么，也不管什么人日鸡日，只知道这天可以痛痛快快地玩，即使弄破了新衣，打碎了碗碟，或言语冒犯了大人，也不会受打骂——他们认为，孩子这天被打，一年里天天都要挨打。孩子是家长的心头肉，怎么舍得天天打骂呢。

除了吃和玩，无论大人小孩，都不用干活。地脏了不用扫，衣脏了不用洗。据说扫地会把财气扫走，洗衣会把蚊子老鼠带回家。村子里年纪大的，腿脚不好，就坐在屋檐下晒太阳，唠嗑农事，听听鸟语。他们最爱听的，是喜鹊喳喳叫，因为它是一年里风调雨顺的好兆头。

晚上，家家户户的灯火都亮起来，村子里更热闹了。咚咚隆咚锵，一阵锣鼓响，村子西头的戏班子开演了。戏台是长板凳铺木板搭建而成，几盏红灯笼悬在戏台中央。演的是《打猪草》和《夫妻观灯》，悠扬的黄梅调，飘出村外。戏台前面，里三层外三层黑压压地围着的村民，不断喝彩。这边还在热闹着呢，村子东头又传来了锣鼓和鞭炮响，那儿在舞狮子灯。看灯比看戏有趣多了，娃娃们便一溜烟地跑过去。领舞的人左手提着灯笼，右手握着五彩绣球，躲闪腾挪。那狮子呢，张着大嘴，左扑右跳，要去叼那绣球。忽然，领舞人纵身跃到层叠的高桌上，心有不甘的狮子也一步一跳，逐层攀上高桌，咬住绣球，并吐出条幅，上面写的都是祝福的话。掌声响起来，鞭炮声响起来，娃娃们激动得叫起来。

上弦月落山了，热闹了一天的村庄渐渐安静下来，快乐了一天的人们渐渐进入梦乡。正月初七喜庆的"人日"，已酣睡在人们绵软温暖的梦里，甜甜的。

枞阳三月三

章宝贵

家乡枞阳一直流传着农历三月初三日吃粑的习俗。粑，又叫饼，是一种用面粉或米粉加水揉成面团后，通过双手搓捏制作成扁圆饼状的一种食粮，或加馅或不加馅，或煎或蒸，或油炸或水煮。三月三这天要做的粑，有很多讲究。三月三的头一天，就要到地里挖一种叫作“小蒜”的野蒜和叫马兰的野菜（小蒜有抗毒杀菌之功，马兰有清热解毒之效），回家洗净沥水，切碎后放于籼米粉中，制作成粑，入锅油煎，添水加盖，稍焖便可出锅。一面焦黄酥脆，一面绵软清香，闻其香食其味，便叫人回味无穷了。

民间三月三要吃粑的传统，据老年人说，是因为三月三这天自古就是招魂续魄的“鬼节”。“小蒜”马兰米粉粑，有招徕吉福、消弭凶祸、攘除疾病的功能。三月三这天人们通过吃粑来“粑魂”，好让魂魄不离身或回归。在家乡枞阳的民间，至今还流传“三月三九月九，无事别在江边走”的俗语。

三月三，在魏晋以前，称为上巳节，最早出现约于春秋时期，节日的主题是迎接生命之神的复活，节日内容包括沐浴祓禊、招魂续魄、祭祀社神、祈年求福、跳傩驱疫、男女春嬉等一些活动。《吕氏春秋·季春纪》中有云：是月也，生气方盛，阳气发泄，生者毕出，萌者尽达。上古时代，在先民意识中，这个季节万物复活，也适合人类繁衍，所以在三月三这个节日里，男女在一起歌舞狂欢，还具有强烈的放纵色彩。当然这只在华夏的部分地区流行，但从秦朝到唐宋，统治者们即以禁遏淫风、整齐民俗进行干预，只保留了部分相对健康的，比如招魂继魄等活动仪式。

随着历史的发展，三月三这种类似复活节的习俗，内容和形式也在不断变化，比如就有传说三月三是真武大帝、王母娘娘、财神的生日。《荆楚岁时记》中记载：取鼠曲菜汁做羹，以蜜和粉，谓之龙舌粄，以厌时气。乡村供神，以乌米饭，专用三月三。这与家乡吃粑来“粑魂”之风俗，是有异曲同工之妙的。在湖北沿江一带，至今也保留着“三月三，鬼门关”的俗传，这天当地人要扯一把地儿菜（方言：荠菜），洗净放鸡蛋一起煮，人人都吃，以此来辟邪驱疫。这些活动中的供品和饮食，我想大概就是如今人们吃粑的雏形了。由于家乡枞阳位处长江中下游，自古是吴楚咽喉要塞，民间习俗很容易就掺和了吴楚之遗风。从古书《荆楚岁时记》中可以看出，荆楚在今湖北一带，乃家乡近邻，三月三的饮食习俗得以传播并流行至今，是受长江流域文化的影响。朱熹著作《楚辞集注》中提及：而荆楚之俗乃或以是招魂续魄，施之生人。——以礼言之。固为鄙野；然其尽爱以致祷，则犹古人之遗意也。另清朝胡文英著述《屈骚指掌》中云：生人招魂，吴楚风俗有之。这些古籍里，亦或多或少涉及了三月三节俗的流传。

很幸运的是，这种古老的风俗，在民间土壤里遗存至今。但由于社会的快速发展，人们都进入了快节奏的生活，尽管农历三月三还有吃粑的习俗，但人们吃的大都是在早点摊上买的“成品粑”，少了“小蒜”和马兰，人们几乎淡忘或忽略了这粑的原味和吃粑的由来。

三月三来了，你吃粑吗？

六月六，家家晒红绿

疏泽民

持续半个月的梅雨，在天地间挂起密集的雨帘，一只觅食的家燕，穿过雨帘，飞入农家屋檐。檐下有湿漉漉的雨披，湿漉漉的衣裳，还有湿漉漉的小矮凳……到处都是湿漉漉的，令人厌烦。

雨歇云消，碧空万里。明亮的阳光，驱散了梅雨季的阴霾，将湿漉漉的大地照亮，将湿漉漉的村庄照亮。人们抑制不住心头的喜悦，脸色也如阳光般灿烂。娃娃们蹦蹦跳跳地从屋子里跑出来，边跑边喊：出太阳啰，出太阳啰！

这天是农历六月初六，是枞阳民间传统的洗晒节。恰巧这天久雨初晴，人们感谢老天爷的恩赐，看到久违的阳光，显得格外亲切。家里的被单、被套、枕巾、篾垫需要清洗，屋檐下潮湿未干的衣物需要晾晒，衣柜里的被絮、毛衣、棉布外套、保暖鞋泛着霉味，需要抱出来暴晒杀菌，就连手感潮湿的木凳、砧板、凉床，也需要晾晒去霉。一时间，池塘边、河溪边、水井边，围满了洗洗刷刷的女人，棒槌捣衣声、银铃般的嬉笑声不绝于耳。门前的树枝上、晾衣绳上、晒衣架上，挂满了五颜六色的衣物、床单，如万国旗般迎风招展。“六月六，家家晒红绿。”六月六前后正是沿江一带梅雨盛行之际，长时间潮湿的空气，让衣物、家具受潮霉变，一旦云散天晴，人们自然要抓住这难得的机会，抢洗抢晒。

在家乡狮子凹，老人们常说，“六月六，鸡蛋晒得熟”。那时我还小，不相信鸡蛋能够晒得熟，觉得那是逗孩子玩的。六月六，即将进入初伏，天气往往热得炸人。屋子里闷热难耐，加上有民俗“六月六，猫儿狗儿同洗浴”的庇护，我和小伙伴们可以破例抱着小猫小狗来到水塘边，这是个巨大的诱惑。说是给猫狗洗澡除虱，其实是自己享受嬉水的快乐。猫儿狗儿不敢下水，早跑到一边捉蝴蝶去了。我和小伙伴们便在水里扑腾，扎猛子，逮河蟹，直到正午，大人呼喊着回家吃饭，才恋恋不舍地钻出水面。

上了岸的小伙伴们穿着湿漉漉的短裤往回走，路过庄子里一位戴眼镜的老先生门前，见石板上摊晒着一排泛黄的厚书，有些好奇。刚拿起一本翻看，就被树荫下看书的老先生叫住。我们围过去，听老先生讲起六月六的来历，“六月六，天贶节，起源于宋代。贶者，赐赠也……”我们不懂之乎者也，对那些厚书也不感兴趣，加上肚子也有些饿了，就各自散开，朝自家温馨的小屋走去。

“正月正，闹新春；二月二，龙抬头；三月三，荠菜赛仙丹；四月四，插柳枝；五月五，过端午；六月六，家家晒红绿……”远处树荫下传来清亮的童谣，村子里安宁祥和的气息，更浓了。

哭　　嫁

胡　冰

正月初六那天，随朋友参加了一次乡村婚礼，又一次看到了传统的“哭嫁”风俗。我们去的正好是女方家，哭嫁的时间是在姑娘出嫁临上车的时候。在房间里，有两位中年妇人帮新娘梳头换衣。这个时候，新娘子的母亲在外面的客厅里放声大哭，在母亲的哭声里，新娘子由哥哥背起，在众亲眷的簇拥下钻进迎亲的车子，开始了一段新的生命旅程。

“哭嫁”的风俗，据说起源于战国时期，赵国的公主嫁到燕国去做王后，她的母亲赵太后在临别时“持其踵，为之泣，祝曰，必勿使返”。大概这就是后来长盛不衰的哭嫁风俗了。

“哭嫁”是吉祥如意的象征，不哭不体面、不热闹，本地乡间还有“越哭越发”一说，每个出嫁的姑娘在离开娘家时要大哭一场，哭得越响、时间越长，意味着对娘家感情越深，以后事业会越兴旺发达。

小时候最不能理解，结婚明明是大喜事，过门时，新娘子与娘家人却为何要哭得跟生离死别似的。若哪个新娘子哭得不够惊天动地又或干脆掉不下眼泪，总要为围观的三姑六婆们所诟病：这女子心肠硬，甚至动辄就上升到不孝。

第一次看到哭嫁，是小时候在老家，跟着父母去吃一个远房姑姑的喜酒。进门时，新娘子与母亲正在哭嫁。母亲在厨房里边忙碌边哭，新娘坐在自己睡房的床沿上拿着手绢低着头在哭。母女俩都哭啼啼的，都是边哭边说。新娘子边抽泣边说着父母的恩情，说对兄弟的不舍，说对往后日子的担忧。母亲边哭边说着从今往后，女儿端的别家碗，不知别家父母啥心肝。说着说着，母女都哭作一团，做父亲的就默然转身去了外面招呼客人。一干姨娘婶子也红了眼，泪水涟涟地赞新娘子晓得好歹，没白养一场。也劝新娘子母亲，说女儿嫁得近，可以随时就回来的。

开初哭，可能是因为程序的必需。但哭着哭着就触动了情怀，一发不可收了。娘哭，是辛苦一场，终成泼出去的水。女哭，是一段人生永不可复返的结束，对铺展而来的生活充满未知，有惧有忧有眷恋有不舍。借了这个由头，开了闸，也算将无限的依依滂沱而出。毕竟女儿又有多少机会在出嫁后仍能赖在母亲怀里大哭一场呢？

只是那哭声惹不下我的眼泪，那时毕竟年纪小，哪能体味如此复杂的心事。但现在回过头来看，哭嫁作为一种风俗，是有着其独特内涵的。现今随着外来文化的加入，越来越多的传统文化变得弥足珍贵起来，如果你还想要再目睹到这些，也只能在一些特别的日子特别的地方才能看得到。

乡土韵味的婚俗

左苹莲

那年那月那日，新娘子没有洁白飘逸的婚纱，迎亲没有靓丽豪华的婚车，婚礼上没有口若悬河的司仪……那时候，从察亲走到结婚，每一步都是那么严谨。

我曾经喜欢听奶奶讲故事，奶奶她们那一代的婚姻都是遵从“父母之命、媒妁之言”的，男女直到进洞房彼此才见第一面，结婚前互换庚帖，应该相当于今天的结婚证，新娘都是坐轿子的，大家闺秀坐八抬大轿或者四抬大轿，小家碧玉坐两人抬的小轿，奶奶是童养媳，一生没尝过坐轿子的滋味，那时她每次和我谈起来，总是充满遗憾。

到了我妈这一代，媒婆牵线，男女双方父母就开始背地里观察了解，“察亲”满意后，媒人带小伙子去女孩家“相亲”。妈妈说，我爸第一次去她家的时候，她根本不敢正眼打量，只是匆匆一瞥就脸红心跳。在我们这一带农村，20 世纪 80 年代才开始有“自由恋爱”的，这时候，相亲的男女一般会坐在一起聊聊天，双方都中意的话，男方到女方家“认亲”，认亲之后就“定亲”，也叫“下定”“定婚”。不知从什么时候开始，认亲就和下定融合为一体了。

昔日，下定讲究很多，择一个天气晴好的双日子，在两个媒人带领下，小伙子和家里亲戚声势浩大地挑着礼品到女方家，女方指定办几桌饭，男方要备好吃饭所需的鱼肉、酒、香烟，几个红红的尖包鲜艳夺目，里面有蚕豆、饼干之类的茶点，礼品里还必须有小糖、糕、麻饼子、手帕、香脂，后来几乎都用“大宝 SOD 蜜”来代替香脂，女方把这些东西送给亲朋好友和左邻右舍。这些礼品都用稻箩挑着，稻箩周围贴着红纸写的“金玉良缘”“花好月圆”“天长地久”什么的，我爸写得一手遒劲有力的好字，许多人家做喜事都会来找我爸写字。

认亲时，男方要给女孩亲戚和“家里”的一家家送礼，二斤猪肉、一瓶酒、一条糕、一斤红糖，有的还有两包烟，要给小孩子发红包。之后，小伙子一年三节都要“看节”，看节时当然不能忘了两个媒人，礼品是一样的，不过猪肉要“二斤半”。男方认亲回家时，女方“回篮”在稻箩里放上糕、染红的鸡蛋和一些小糖，还要有两双鞋子。以前的女孩都是自己动手，一针一线做两双布鞋送给未婚夫。90 年代后，女孩都是给男友买皮鞋了。过去下定后，女孩也会去男方家认认亲，男方父母和其他长辈都要给女孩“见面礼”，钱的多少随男方的家境，有的殷实的人家是很“大气”的。

70 年代，一块手表是多少女孩梦寐以求的定情信物呀，可是拥有的人凤毛麟角，有的人家会送女孩一对银手镯、一枚银戒指。一般家贫的只送几套订婚衣料，从两套到八套不等。到了 90 年代，订婚流行“三金”，现在的女孩喜欢“钻石恒久远，一颗永流传”。

走过春夏秋冬，结婚自然提上日程。男方通过媒人向女方家“求结”，求结是一定要“朝节”的，朝节时双方定下结婚的日子。端午节朝节，除了传统的礼品，还要有粽子和绿豆糕。中秋节朝节有糍粑和月饼，小糖和糕是要的，有人家在村里挨家挨户地发。旧时农村，中秋节朝节的多，年底农闲，正是筹办婚礼的好时光，那时农家婚嫁喜欢农历逢双的日子，尤其是日期有六和八的。有了结婚的准日子，双方就积极地筹备婚礼，亲戚朋友都要“送情”了。

结婚前“送三子”，第三天正式举行婚礼。男方要给女孩家送去办酒的礼品，如糕饼、小糖、香脂和手帕，挑东西的稻箩上写着“白头偕老”“永结同心”“鸾凤和鸣”之类的祝语。礼品里要有一对红鲤鱼，讲究的还要有一对鲢鱼和鳜鱼，再搭配其他的鱼，猪肉要有头有尾，公鸡母鸡各一只，还有一升三格米，所有东西都会贴着红艳艳的“囍”字。还有四个或者六个包着茶点的红尖包，现在没有尖包了，但是许多农家依然会准备传统的“艾、锡、扁柏、栗炭”什么的，用红纸包好放在稻箩里，这大概是男方向女孩传达爱惜之意，表明“除了栗炭无好火，除了郎舅无好亲”。其后，男方要将母鸡带回去，回篮里还有糕、红鸡蛋和小糖。彼时，曾经吃过喜糖喜糕的邻里乡亲都会送“茶饭”给女孩吃，一大碗鸡蛋挂面或者氽肉挂面。现在，大都直接拎着两斤猪肉或者二三十个鸡蛋、两把面送茶饭了。

送三子时，女方会把嫁妆提前送到婆家，陪嫁的东西都贴着红彤彤的“囍”字。女方琳琅满目的陪嫁品里，一定是有马桶的，美其名曰“子孙桶”，里面放着枣子、花生、桂圆和染红的鸡蛋，意思一目了然——早生贵子，后来有人家用痰盂代替马桶，如今大都准备红塑料桶。传统的婚礼习俗总以大红色来烘托热烈喜庆的气氛。往日婚礼上避讳出现白色的东西，谁能想到，今天的新娘子都穿着雪白的婚纱。那时，陪嫁的被子都选择红被面，订被子用红线，四个被拐都放着枣子、花生、桂圆，现在有人家会在被拐放上硬币。嫁妆里有两双鞋，男方家的老表会有人起哄拿鞋，所有东西都是一次上车，忌讳跑二趟的。60 年代一担箱子一担柜子就很体面了。到了 70、80 年代，有了五斗橱和三面橱什么的，如果有“三转一响”——自行车、手表、缝纫机，加上收音机，那就格外抢眼了。80 年代后期到 90 年代，有了电冰箱、电视机、洗衣机三大件。而后结婚要求越来越高，直到现在的“房子、车子、票子”。现在都是新娘子和嫁妆一道进婆家门，没有什么“送三子”了。

过去，结婚头天晚上，女孩洗好澡就要“哭嫁”，妈妈也陪着哭，会哭的还有一套完整的哭词，哭得伤心水断流，旁边看热闹的人都忍不住抹泪。女孩出嫁当天，要找儿女双全、生活美满的女子分别给女孩梳头、洗脸，边梳边说“一梳金，二梳银，三梳人上人”之类的吉祥话，梳头和洗脸的人都要给喜钱的，如今新娘子都是在婚纱店盘好头、化好妆，也仍然有人家会找人象征性地梳头擦脸。

我小时候钻在人群里看到有出嫁的女子，出门前站在“朗子”里，被哥哥或弟弟背着出门时，还把筷子往后一甩，就好奇地问奶奶原因。奶奶说，站在朗子里是为了不带走娘家的财气，把筷子甩了表示从此有自己的日子，不能再吃娘家饭了。渐渐的，这些习俗都在改变，现在几乎不沿袭这种旧俗了。小时候，有些男孩喜欢打“新人”。那时新娘子多在伴娘和媒婆陪同下步行，调皮的男孩一见新娘子进了村，有砸泥巴的，有砸灰土的，媒婆只能见机从口袋里抓一把小糖一撒，趁孩子们争先恐后地抢小糖时，拉着新人就跑。

结婚当天，男方家热闹非凡，宾客满屋，家里所有门上都贴着通红的婚联，窗户和家具上贴着火红的“囍”字，喜气洋溢在每一张笑脸上，快乐流淌在每一个角落，晚上吃酒更是把喜悦演绎到极致，那时乡间活动少，每一场喜宴都是村人的集体狂欢。当时人们都特别关注座次，不能随便坐的。喜宴上，新娘敬酒也会有人刁难。曾经见到一位大叔，把两根筷子担在碗上，一边放一个酒杯，让新娘子斟酒，斟好一边，另一边翘起来，酒杯就掉下来了，如果一边斟一点，稍微不注意，酒也就洒了；还有人故意把香烟沾了酒，再让新娘子给点着。往往折腾很久，新娘子哭笑不得，面红耳赤，后来还是媒婆出面解围。而今在饭店里也鲜有人在意座位的尊卑了，新郎新娘敬酒也不会有人刻意为难了。现在有的乡村人家依然会请厨师在家里办喜宴，菜肴丰盛，过去的“膀”和“甜生腐”什么的都没有了，多了黄鳝、鳖、虾子和精致的小炒。

婚后“回门”也是重头戏，往昔，要满一个月女儿女婿才能回门，后来“三朝”就可以了。婚后第三天，女方妈妈牵着一个小男孩，带着笸箩、剪刀、针线什么的到女婿家，接女儿女婿回娘家，现今针线笸箩都用不上了，有的就会送上脸盆和红鸡蛋，女儿女婿回门时要准备回门礼，不外乎猪肉、烟酒、糕糖和保健品。

随着时代的变迁，许多东西都在悄然发生变化。当年我和老公相恋后，从认亲到结婚，少了很多烦琐的细节，爸爸妈妈都不再拘泥于旧俗了。曾经那有着浓郁乡土韵味的婚俗，逐渐成了遥远的记忆……

结婚写对联挂红披的风俗

张振中

枞阳乡村结婚写对联挂红披的风俗历史悠久。子女的婚期已定便下请柬邀请亲朋好友光临喝喜酒，亲朋好友如期送来绸缎被面、床单、红绿布料，作为贺礼。在新婚前一天必须请识文断字的私塾先生按乡村一定的礼节程序将这些贺礼挂在堂心的墙壁上，以示恭贺新婚大喜。这满墙上挂着花花绿绿的红披宛如一道亮丽的风景线。那满堂红的红披，流光溢彩，蓬荜生辉，一派欢天喜地的景象。

20 世纪 60 年代到 80 年代，枞阳乡村为儿子操办结婚喜事特别隆重热闹。为了彰显喜庆的氛围，在男方向女方送彩礼的前两天，请当地有书法功底的老人或教师书写结婚对联和挂红披。

枞阳有句口头禅“初八日子好，姑娘改大嫂”。20 世纪 70 年代初，我初为人师走上三尺讲台，每逢农历腊月或正月的初八、十八、二十八就有农户请我为他家儿子结婚书写对联和挂红披。接到东家的邀请，我备好文房四宝前往，在东家的堂心摆好几张大桌拉开阵势，裁红纸，叠折格子，选择对联的内容，大笔一挥一副副对联摆满堂心，忙得不亦乐乎！送彩礼的箩篮贴上“福如东海，寿比南山；苏才郭福，姬子彭年；百年好合，五世其昌”四字鲜红对联；大门贴上“喜有亲朋满堂座，愧无美酒宴嘉宾”的对联；洞房门贴上“一朝喜结千年侣，百岁不移半寸心”的对联。农村办喜酒挂红披非常讲究礼仪，必须懂得当地的风俗人情，理清人际关系的辈分，还要严格区别长幼之分。在红披上下方贴上标签注明送礼人的姓名和称谓。挂红披不仅要懂得风俗人情，还要安排好挂红披的位子。

首先，在堂心墙壁的四周上方钉好铁钉，用红尼龙绳四周环绕固定好，然后将一匹匹红披挂在尼龙绳的上面。在堂心的正面墙上一般挂舅爹家送的红披，南边墙上一般挂长辈亲戚送的红披，北边墙上一般挂平辈送的红披，晚辈送的红披一律挂在平辈的下方。在挂的红披上用大头针别好“珠联璧合、龙凤呈祥、金玉良缘、风翥龙翔、并蒂红花”端端正正的四字联，再贴上送红披人家的姓名。如果红披多场地小，同辈分依次按年龄大小排列。红披挂好后，一目了然，一看便知红披是谁家送的贺礼，一看便知送礼的人辈分大小，一看便知亲戚朋友是什么关系。在洞房门贴上对联，在婚床上方贴上大红的“囍”字，在窗户上贴上寿字和漂亮的窗花。

洞房花烛夜不分老少，门庭若市大闹三天。“百世修来同船渡，千世修来共枕眠。”结婚办喜事那天，东家的院落里里外外打扫得干干净净，一尘不染，窗明几亮，堂心屋梁上悬挂一盏大汽灯，桌椅板凳依次摆放。黄昏时分亲朋好友拥妻携子前来喝喜酒。东家的堂心屋汽灯发出耀眼的光芒，如同白昼。大门上“喜有亲朋满堂座，愧无美酒宴嘉宾”红彤彤的对联，光彩夺目，十分耀眼。婚房门上“一朝喜结千年侣，百岁不移半寸心”的鲜红对联，喜气顿生。客人走进堂心环顾墙壁四周，红披上“珠联璧合、龙凤呈祥、金玉良缘、风翥龙翔、并蒂红花”的四字联首先映入眼帘。红彤彤的对联，潇洒秀丽的书法艺术，红绿相间耀眼夺目的红披，在明亮的灯光照射下，熠熠生辉，美不胜收，令人眼花缭乱，目不暇接，置身于满堂喜庆的氛围之中，高兴的心情写满亲朋好友的脸上，让人好不惬意呀！亲朋好友像走进艺术展览馆观赏一件件展品，发出一阵一阵啧啧的赞叹声。东家的舅爹喜笑颜开地指着墙上的红披说：“这红披上的对联书法遒劲有力，刚柔相济，好文好字呀！”亲朋好友一踏进堂心，就开始寻找自己送的红披挂在什么位子上，如果红披位子挂得不对，客人就会怒发冲冠扯下红披，指责东家“你家八百代都没有做过喜事，不知道上下的东西，红披位子都挂错了……”喜酒都不喝立马走人。东家又是赔礼道歉又是敬烟递茶都解决不了问题。曾经有几家办结婚喜酒就为挂红披的位子扯皮大动干戈，撕破脸皮，打翻桌子拂袖而去，从此断绝往来。因此，农村办喜事挂红披来不得半点疏忽，否则不欢而散，令人难堪尴尬。有时亲朋好友会对挂红披的位子提出自己的质疑和见解，我会在第一时间站出来动之以情晓之以理地说服客人，使他们冰释前嫌，心悦诚服。乡下规矩：红披一般要挂三日三夜，新娘回门那天方可收下来。本自然庄和周边的老年妇女、大姑娘、小媳妇络绎不绝前来参观。她们一边看红披，一边评论哪匹红披质量好，哪匹红披质量差，看到质量上乘花头好的红披顿生爱慕之心，看了又看，摸了又摸，爱不释手呀！

时代的列车驶进了90年代，乡村婚庆喜事发生了翻天覆地的变化，人们不再送传统的红披了，取而代之是送彩电、冰箱、洗衣机、座钟、VCD等高档礼品。乡村结婚写对联也随之发生了质的变化，不再写那老一套的对联了，而是以时代变化为创作题材，以家庭环境为背景，以新郎新娘的文化素质为基础，出现了移风易俗的时髦对联。我常会根据新郎新娘的社会地位和人文素质编写一副时效对联，也常会用新郎新娘的名字作一副别有风趣的藏字联。小青年们看到我自编的结婚对联高兴地说："你看社会发生了深刻的变化，张老师写的结婚对联也跟上时代前进的步伐啦!"

曾记否，那些年我给人家写结婚对联和挂红披不计其数，尤其农历腊月初八，一天要辗转好几户，日夜兼程地挥毫泼墨，忙得不可开交呀！有一位在中华人民共和国成立前读过几年私塾"之乎者也"的耄耋老人，看到我每逢农历腊月忙碌的身影就随口而出打油诗一首："张秀才一支笔，腊月一到不停息；跑东家往西家，大笔一挥写对联；巧手剪双喜，妙手叠窗花；写对联挂红披，周边村庄都请他；春夏秋冬办喜事，一年四季写对联。"

70年代，乡村小青年跳不出"父母之命，媒妁之言"的婚姻紧箍咒。我给人家写结婚对联既要突出红色时政，又要新老相结合。大门对联是"革命夫妻志同道合，幸福家庭携手共建"。洞房门的对联是"互敬互爱白头偕老，同心同德恩爱夫妻"。送彩礼的礼篮上是传统老对联"百年好合，五世其昌；花好月圆，白头偕老"。

80年代，岁月走进了改革开放的社会，男女小青年以自由恋爱为婚姻的基础。我给人家写结婚对联既要突出一对夫妻只生一个孩子的国家计划生育政策，又要彰显乡村新事新办，大门对联是"优生优育利国惠民，移风易俗幸福一生"。洞房门的对联是"执行国家计生政策，改变传统生育观念"。送彩礼的礼篮上对联是"自由恋爱、相敬如宾；同心永结，美满婚姻"。

90年代，岁月迈进文明和谐的社会，男女小青年走进自主婚姻的殿堂。我给人家写结婚对联既要突出勤劳致富奔小康的内容，又要透视小青年的人生观，大门对联是"志同道合艰苦创业，脚踏实地开辟未来"。洞房对联"双手开辟致富路，一心建设小康家"。送彩礼的礼篮上对联是"和谐家庭，携手共建；开辟未来，锦绣前程"。

现在，农村虽然结婚不写对联不挂红披了，但是每逢国家重大节日，请我写婚庆请柬和祝酒词的人家还是接二连三。如今尽管退休了住在安庆城里，但小区居民和光彩大市场的老板还是登门请我替他们写结婚送日帖子、请柬、祝酒词，我也仍然无言拒绝，初衷难改，欣然挥毫一挥而就。

我经历了乡村结婚庆典的巨大变化，从过去父母包办的婚姻，到走进男女自由恋爱的婚姻殿堂；从过去结婚选择农历逢八的日子，到现在结婚选择公历重大节日；从过去结婚写对联挂红披，到现在结婚收礼金相聚豪华大酒店举行隆重的婚礼。这些足可以折射出社会在前进，文化在发展，经济在腾飞，老百姓的思想意识和观点都发生了深刻的变化。

随着 21 世纪的到来，乡村办喜事进入了城市灯红酒绿的大酒店，传统的结婚挂红披风俗似乎走进了历史的博物馆。虽然我们在城市灯红酒绿华灯璀璨的大酒店参加婚礼，鞭炮齐鸣，惊天动地，《结婚进行曲》的旋律震耳欲聋，亲朋相聚，推杯换盏，婚庆礼仪热闹非凡……但是，乡村结婚贴对联挂红披的风俗永远留在我们那一代人美好而珍贵的记忆中。

送祝娩

胡章华

一个星期天的上午，天气晴朗，室内显得格外宁静，我坐在窗前翻阅着《枞阳杂志》。和煦的阳光仿佛有意为我驱散冬天的寒气，毫无顾忌地拥进窗来，把我淹没在暖阳里。突然门铃声响起，我忙放下手中的杂志去开门，只见姨侄女婿一脸喜气走了进来，手里提着大包小包的礼品。首先映入我眼帘的就是摆在礼品上方的十来个染红的鸡蛋，我猜想一定是姨侄女分娩了，特来向姨妈报喜的。一问果然如此，是前几天分娩的，生了个大胖小子。这让我们喜出望外，连声向他道喜。吃过午饭送走客人后，老婆就与我商量给姨侄女"送祝娩"的事。

"送祝娩"是千百年来流行于家乡的风尚、习俗，起源于何时无从查考。不过，乡风民俗这东西，包容面广，可指古往今来人类所有的生活文化，并涵盖无数的行为习惯。所以，我想把"送祝娩"这一良好的乡俗予以描述，让大家一起分享农村习俗这一传统文化的趣闻。我知道，自己对于文字从来都没有那种天然的灵感，只能把耳所听、眼所见、心所感的过程，涂写成零散的文字。

简单地说，农村姑娘出嫁后，在生孩子的月子里，姑娘的娘家父母、叔伯、姨舅和其他亲戚朋友及婆家的兄弟姐妹、亲戚朋友，为姑娘的分娩和新生婴儿送去祝福及营养品的风俗就叫"送祝娩"。

"送祝娩"的风俗，有它一定的传承做法。首先是生孩子家的人向亲戚朋友们"报喜"，即孩子生下后，无论是男孩或女孩，女方婆家的人得备礼选农历双日，向女方娘家及亲戚朋友报告这一喜讯，然后再陆续向其他亲戚、朋友家报喜。报喜的礼品也是有讲究的，染红鸡蛋是必备的，每份约十个左右。染红，是喜庆吉祥象征。鸡蛋，“送祝娩”时称为“鸡子”，有继承子嗣之意。糕点、酒肉是少不了的，一般是两条糕、两瓶酒、两斤肉。两，是双数，寓意好事成双。其他的礼品就随意了。

凡收到“报喜”礼品的亲戚朋友家，就得准备“送祝娩”的礼品。礼品，一定在月子里送到。礼品，主要是给坐月子的女人的营养品，老母鸡是不能少的，其他如桂圆、红枣、红糖、米面等。另有两条糕，意为糕（高）来糕（高）去。还得给婴儿做一套衣裳，讲究的还用小块花布缝成“百色衫”，寓意长命百岁。“送祝娩”还有一个重要的仪式就是给新生婴儿见面钱。客人到房间看孩子时，把事先准备好的红纸包的礼钱，放在婴儿的襁褓里，由孩子母亲代孩子按辈分称呼说些致谢的话。如我与老婆到姨侄女家看孩子，放好礼钱后，姨侄女就对孩子说：“宝宝，姨外公、姨外婆来看你了，谢谢呵。”原来姨侄女喊我们姨父、姨妈，现在是代孩子喊，就长辈分了。接着是请客人吃“糖水蛋”，就是开水溜荷包蛋加糖，这叫“喜蛋”，这是一定要吃的，一碗三到五个荷包蛋不等，且糖放得加倍多，意为甜甜美美。这就是我所了解的“送祝娩”的乡风民俗。

许多乡风民俗都是农民自己在传承中保存下来的，久而久之被叫作乡风民俗传统文化。的确，良好的“乡风民俗”作为一种非物质文化能促进人与人之间的相识、相知、相亲、相融和，促进社会的文明与和谐，有一定的积极作用。同时，也反映出农村人民群众的生活传统习惯、道德规范和精神风貌，更是农村文化的重要组成部分。我相信，良好的“乡风民俗”文化必然会引起社会的普遍关注并得以传承。

枞阳“喜事酒”

陈 靖

谈到枞阳饮食，要举出几样有特点的菜，殊非易事。平时在饭店吃饭，都是味精、调料为主，没什么特色。饭店里吃多了，再好的菜也品不出味来。偶有远方来客，要吃本地菜，颇不易觅。地方菜有特色且能上档次的，就我所知，有白荡湖的大闸蟹，陈瑶湖及沿江一带的媒鸭、赤头鹭、鲚刀鱼等。这些菜价格偏高，要赶季节，倘客人来得不是时候，就无法尝到。四季常备而又兼具地方特色者，如山粉圆子烧肉、黄鹱大萝卜、老洲山药、项铺生腐、汤沟茶干等，似尚可一品。有地方特色而他处所无者，如粉蒸肉、锤肉、氽肉、麦鱼蒸蛋（麦鱼生长在白荡湖一带支流，长约 1 厘米）、黄鳝煨绿豆、大肠米饭、鸡肫米汤、烂糊萝卜、甜生腐红烧排骨、牌形米面等，点心则有油磁（像水瓶塞）、米粉粑、小糍糕等，都很不错，似可一膏馋吻。黄镇当年回乡，点过三道家乡菜：烧山粉圆、炒豆腐渣、红烧萝卜，大抵皆寒酸、不入流、上不了台面的小菜。在现代饮食中，枞阳这些菜顶多只能调调口味，不成系统。若要做一桌全席的枞阳菜式，却非易事。

枞阳地处长江，水产品极为丰富。枞阳菜也因地制宜，以蔬菜、鱼类为主，其中最有代表性的菜式首推枞阳“喜事酒”。

“喜事酒”纯出民间，不见志书记载，各乡镇做法互有差异。做“喜事酒”的厨师都在民间，其厨艺和饭店的厨师颇有不同。吃“喜事酒”又叫“吃酒席”，书面上的说法叫“喜筵”。“喜事酒”有红、白之分，所谓红、白喜事，其实只是说法不同，菜式则区别不大。现在要吃地道的“喜事酒”，只有到偏远的农村才行，城里的“喜事酒”已经走样了。城里“喜事酒”大多在饭店举行，饭店以盈利为目的，所做的菜式土洋结合，除保留一些传统的菜式，如炖膀、圆子等，口味已大相径庭，无法和传统的酒席相比。客人赴宴，大多只是敷衍一下场面，宴后回家，说不定还要重新生火做饭，以充腹饥。

我小时候家在农村，吃过很多酒席。吃酒席是有很多讲究的，如座位有尊卑之分，不能随便乱坐，即是一例。进门堂屋正中的桌子为主席，主席上手为贵宾，一般是媒人、新人舅或年高辈长者的座位；右手稍次，左手再次；下面的位子俗称“脚脖肚子朝大门”，是最次的席位。新女婿在岳丈家一般都坐此位，以示谦虚、懂礼貌。吃酒席前，主人要提前上门迎请客人，客人并不马上赴宴，主人就要不厌其烦地“三催四接”，以示尊重。开席要等到每桌客人全部坐满后，方可举行。酒席一般每桌坐八人，如果主人“算小”（枞阳话“抠门”的意思），也可坐十人。妇女赴宴，一般都带上小孩。孩子很少坐席，在厨房里取上碗筷，站在桌旁夹菜吃。过去妇女孩子多，一般都会带上几个孩子。孩子们闹闹嚷嚷，争抢食物，所以往往女客的桌上最耗菜。俗话说：“妇女客，不能接；接五十，到一百。”说的就是这个场面。

吃酒席的场面都很热闹。桌上的菜肴吃完后，空碗碟不能马上就撤，以免主人有菜不够丰富的尴尬；后上的菜没地方码放，就层层叠压在空碗碟上，以增喜气（白喜事则没有这些讲究）。吃后的骨头、残余等物都扔在地上，地面往往一片狼藉，酒气冲天。男人喧嚣劝酒，女人也不甘示弱。主人对此场面毫不为怪，大家图的就是这种喜庆的气氛。

“喜事酒”的基本框架是二十八道菜，元素有鱼、肉、圆、枣、蔬等。以前农村较穷，市面菜品稀少（如牛肉、羊肉等，就难以买到），因难见巧，酒席上一般以鸡、猪、河鱼、豆制品、时令蔬菜为主，烹饪方法大多是炒、炖、煨等，蒸的菜肴比较少见。现在条件优越，不少菜式也在改变。

“喜事酒”的一般菜式不外以下诸种：

冷盘。一般是花生米、卤菜、皮蛋之类的拼盘。现在条件好了，也有加上水果的。

白切。用肥猪肉切成片状氽汤。因为太油腻，现在已很少上这道菜了。

开席鱼。一般用鲢、鳊、鲤红烧。开席鱼不能用鲫鱼。枞阳过去有“鲫鱼不上席”的说法，谐音的意思是以免生出的小孩“急不佬”（口吃的毛病）。开席鱼又叫“碗面鱼”，一般不吃，取“年年有余”的意思。有些乡镇是最后一道“圆席鱼”不吃，开席鱼是可以吃的。枞阳东、南乡风俗不同，所谓“出门三五里，各处一乡风”。

炖鸡。整鸡清炖，汤味最为醇美。

小炒四至六道。视季节不同，以肉片、胡萝卜、豆腐干、时令菜蔬、千张片为主。

炖膀。大白肉清炖，为“喜事酒”之重要菜式。尽管肥腻，但风味绝佳。

银耳汤。银耳炖汤，也有加红枣、白糖，以改变口味、增加喜气的。

肉圆。肉末加淀粉搓成圆形，以菜油炸成。

鲊肉，即粉蒸肉。现在市场有现成的鲊肉粉，加佐料与肉一同蒸熟。讲究的在肉下垫上藕、山芋、南瓜等，蒸熟后肉汁渗下，藕、山芋、南瓜等更为香美可口。

氽肉汤。将瘦肉剁碎，加淀粉搅拌，入水煮熟。此菜为他处所无者。

红烧排骨。取猪排骨红烧。各地做法不同，有做成糖醋排骨的，色、香、味更佳；亦有以腌雪里蕻烧排骨，味亦独特。

鱼片。鱼片加淀粉，入水煮熟，做法与氽肉同。

甜生腐红烧肉。生腐与肉加糖红烧。

漂圆。取鱼肉剁成末状加蛋清，色纯白。用清水煮熟，白色的圆子浮于汤面，故名“漂圆”，味清爽甘美，可去油腻。

四季圆。猪肉加米饭搅拌后，搓捏如鸡蛋大小，蒸制而成。

桂圆莲子汤。桂圆、莲子清炖后加糖，清淡可口。

山芋粉圆子。一种大的山芋粉圆子，有些地方作“圆席”用。小山芋粉圆子一般闹洞房时用。

蹄髈。俗名“炖蹄泡”，用猪腿肉做成。做法有清炖、红烧，各地风俗不同。这道菜太油腻，现在已很少用了。

蒸糯米圆子。小圆子，有的地方俗称“汤果子子”（第一个“子”字读音长，和前面的“汤果”两字连在一起读，第二个“子”字读音轻短），现在也已少用。

锤肉汤。锤肉与肉饼不同。先用瘦肉切成薄片，再放在山芋粉上用钉锤锤薄，剪成小块状，烧成锤肉汤。味道比氽肉汤、肉圆汤好。

谢席鱼。大多地方用鱼圆子“圆席”。

青菜豆腐汤。这是最后一道菜。上完这道菜，意味酒席结束。客人如需上饭，吃后即可告辞。

摸　　秋

吴福成

在石婆老家，一旦进入秋天，色彩就变得丰富起来：红的、黄的、紫的，样样都是丰收的颜色，让人看着欢喜。这时各家各户自留地里种的那些形状各异、五颜六色的瓜瓜果果，也好似刚睡醒的孩子，揉揉眼睛，闪亮登场了。有粉扑扑的冬瓜、苗条秀气的菜瓜、憨态可掬的南瓜，还有那郁郁葱葱的甘蔗林，看着都让人口舌生津。

再好吃的东西，是别人家的，当然“只可远观而不可亵玩焉”。不过也有例外，老家那句“八月半摸秋不算偷”的俗语让我们听起来很受用。因为只有在这天夜里，孩子们可以随便到哪家的地里采摘瓜果，大人们要是瞧见了，也是故作声势，胡乱干咳几声便作罢了。村子里上了年纪的老人还说，如果不摸秋，来年的庄稼会遭灾。

我第一次参与摸秋是七八岁的时候。那夜等父母睡去，月已上了三竿，各家各户的孩子们都蹑手蹑脚地出了门，集中在村头的打谷场上。年龄最大、个头最高的大孬子顺理成章地成了我们这支摸秋队伍的统帅。他将所有人集中起来，根据年龄大小平均搭配，分成两个小组：一组去西边邻庄的甘蔗林，那里成片的红皮甘蔗又脆又甜；另一组去东面小河边那一长溜的菜园里，那里的许多瓜果不是挂在枝头，就是躺在地里睡大觉。分配完毕，大孬子还不忘强调几点，比如不允许摸回没有成熟的瓜果，再比如大孩子一定要照顾好小孩子。

现在想来，大孬子一点都不孬，十五六岁的年纪就颇有领导才华，难怪现在他开的公司已有一百多号人，生意更是风生水起。虽然摸秋的夜晚不用担心被抓住，但对于幼年的我来说，兴奋的劲头一过，剩下的便只有紧张了，怀中如同揣着一只小兔，撞得厉害。大孬子确实很哥们，紧紧拉着我的手，悄悄地向目的地进发。

中秋夜的月亮又圆又大，将清冷的银光打在河面上。岸上一群人手牵手影影绰绰地往菜园里钻，全然不顾经常出现在河滩上的麻头蛇或癞蛤蟆，只管弓着身子朝白天已经打探好的藤蔓摸去。

约定时间过了大半，每个人都有所收获，香瓜、南瓜、菜瓜尽收囊中，还有人幸运地摘到了几个快罢市的西瓜，只是形状不太周正。幼小的我因为紧张害怕，又缺乏实战经验，摸索了半天，才摸到了一条半生不熟的小菜瓜。

大孬子带着我们原路返回晒谷场，另一组队伍早已到达，都在谈笑间双手麻利地剥去甘蔗的长叶。我们将战利品集中起来，由大孬子统一分配。月光下的晒谷场上，每个人脸上都洋溢着兴奋、喜悦，又有谁在乎“摸”的多与少、好与坏呢！孩子们欢喜的是这样凯旋的兴奋感。

后来每年的八月十五中秋夜，我依然和大家一起延续着“摸秋”的刺激和快乐，只是领队的统帅每年都更换。给我留下深刻印象的除了大孬子之外，便是大我十多岁的海子哥了。他在摸秋中不仅收获了果实，还收获了爱情。

之后才知道，那晚的摸秋活动结束以后，大家都各自散去，唯独海子哥没有回家，他去找他的相恋对象。只因为女方家人极力反对，他们只能偷偷约会。也不知是那晚的气氛比较浪漫，还是海子哥别有用心，反正在皎洁的月光下，他的手也如摸秋一般瞎摸一气，而这一幕恰好被路过的大人看了个真切。第二天就传开了，在相对保守的农村，发生了这种事，谁家的父母都不好再反对了。不久之后，他们就办了酒席，把婚事办了。很多年之后，村里人还经常把这事挂在嘴边，说那伢子好福气，人家摸秋摸点瓜果什么的，他倒好，连新娘子一起摸回家了。

我上初中之后，村里外出打工的人多起来，许多人都举家搬到了外地，摸秋一事因为少了大孩子们的参与失去了主心骨，难以为继了。现在，每到八月十五中秋夜，当年那一群手牵手影影绰绰的摸秋身影，像一个尘封许久的记忆，又会真切地浮现在眼前……

风物篇（特产）

大通江鲜

俞俊年

清末民初时，长江南岸的铜陵县大通镇（现在隶属于铜陵市郊区），商贾云集，有大小商号数千余家，三十六大行，七十二小行，行行俱全，人口达八万之多，热闹非凡，素有“皖南小上海”之美称。

俗话说“靠山吃山，靠水吃水”。因为大通临江伴湖，故而其水产资源就特别丰富，鱼、虾、蟹、鳖等江鲜产品应有尽有，加上周边的缸窑湖、青阳县的童埠湖、江北枞阳县的陈瑶湖里的水鲜产品也都到大通来集散，大通的江鲜因此在全省乃至全国各地名声大噪。

大通镇上的江鲜多，到底多到什么程度呢？可以用一句话来形容，那就是多得都“压断了街”！每天清晨，澜溪街上、祠堂河边、和悦洲的大关口以及码头边卖江鲜的摊子一个挨着一个，来买江鲜的人也是一群接着一群，肩挑的、手提的，船装的、车运的，吆喝叫卖的，讨价还价的，一直持续到天黑。

那个时候，大通镇上靠打鱼为生的有四五百家之多，仅河南嘴上就有三百多家。渔船、扳罾挤满了河道，以至于影响到其他船只的通行。早在南宋时期，大诗人杨万里的一首诗《舟过大通》就描写过大通江河上捕鱼的情景：“淮上云垂岸，江中浪拍天；顺风哪敢望，下水更劳牵。芦荻偏留缆，渔罾最碍船；何曾怨川后，鱼蟹不论钱。”

大通当时共有大小鱼行七八十家，这当然还不包括那些肩挑手提的小鱼贩子们，其中最大的鱼行有四家：安庆人孙松令开办的“通和鱼行”、湖南人耿安定开办的“耿发记鱼行”、铜陵县汀家洲人查克勤开办的“查记鱼行”和湖北人陈金律开办的“金律鱼行”。这几家大的鱼行都有固定的商铺和加工场所，坐行收购，然后再分类、加工、包装，再加入冰块后外运。他们直接与合肥、南京、上海等地的鱼贩子们挂钩，由他们将江鲜运往外地去销售。

大通历史上有一首歌谣，名叫《十不舍得》，其前两句是这样形容大通鱼市的：“一不舍得和悦洲的花花世界，二不舍得大通镇的鲜鱼小菜。”

江鲜，并不是说凡是江河里的鱼虾都能称之为江鲜，只有那些较为名贵的江河鱼类才能称为江鲜。如鲥鱼、鳜鱼、鮰鱼、化鱼、鲶鱼、季刀鱼、河豚、螃蟹以及河虾等。大鱼行经营的都是这些名贵的江鲜产品，那些普通的水鲜产品，如鲫鱼、草鱼、黑鱼、泥鳅、黄鳝等，他们是不屑一顾的，他们称这些鱼为“杂鱼”。这些杂鱼的价格都比较低，都是由那些肩挑手提的小鱼贩子走街串户地叫卖。

传统意义上的大通江鲜指的是“刀鱼、鲥鱼和河豚”，另外在民间还流传着“六鲜”“八鲜”和“十鲜”之说。人们常说：刀鱼让人垂涎欲滴，鲥鱼是鱼中之王，吃河豚是拼命三郎；在民间有一条朴实的广告语：“吃到江鲜身体壮，食过江鲜味难忘”，这是江鲜其味之美的真实写照。

大通的江鲜运到了外地，就会带动当地餐饮业的发展。有许多地方的饭店餐馆正是由于大通运去的江鲜产品，才生意兴隆、名声大噪的。我们大家都知道，在我省的徽州地区，也就是现在的黄山市，有一道叫臭鳜鱼的菜非常有名。据说最早的时候就是用大通运去的鳜鱼制作而成的。这臭鳜鱼是怎么做出来的呢？说起来倒也是非常有趣的：清朝的时候，安徽省除了“安、芜、蚌、大”四大名镇之外，还有一个地方也是非常的热闹繁华，那就是安徽的南大门——屯溪。安徽的竹、木、柴、炭、瓷器，还有山货等资源都是由屯溪这个小镇运往江、浙、闽、赣等地的；那些地方的丝绸、茶叶还有日用商品也都是由屯溪运到安徽的。所以屯溪这个地方也是商贾云集、热闹非凡的。商客多了，餐饮业自然也就发展起来了。屯溪小镇坐落在皖南山区，尽管有这样或那样的山珍和蔬菜，也有从沿海一带运进的海鲜产品，但缺少的就是江鲜，于是精明的商贩们便从大通运去了大通的江鲜。那时候，由于陆路交通很不发达，运送江鲜只有靠人挑肩扛。由于路途遥远，从大通出发到屯溪小镇一般要走上三四天的时间。运送江鲜产品，如果是在冬天还好，三四天之内还不会变质，但在炎热的夏秋季节可就不行了。为了使江鲜不在半路上变质，聪明的鱼贩子们便想出了一个办法，他们每天都往装鱼的木桶中撒一些盐或是喷上一些盐水，然后将桶中之鱼翻一下身，再用石头压起来，上面放上一些松树的枝条或是松树的果子，以改善江鱼变质的气味。这些办法虽然能延缓江鲜变质，但却不能从根本上解决问题。待这些江鲜运到屯溪小镇时，鱼还是有些微微发臭。屯溪各大饭馆、酒店里的大厨们看到这些江鱼虽然有些发臭了，但用水一清洗，鱼鳞还是雪白整齐的，鱼鳃还是鲜红鲜红的，于是这些聪明的大厨们便将计就计，用臭豆腐乳汁、生姜、蒜籽等各种佐料精心烹调，便烹制出了风味别具一格的臭鳜鱼来。久而久之，这道菜便成了安徽的一道名菜了，现在就是在北京、上海等大城市的饭店里都能品尝到这道名菜。还有现在饭馆、酒店里的松鼠鱼，也是那些聪明的大厨们看到松果的形状而创造出来的菜肴。这些都是大通江鲜的功劳。

铜陵地区在清朝时候还有一道江鲜美味非常出名，那就是“大禹醉蟹”。传说古时候大通的江岸上经常爬出一种怪虫，“两把剪子八把刀，走起路来横着跑”，一路走一路不停地往外吐着白色的泡沫，还时不时地用它那两只大钳子夹人。人们都非常讨厌它，纷纷拿起棍子来驱赶，你往我家的田里赶，我往你家的田里赶，后来还打起了邻里官司，把状告到了县官大老爷那里。县官大老爷是个大酒鬼，他伸手去捉那怪虫子时手指被那大虫夹住了，痛得县官大老爷嗷嗷直叫，他用力猛地一甩，也不知道把那大怪虫甩到哪里去了，一直到老爷酒缸里的酒喝光了才发现那怪虫就躺在酒缸里，那怪虫子虽然已死但威风犹存。这一天，正逢大禹前来视察大通，由于一路奔波感到有些饥肠辘辘，坐定之后闻到了一阵香味，便问道：“可有什么充饥之物，拿一些来给我充饥？”县官大老爷答道：“因为正闹灾荒，现在没有可食之物。”“哪来的香味？”“后面有只酒缸，缸中之酒早已喝光，只是缸底下还有一只怪虫，香味就是从那里发出来的。”大禹走到缸前，伸手抓起那怪虫子就吃，那怪虫鲜美无比，大禹吃得津津有味，问道：“这怪虫子叫什么名字？”县官大老爷答道：“这怪虫子还没有名字！”之后便将这怪虫的来历说了一遍。大禹哈哈大笑说：“怪虫能吃，官司已解，那怪虫就取名‘虫’字头上加‘解’，就叫它‘蟹’吧。”又因为这怪虫子走起路来是横行的，后来人们就叫它“螃蟹”了。自从大禹吃了醉蟹并赐了美名之后，“大禹醉蟹”便成了江南一带独特的风味美食了。

现在大通的江鲜产品，在铜陵地区乃至全省、全国各地仍然非常出名。有许多餐馆酒店都采用大通的江鲜来烹制菜肴，连餐馆酒店的名字都是用“江鲜”或是用“江鱼”来命名的，如：大通江鱼馆、江南鱼王餐厅、大通鱼港等。宾馆饭店也都纷纷推出大通江鲜的特色菜肴，每天都是食客盈门，生意红红火火。

2004 年，大通镇特殊的地理位置和丰富的江鲜产品吸引了当年为毛主席烹制“武昌鱼”的武汉大中华徽菜馆的中国徽菜大师霍同明先生，他带着徒弟三人来到了大通镇上，开办了一家“铜陵徽式鱼宴馆”。他们用大通盛产的江鲜，采用徽菜的烹饪方法，推出了风味独特的“全鱼宴”，包括红烧划水、红烧鳊鱼、精烩鱼丸、美味河豚等二十多道菜，深受广大食客的好评。

2007年，铜陵市郊区政府为了弘扬铜陵地区传统的饮食文化，同时也是为了进一步地扩大大通江鲜的影响，为招商引资做好服务，在古镇大通举办了首届大通美食文化节。在这次美食文化节上，许多餐馆酒店都拿出了自己的绝活，推出了自己独特的菜肴，其中许多都是以大通江鲜为主要原料烹饪出来的菜肴，如：澜溪山庄的“野生鮰鱼肚”和“长江化鱼砂锅”，晓志饭店的“鲜鱼肚锅仔”，和悦山庄的“香辣鳜鱼片”等，这些菜肴都获得了大奖。

铜陵白姜

葛锡林

我国生姜最早产于南方。到了明朝后期，才开始传向北方。直到清朝，北方才大面积引种生姜。现在除东北、西北等高寒地区外，全国各地均有栽培，但仍以长江以南居多。铜陵地处沿江江南，是生姜较早栽培地区之一，至今已有2000多年，也是目前国内著名的生姜产区之一。2008年铜陵白姜加工制作技艺被列入安徽省非物质文化遗产名录。2009年，铜陵白姜被批准为国家地理标志保护产品。铜陵白姜的栽培历史中，屡经沧桑，兴衰跌宕起伏，据初步考证大体走势为：始于西汉，兴盛于北宋，衰落于元末明初，复苏于清朝，振兴于中华人民共和国成立以后，发展于改革开放年代。

铜陵白姜在北宋时期就是全国著名特产区之一，同时被纳入朝廷贡品之列。据北宋天文学家、天文机械制作家、药物学家苏颂（1020—1101）所著《图经本草》记载："姜，今处处有之，以汉、温、池州为良。"《宋史》地理四载"池州贡红白姜"，《嘉靖·池州府志》明确标注本府内的"土产"中"有姜出铜陵"，宋代池州贡红白姜就是铜陵白姜（加入红糖或蜜糖加工而成的呈红色或白色的糖冰姜），这是毋庸置疑的。

铜陵白姜因姜嫩皮白而得名，品质上乘，有"中华白姜"之美誉，属食药两用型和加工食用型品种。据金盾出版社《生姜高产栽培》一书载："安徽省的地方品种颇多，如宣城姜、休宁雁里姜、潜山猴姜、舒城姜、临泉虎头姜等，但以铜陵白姜最为闻名，是安徽省著名特产。"传说清乾隆帝下江南时，食铜陵糖冰姜后，称赞其"白如雪、亮如冰、甘辣醇和，有冰玉之美"，食后有"隔夜留香"

之感。

铜陵白姜营养十分丰富。据省粮油产品质量监督检测站检测：鲜姜含总糖0.9%，蛋白质11.5%、粗纤维9.8%、粗脂肪4.8%、钙228毫克/100克、铁8.5毫克/100克、总磷0.29%。尤其是糖和钙的含量，均优于国内其他地方品种。

铜陵白姜药用价值特别高。不仅具有姜烯、水芹烯、莰烯、姜醇等各种成分，桉叶油素和叶酸含量相对较高，尤其是姜酚的含量引人注目。据复旦大学生命科学院化验资料，铜陵白姜的姜酚（姜辣素）含量约45%～55%。几乎占了油状物质总量的一半，这是国内目前文献记载中没有的。

公元638年朝廷在铜陵县顺安镇设驿站，称为“临津驿”，是当时南（京）、浔（九江）古道上的重要驿站，其中有个“倚马餐”（专供使者换马时吃的一种快餐）。某年冬天，大雪封门，百姓绝粮断炊。多路使者纷纷前往京都告急求救。由于天寒地冻，沿途不是人病就是马伤。多路人马未能按时到达，只有铜陵一路人马没出问题，获得了朝廷及时拨来的赈灾粮银。京都官员问使者：别的地方的“送报子”都不能到达，你们为什么能顺利到达？使者回说：因在顺安临津驿换马时吃了“倚马餐”。因为倚马餐是药膳，秘方不得而知，但从味道辛辣芳香上可以品味出，主味配方是铜陵老姜。老姜温胃驱寒，回阳救逆，正好对症，保住了人马安全。这一传说正说明铜陵老姜是药中上品。

大院生姜俗称“大通姜”。指原铜陵县新建、董店两乡诸村所产的生姜。但品质最好的，非大院生姜莫属。主产地在现今大通镇的大院村，即“佘家大院”，古称邓源耆，后因马仁山佘姓子孙分支，徙居于此生息繁衍，至明代嘉靖年间其后裔佘敬中赴京应试中为进士，后在吏部任验封考功文选司郎中，职掌选拔官吏事（史称天官），后又任广东按察使。其弟毅中，十六岁在应天府（今南京）乡试中进士并夺得解元殊荣，任工部都水司员外郎中，因治理黄河有功，被加封为京堂正四品官服俸。佘家一门显赫，便拥有了“天官府第”的荣耀，佘氏宗祠亦建于此。佘姓在池州府铜陵县以“名门望族”之誉受人侧目。后来人们称此地名即“佘家大院”。

大院村是一条长冲，土质肥沃、气候适宜，种姜历史悠久。大院生姜经过加工后的糖冰姜，晶莹透明、玉骨冰肌、芳香四溢、脆嫩爽口。当时由“佘天官”年年敬贡朝廷，深得皇帝及大臣们的称赞，由于大院生姜荣获“贡姜”之美誉，备受人们青睐。

铜陵白姜独特的栽培技艺，是珍贵的非物质文化遗产。铜陵白姜（又叫佛手姜）叶青翠、茎红紫、质鹅黄、形为佛手、厚为肉掌、块大皮薄、汁多渣少，香、甜、鲜、嫩、脆兼备。其优良品质，除了气候、土壤等自然条件造化外，关键在于铜陵姜农在长期的生产实践中潜心研究，形成了独特的栽培技艺：一是姜阁保种催芽；二是深翻高垅栽培；三是空中搭棚遮阴。这三项栽培技艺都是全国唯一，独具特色，是铜陵姜农勤奋、创新的结果。

姜阁集保种催芽于一室，人工加温，保种安全，催芽效果好。铜陵姜阁保种催芽技艺在全国南北方生姜产区独一无二。元代农学家王祯在《百谷谱》中写道："今南方地暖不用窖。至小雪前，以不经霜为上。拔出日，就土晒过，用篰盛贮，架起，下用火熏，三日夜，令湿气除尽，却掩篰口，仍高架起，下用火熏令常暖，勿冷冻损，至春，择其芽之深者，如前法种之。"这段文字记述，正是铜陵姜阁保种催芽过程的真实写照。"畏寒闷置惊蛰卖，是名火姜不易坏，腴田种之燥湿匀，松叶敷阴借遮盖"（清·沈泌《种姜谣》），千百年来铜陵姜农一直传承姜阁保种催芽技艺。北宋宰相（知枢密院事）盛度（968—1041，今天门镇人）后裔第49代盛昌春家有五堂姜阁，其中一号姜阁已有百年历史。

每年"谷雨"前三五天，姜种出阁，准备下地播种。古时，姜阁开门那天，都要举行开门仪式。姜农们怀着一种喜悦的心情，男女青年唱着"开门歌"，祈求当年生姜丰收："清明时节天门开，王母娘娘送姜来，五味调和姜为首，一日三餐离不开；阳春三月地门开，药王菩萨送姜来，生姜本是药王种，能治百病消百灾；黄道吉日阁门开，土地老爷送姜来，今年风调又雨顺，家家元宝滚进来。"

深翻高垅栽培是铜陵白姜高产优质的一项重要措施，非同一般姜区平畦栽培方法。姜田在冬至前用特制的姜锄深翻40～50厘米，播种前做成30～35厘米的高垅，垅壁踩实，姜农称之为"踩姜垅"，技术要求很高。姜垅提前做好等待姜种适时入土。农谚曰："清明早，立夏迟，谷雨种姜正当时"，"过了'谷雨'关，只长芦（地上茎）不长姜"。

空中搭棚遮阴是铜陵白姜又一项重要的栽培方法。农谚曰："生姜晒了箭，等于要了命"，"端午盖顶，重阳见天"，"苗期三分太阳七分荫，后期七分太阳三分荫"，这些都是姜农总结出来的经验。铜陵姜棚要求规范，选用的材料是野生的芭茅草，头年冬季砍下，来年使用。"芭茅屋、土坯墙，生了儿子卖了娘"（指撬老姜卖），这是流传于民间的一首歌谣。

铜陵白姜独特的栽培技艺历史悠久，文化丰厚，世代相传，"口授心传身教"，沿袭至今，是以非物质文化形态积累发展起来的宝贵财富，是铜陵姜农历代先辈奋斗和创新的结果，因此，保护好、传承好、发展好这一非物质文化遗产，既有历史价值，更有现实意义。

铜陵白姜具有显著的经济社会效益。铜陵白姜质地细嫩、纤维少，辛香味浓，辣味适中，适宜加工。除传统产品糖冰姜、糖醋姜、酱姜外，近年来又开发许多适合多种人群需要的姜制品，比如富硒姜、姜汁饮料、姜茶、抗晕口香糖等，都受人青睐，也是馈赠佳品。目前加工产品 10 多个系列 80 多个品种，有 6 个产品获国家绿色食品认证，3 个产品获“安徽省名牌产品”称号，销往省内外 2000 多家超市，同时走出国门，出口东南亚和欧美国家。曾荣获过新加坡、泰国“国际食品博览会”的金银奖。每年中秋、国庆佳节前后，天高云淡，丹桂飘香，菊黄蟹肥，正是嫩姜上市时候。铜陵城里乡下、家家户户，纷纷购买鲜姜，加工腌制，到处可见男女老少刮姜忙的景象。铜陵人品姜已成为一种传统习俗，清晨饮茶食姜，招待宾朋好友，品茗赏姜，不失为一种美食享受。

铜陵白姜的优良品质及食药两用的价值，越来越凸显它的经济和社会效益。自古以来，种姜就有“效速而利益倍”之说，“千畦姜韭，此其人皆与千户侯等”（引自《史记》）。民间流传着“姜千畦，藕万陂，利亦比万金之家”的比喻。“陂放万头鸭，园复千畦姜。”（宋陆游《稽山行》）俗谚云：“养羊种姜，子利相当。”铜陵白姜主产区的大通、天门镇，过去姜稻比价为 1∶1，而今 1∶3 或 1∶4。种一亩姜田的收入相当于种十亩水稻的收入。如今已成为农民的“致富姜”、农业产业化的“龙头姜”。这正是：铜陵白姜是一宝，家家户户不可少；食药两用价值高，经济社会效益好；悠悠历史两千年，白姜文化世代传；独特栽培技艺精，勤奋创新种姜人；铜陵白姜品质佳，开发利用前景广；加快进程产业化，落实科学发展观。

铜陵是中国的古铜都，是青铜文化发祥地之一。白姜居铜陵八宝（金、银、铜、铁、锡、生姜、老蒜、麻）农产品之首。“山上有姜，其下育铜金”（唐段成式《酉阳杂俎》），铜和姜有着历史、自然渊源关系。铜陵“八宝”核心是“一铜二姜”，铜陵地域文化重心是“一青二白”，青铜文化和白姜文化相通相融。大力弘扬白姜文化，对进一步做大做强白姜产业有着重要意义。中共铜陵市委、市政府投资千万元兴建姜文化园，建设千亩标准化生产基地，制定以弘扬白姜文化为中心的旅游发展规划，加大招商引资力度，加快白姜食品药品高新技术的开发利用，加强白姜生产加工的科研项目资金监管等，这些举措无疑对进一步做大做强白姜产业，将会起到巨大作用。

东乡米粑别样香

王照祥

说起东乡，实际上是个老大的地域，是清朝民国时桐城县治下的白荡湖以东的老大一块地方。老桐城素有“文不过西乡，打不过东乡”的说法。而周潭人却始终不渝地认为周潭才是真正的东乡。说的也是，历史上及现在的周潭人，通常都在年前年后、农闲之余，舞刀抡棒，踢拳蹦腿，村村设教场，夜夜教艺声。东乡的武术，讲究的是实战，随手拈来。手中的农具，身上的汗巾，屁股下的长板凳，舞起来都是一整套花样，到时就是武器。这武艺向来传媳不传姑，外族人不容易学去；这武艺，不光有强身健体的功效，更重要的是还能保境安民，匡扶正义。当然，也有宗族外，邻里间恃强争斗之事层出不穷地发生。这就有了说不完道不尽的东乡。

其实，东乡的有名，不光是武艺高强，食的文化也毫不逊色。众多的东乡小吃，说起来就让人口舌生津。米粑就很能代表东乡人的厨艺。

大米粑怎样去做呢？看起来是个简单的粑粑，但要做好做精做薄做入味，可就是一个不轻巧的事了。心灵手巧的东乡妇女，时逢过节前，总会用籼米磨成粉，经过几个大日头的暴晒，然后又放到铁锅内炒熟，柴火可是有讲究的，只能用稻草火。米粉既不能炒焦，也不能炒嫩。炒焦，粑就有烟味；炒嫩，粑吃起来就会粘牙。

做完了第一道工序，就是做粑心了。炒熟的白菜叶、萝卜丝、豆角、腌菜等都是可以做粑心的，这是简单的粑心。讲究的呢，那就要用十几道菜肴充作粑心——先用肥肉丁炼出一点油来，再用剁碎的生腐，切成小块的豆腐干，木耳、香菇、虾仁、切碎的蔬菜等一起炒熟，冷却。这就是一份上好的粑心了。

接下来，就是和粉做粑了。和粉要用刚烧开的水，不然，和出来的米粉就会不粘黏。揪下一小团粉面，两只灵巧的手急速向四周捏起来，边捏边形成碗状，这时就可以装入粑心了，封头，再用双手压得扁扁的，圆溜溜的，一个粑就做成了。做粑，这时候是最见手艺和功夫的了。粑儿做得薄，粑心又到边，没有实在的功夫和手艺是绝不能做出这样的大米粑来的。心不灵手不巧的人，常常会将粑皮弄破，或者是粑心到不了边，抑或是把粑儿做得大小不一，肥厚不均。

做出来的粑儿放在筛子上，稍微晾一晾，然后就是下锅去"焊"了。烧红了大铁锅，先用香油围着铁锅溜溜一淋，等到香油放香的时候，把一个个粑儿放到锅里，再等到粑儿有点壳儿的时候，这时就沿着锅儿漩水，锅盖就盖上了。底下的火，锅中的气，全凭主妇来掌握了。熟练的妇女估计时候到了，掀起锅盖，一锅粑就熟了，那迷人的芳香就飘荡在屋内外了。

粑的色香味也全凭各人的手艺高低。色的方面，是靠锅的一面黄酥酥的最好。味道就靠妇女们来掌握了。家人喜欢辣的，就在那粑心中放入一点辣椒糊。有人寻来地沟里的野蒜、野葱充作粑心，也有人寻来河滩小溪旁边的荠菜添加进去，那味道立马就不一样起来。

作粑，也是东乡妇女比试手艺的一个重要方面。从大小一样，到皮薄粑薄，到粑心的到边到角，再到粑心的多种多样，妇女们都会暗中较劲。单说那做粑心吧，在 20 世纪六七十年代，就有人较劲要用十样菜做粑心。家道殷实点的人家真的就会寻来十样菜肴充作粑心，让自家的孩子捏着大粑在村中游走，大声喧哗：我家的粑是十样粑心。而贫穷家庭的妇女，寻不来更多的菜肴，又不愿服输，为了不让自家的孩子跌面子，她就会用韭菜再加三道小菜，九加三，就成了十二道菜的粑心，穷人家的孩子也能自豪地说：我家的粑可是有十二样粑心呢！

其实，东乡的人可善良了，别看他们暗地里比试着做粑的手艺，但在生活中却如胶似漆地相知着、相敬着。往往是大米粑做好了，会拈着最大最好的米粑送给隔壁品尝。有一首歌谣就唱道："做大粑，做小粑，大粑送隔壁，小粑自己吃。"

如今呢，生活富裕了，做粑心的东西可以信手拈来，只要你喜欢什么味儿，你就可以买来菜肴做粑心。

糯米粉也是可以用来做粑的。做糯米粑，可是一桩细料活。粑心是红糖芝麻粉。做得小而薄的糯米粑，放到香油炼得滚滚的铁锅里，手要不停地正反面翻动粑，火候到了，红糖化了，粑也好了，吃起来，甜极了，香透了。假若，火候不到或者红糖芝麻粉拿捏不一，粑虽然熟了，吃出来的粑心成不了流质，味道就大打折扣。

在东乡，吃粑可是要看时辰的。农历三月三、七月半，家家户户都会做粑。“三月三，九月九，无事不在河边走。”东乡是个水泊纵横的地方，为了不让人们轻易被鬼牵走，东乡人的方法就是吃粑，为的就是把魂巴住。七月半，正是农村早稻收割吃新米的时候。善良的东乡人就用这新米来做新米粑，先敬鬼神，祈求当年的晚稻和来年的庄稼大丰收。而九月九，做出来的粑就是实心的小粑。河岸上的众多百姓把小粑放在河灯上，许下心愿，屏气凝神，瞩目河灯随着河水星星点点地消失在远方的夜空里。

香香的米粑，既饱了东乡人的口腹，又精心做来敬事鬼神。天地之间有敬畏，谁说这不是一道美丽的愿景呢？就像东乡的武术，成就了东乡的内涵，这几千年来的风俗不也是凝聚民族的精神支柱吗？

东乡，我的东乡，尽管我离开了东乡，但我仍惦记着那香喷喷的大米粑，不时地美美吃上一回！

枞阳煨罐

齐永平

那不是繁华街头的瓦罐煨汤，没有精美的透着美食文化的招牌，没有夸张得纹着吓人图案的大瓦缸，没有沾染工业文明气息的黑煤球，没有一堆堆精致玲珑的小罐，也没有穿着制服、优雅地拿着长柄铲的服务人员。正宗的瓦罐煨汤，没有包装，土里土气，没有花样，原色原味。记忆里，一个粗糙的瓦罐，烟熏火烧，黑不溜秋。三代同堂的人用了十来年，把儿锃亮，盖早就摔没了，聪明的农家人，拿一个小搪瓷缸盖顶着，恰好。这不起眼的黑瓦罐，家家户户都有那么一两个，平日在角落里待着，用的时候拿出擦洗一下，擦得小瓷缸盖黑一道白一道，也没谁瞧着觉得不卫生。

记忆里，大铁锅烧得香油吱吱叫，那是榨坊里的壮汉抬着巨木榨出的菜籽油，除了汗水，没有任何添加剂。主妇拿着菜刀，在水缸上荡两荡，刀口更锋利，然后将洗净的鸡呀鸭呀“砰砰”地劈开，推进油锅，铲上几铲，加水加盐煮开，留下一点鸡杂给孩子们解馋，剩下的装进黑瓦罐，放到灶洞里焖。

记忆里，瓦罐煨汤，多半是晚餐的美食，那是乡间苦劳一日的闲余时间，不焦不躁。瓦罐一般下午就焖在灶洞里，晚间再经柴火一烧，三四年的老母鸡都能炖烂炖香。烧的是稻草，火钳在锅洞里捣来捣去，盖免不了会被碰开一点缝隙，汤中少不了有几小根黑色的稻草灰，油浸汤染，黑亮黑亮的。没有人觉得脏，也懒得捡出，吸溜溜地喝下肚。干净的稻草，烧成灰都有股乡野的清鲜味。

不过，黑瓦罐有用武之时不多，甚至极少。没有大事，没来贵客，谁舍得杀鸡杀鸭？就算要杀，那只可怜的鸡，多半也是精挑细选的：可能是长时间不下蛋了，可能是不爱吃东西要遭瘟了，可能是撒野不回家了。那能吃能喝能顾家又勤下蛋的老母鸡，就是一个流动银行，没人舍得吃的。

瓦罐煨汤是一道殷勤的礼节。“三个鸡蛋一碗面”，是乡下的待客之道，但来了尊贵的客人，能表达主家心意的莫过于瓦罐煨老母鸡了。客人来了，主家端茶倒水，请客吃茶，就少不了刚从鸡窝里拿出的鸡蛋。这样还不够客气，主家张罗着杀鸡，也不管那鸡蛋是不是那只鸡生的。那只可怜的鸡，被主妇一把稻谷哄进门，瞅空逮下。客人免不了要拦，说正下蛋的鸡杀不得。主妇立即抱怨，那只鸡要么光吃不下蛋，要么老跑到地里打野，早晚被黄鼠狼叼走。可能觉得鸡被冤枉了，杀鸡时，主妇一边拿着菜刀，一边念叨：小鸡小鸡你别怪，你是人间一碗菜。这一碗菜，进了黑瓦罐，煨得喷香烂熟，主客皆大欢喜。

瓦罐煨汤是犒劳。一年忙四季的农活，就数种植与收获时最忙，尤其是双抢。不过，农家人虽然忙得够呛，心情却不赖。种植时有的是希望，收获时有的是幸福，杀只鸡呀鸭呀的慰劳一下全家，这个念头是应该的。荷月而归后，一家人围在一起，喝着瓦罐汤，全身的疲惫都没了，第二天精神更抖擞，下地干活更有奔头。

瓦罐煨汤又是浓浓的亲情。家里不幸有了病人，看过赤脚医生，捡了几副药，起色不大。再去，医生认真检查，先谈一番“病来如山倒、病去如抽丝”，又指名点姓地说某某同样的病，差不多一个月才好。家里人一颗心定了下来，问忌不忌口，医生答不忌口，身体虚了，该杀只老母鸡补补，不要一次吃，要分几次煨，不要舍不得。病人家属忙点头：舍得舍得。果然瓦罐汤一上阵，病人渐有起色，不到半个月就好了。其实，黑瓦罐不仅能煨汤，煨粥煨黄豆也行。对小娃来说，黑瓦罐是神奇的。早晨煮粥时，主妇舀点头开的粥，放进黑瓦罐。半上午时，小娃掏出来，吃得有滋有味。

青　　团

杨丽萍

“清明要晴不得晴，谷雨要阴不得阴”，烟雨霏霏中迎来了又一个清明。清明大都逢雨，天空中淅沥的雨丝犹如漫天飞舞的泪花，寄托着对逝者的追思、对生者的祝福。清明节流行祭祖扫墓，可谓是“清明大似年”。清明节前一天称为寒食节，是一个传统而隆重的节日，相传始于晋文公悼念介子推，诏令全国上下在这一天，人们不得生火做饭，只吃前一天准备好的各色冷食。一代又一代地传承，一辈又一辈地延续，寒食成了清明的别称，也变成了清明时节的特有习俗。刚好姐姐从苏州回家做清明，顺便带回两盒青团给我们尝鲜，她告诉我，清明来临之际，苏州的大街小巷到处都是商家为迎合节令而兜售的各种口味的青团，供不应求，甚至到了家家脱销的程度。比乒乓球大不了多少的一个小小的团子，竟然要价五元，让我都不忍下口！突然萌生了今年清明一定要亲手做青团的强烈愿望。青团本是江南的节令食品，戏说清明当天吃青色的食品，会使眼睛清澈发亮。今天甭管它发源何方，图的就是寓意不凡，也该大力推崇。

放学的铃声一响，我们同事三人迫不及待地驱车赶往江边，采野菜的工具早已准备就绪。到达目的地，眼前的场景简直出乎我们的意料，不亚于哥伦布发现了新大陆。放眼望去，葳蕤一片，真是个天然的大菜园，在这里，只有你想不到的，没有你采不到的。一蓬一蓬的艾草遍地而生，殷红的马兰和野芹爱坏了人。温润的江水养育了一方富泽之地！我们也顾不上聊天了，一头扎了进去，不知不觉间，暮色四合，掂量掂量手中的战利品，腰也不觉得酸了，腿也不那么软了，才恋恋不舍地离开了这片沃土！

回家后，匆匆扒了几口饭，就兴致勃勃地动手制作青团了，刚采摘的艾草新鲜多汁，因为是野菜，需要反复清洗，然后放入烧沸的开水锅里，焯水后，便可捞出，再放入冷水中漂洗，沥干水分切碎，用绞肉机搅碎后，挤出汁水待用，便可加入适量的糯米粉，反复揉搓成团，捏成乒乓球大小的胚子，中间的馅可根据个人喜好随意而为，封口揉圆后就大功告成了，再滚上一层麻油，上蒸锅蒸上十分钟左右，空气中就会弥漫出艾草和麻油的扑鼻香气了。我相信当时你要在场，也会忍不住咽口水的。刚出锅的青团翡翠如玉，玲珑剔透，咬上一口，软糯甜蜜，芬芳的草香从此成了清明的味道，穿透肺腑，跃上心间！看着眼前一个个青色的团子，如获珍宝，满心欢喜。柴米油盐的日子多是寡淡的，只要你愿意也能变得活色生香！变得回味绵长！

应了传统的节日，造就出如此诱人的美食，也拉近了人与人之间的情感交流。千百年来，食物凝聚着家庭，慰藉着孤寂的心灵，人生也正如此，离不开美食的相依相随。清明时节雨纷纷，不能外出的三天小长假本是郁闷的，但有了青团的相伴，无论是辛苦地采摘、制作，还是甜蜜地品尝、分享，享受的是其中付诸心血的过程。最喜欢不用上班的午后，窗外的雨还在旁若无人地下个不停，泡上一杯浓酽的绿茶，放上一段钟爱的乐曲，慢品细咂中灵魂得到了最温暖最妥帖的安放！

会宫山萝卜

高 斌

一方水土养一方人。一方水土的高度，在生活之上，在文化之上，甚至在民族之上。她养育了我们的躯壳，更养育了风情。

记忆里，老人们一直讲述着这样一个故事。

元末，天下大乱，民不聊生。朱元璋水破陈友谅据守的浮山，不料陈友谅千军藏于洞中，杀下山来。朱元璋措手不及，撤至会宫分水岭至城山，弹尽粮绝后，草木食尽。放眼望去，军旗在风中残破，一片萧瑟。朱元璋挥剑仰天："老天爷，会宫胜地，莫非我洪武墓地?"那一刻，倾盆大雨。被困多日，王胜将军神情凝重，俯身安慰手下伤兵，又起身背手远望北方。不远处，便是他的老家，想起在家老母亲是否饱餐？想起当日揭竿而起的豪迈，不免伤感，心疼这落魄伤残的兄弟们。忽见之前体弱奄奄一息的战马精神大好，三五成群时而奔跑、时而埋头在土地里拱着。王胜好奇前去探了究竟，果然发现众马在拱开的土宕里咀嚼，仔细一看：原来土里埋藏了红红的果实。王胜大喜，依稀记得小时候饿得发慌了，娘亲就带着小儿上山寻野果，与此外形极为类似。忙命士兵挖出，牵伤马喂食。数日后战马无恙且好转。而后，王胜报朱元璋全军加餐，士气立马大增。朱元璋大悦问这芋头般果子是何物？王胜告之，还真不知其名，但我们老家一带偶有称之"山萝卜"。朱顺手提起一只，大手抹去泥土，揩净就往嘴里送去，一面说道："山萝卜、芋头、山芋，好！天助我也啊！王胜，我军胜利定指日可待了！"不日，王胜凭借家乡熟悉的地形，终率军突破陈军的包围圈，南下白荡湖，杀出重围。

历史，总是在绝地逢生之后成为传奇。朱元璋得枞阳会宫山芋之力君临天下，而后在全国推广种植山芋。一为纪念绝地一战，二为山芋易活保收，可挖窖洞藏。我的家乡就在会宫，这座文化底蕴深厚的古镇。某一刻我忽然顿悟：山芋情结，不仅是我年少贫瘠的食粮，更是这块大地赋予的精神情结。

小时候的记忆，总是在烀山芋的浓浓香味里醒来。香气，溢满了我整个的童年岁月，余味至今，甚至一生。特别钟爱那贴在灶锅边上切开的截面，焦焦甜甜的味道，是我心中最美的味觉。然后盛上半碗淡淡的稀饭，简单、朴实的生活反复了一天又一天的幸福。

年少的背影，在屋后的山坡上重重叠叠，童年的游戏，在每个人的家乡都那么类似。一群放牛娃重复着曾经的故事，打架，摔跤，然后偷地里的山芋。找尖尖的石头挖洞，把偷来的山芋埋进去，引火，然后就着半生不熟的烧山芋吃得津津有味。这些不地道的行为随着年龄的增长而渐渐远去，但美好的记忆却是心中最难忘的风景。那些贫瘠的、值得回味的往事烙在心房，成了我今生再也品尝不了的美味——因为怀念，所以美好！不仅仅是味道，更是内心深处的乡愁。

时光荏苒，当那些过往渐渐被生活沉淀，我们习惯了今天的山珍海味时，粗粮不知何时又走上了我们的餐桌？比如山粉圆烧肉、饭头蒸山芋等。说起山粉圆烧肉，还真是每次外地人来家乡做客或同学回家我必点的特色菜，味道好，他们吃得干干净净，就是最有力的证明。但做山芋粉还真是一道复杂的工序，让我印象最深刻的画面忽然就在眼前了：下霜以后的山芋是最甜的，母亲就带着我们上山地里拔藤、挖出一颗颗红红的果实。我也试过，但每次都把山芋挖得伤痕累累，甚至断成几截。然后一筐一筐地挑回家，筛选、清洗、修剪，最后等绞碎机的师傅来绞碎。因为是跟业务繁忙的绞碎机师傅约好时间的，所以那几天的河边格外热闹，大人、小孩、男人、女人。笑声、机器声、小孩嬉戏声和哭闹声交织成乡村进行曲，一不小心就刻在我的记忆里，刻在村庄最真实的写照里。很长一段时间，父亲是在外地上班的，母亲就一个人张罗前期准备的工作，终于排在乡亲们的队伍后面。等到绞碎山芋的时候，总有淳朴的乡邻们帮母亲一把，一筐筐修剪干净的山芋倒进机器里，一桶桶绞碎的山芋粉半成品就从出口处接出来。母亲就在河边放一口大缸，在用锄具支起的支架下挂起网兜。生活就在网兜里晃悠，或沉淀，或摒弃。然后盖上缸盖，等上几日，泌出沉淀后的水，雪白的山芋粉凝固在缸底。而后，母亲用锅铲小心翼翼地从大缸里挖出山芋粉，在垫好干净被单的大簸箕里铺开，在太阳下晾晒。山芋粉在母亲的手里散开，划出一圈圈波浪，一圈圈零碎的日子。母亲的笑意和阳光一样，在我眼里那么耀眼。那儿时的记忆，老家的白荡湖边，我的乡亲们正绘制一幅绝美的乡村画卷。

或许现在的人真的忘记了曾经山芋可以做成那么多的美食，或许人们真的习惯了那些添加了色素香精的食品。那么你还记得我们吃过的山芋角、山芋干，还有那山芋熬成糖稀做成的米糖吗？柴火灶洞里那谁放的一颗已烧焦的山芋，你是否偷偷吃掉了？那一锅粉丝加青菜的汆山芋，是否又是你最美的晚餐？

碗头鱼

吴永生

碗头鱼，顾名思义，自然是碗碟里盛的具有一定纪念意义的鱼，已煮熟，味鲜且美。但这碗鱼的选料、制法和意义各乡都不尽相同，吃法也大有讲究。从儿时记忆算起，结合家乡的现行风俗，发现几十年来也没有太多的变化。首先是选料：过年用的碗头鱼大多用白鲢，取“百年长寿，年年有余”的谐音；红白喜事的酒宴用鲤鱼，取“鲤鱼跳龙门”和“金鲤传书”的典故。无鲤鱼也可用鲫鱼代替，取吉利之意。这两类碗头鱼都有各自的奥妙，千万不能乱吃的。

先说过年用的碗头鱼吧。这碗鱼一般在腊月二十四接祖宗时做好，也有在三十晚上做的，吃年饭时也摆到桌面——注意，不论是穷家富户，这碗鱼都只是摆摆样子，不能吃的，哪怕动了一小块，都要受到家长的责骂，被视为大逆不道，败了彩头。因此，这碗鱼上桌时，主妇都要打个招呼，以免馋嘴鬼败兴。正常说，稍为富一点的人家，三十晚上都有两三碗鱼，不愁无鱼食。但贫苦人家，特别是在那个天灾人祸的大荒年，三十晚上充其量也只有这么一碗碗头鱼，而且，这鱼还要留着请“年酒”时待客。因为乡下有俗语：无鱼不成席。既然是请客吃酒，而且是吃“年酒”，无鱼还了得？但这唯一的一碗鱼又不能让客食，食之则下顿就没有碗头鱼了，因此大多数主人只是象征性地用筷头敲敲碗边，说声吃鱼吃鱼。通常这时候，客人都很知趣，根本不动筷，于是精明的主妇就将这碗鱼端到锅后（厨房），说是鱼冷了，饭锅里上（蒸）个汽儿，就不再端出了，这年鱼也就算吃了。现在想想，那情景足够尴尬的。然而在那个年代，这样做也是一种必然，客人也谅解，就算司空见惯了。这碗鱼端端收收，周而复始，每天都要放在饭锅上（蒸）个汽，以防变质，只到“九九八十一，泥巴家伙都请出”做田的那一天，主客才欣然命筷，嚼而食之，那鱼味之香、鱼骨之酥，是食客们永远都难以忘怀的。尽管现时家乡过春节还有留碗头鱼的习俗，但至多也只留到元宵节，想留到做田时吃，既无可能也无必要了。

其次是红白喜事鱼。这红喜，自然是指结婚或老人做寿或子女“高中”或添房购车什么的，但主要还是指婚宴。白喜即指老人去世，是丧事，避讳罢了。凡这些喜宴，碗头鱼都是不能少的。有些人家怕客人不懂事，索性在碗头鱼上贴片红纸，警惕警惕。成年客人都知道这个奥妙，即使带着小孩来吃酒，也只是要个小碗拣菜吃，不准小孩上桌的。但智者千虑，必有一失。也有客人一时疏忽大意，让小孩上桌拨了碗头鱼，那就闯了大祸了，少不得要带小孩向主人负荆请罪。记得儿时，我也曾随祖父赴过这样的喜宴，但祖父硬是不准我上桌，偶然上桌，祖父也是谆谆告诫，生怕我不懂事吃了碗头鱼。那时，我根本不敢违背祖父的指示，把这碗鱼看得比神灵还神圣，根本不敢动碗头鱼丁点！

唉，真想再尝尝做田时的碗头鱼的味道。

荠 菜 粥

钱新华

惊蛰一过，和煦的春风轻柔地按摩着大地，温暖的阳光，把沉睡在漫漫长冬中的花花草草们一一唤醒，漫山遍野仿佛一夜间换上了春装，万绿丛中的各种时令鲜蔬也像赶集似的走上了人们的餐桌。品着舌尖上的美味，不知不觉，又到了一年一度的“二月二”。

记得小时候，每年“二月二”这天，尽管有龙抬头的说法，只是见到婴幼儿这天会去理发，但留给我的印象只有“似节非节”的感觉。倒是祖母这天用那些新鲜的荠菜煮上一大锅荠菜粥的习俗让我难忘。因为祖母每熬一次荠菜粥，都会说：“吃了荠菜粥，化灾又祛疾。”

当我念小学中高年级时，每年农历二月二这个日子，祖母都会吩咐我带着弟妹们一起去挖荠菜。我领着他们，挎着小竹篮，拿着小铁铲、旧剪子、破菜刀，有说有笑地跑到村外的塘埂旁，麦田里，小溪涧。薄薄的雾霭缭绕着广袤田野，似蝉衣轻缦素裹，影影绰绰，那些一大块一大块水灵嫩绿的荠菜，如温润的碧玉在眼前闪烁着，跳跃着。乍一看上去，又宛如在探头探脑地向我们憨笑。不大一会儿工夫，我们便背着暖洋洋的夕阳，提着沉甸甸的小菜篮，哼着欢乐的歌儿，满载而归。

铲回的荠菜，经祖母一番仔细清理与清洗后，不用切碎，直接入锅，与米同煮，称之“熬菜粥”。那时候，日子不好过，缺粮是常有的事，但在二月二这天，祖母会“大舍”一次的。她会拿起方升（以前枞阳农家一种小的木质量米用具）毫不吝惜地舀出半升（约 500 克）米，洗净倒在锅中，“咣当”一声，盖上缺少油烟熏蒸而沉重的杉木盖子。灶下的柴火噼噼啪啪地越烧越旺。肚子饿得咕噜咕噜叫的我们在一旁焦急地等候着。

不一会儿，那沉重的杉木锅盖便被“突突突”的叹气声顶起，混合着荠菜特有香味的菜粥清香四溢，撩得我们口水也咽个不停。菜粥熬好了，一人端着一大蓝边的粗瓷大碗“碧玉粥”，“咻——咻——”地狼吞虎咽着，祖母用围裙角擦了擦被烟火熏出的泪水，脸上漾出了久违的笑容。

我有些疑惑不解地问祖母，为什么二月二要吃荠菜粥？祖母停顿了一下说，这里面有个故事：传说很早以前，有个名叫朱重八的皇帝与陈友谅于农历二月二这天，在枞阳这一带江面上开战。结果朱重八失利，溃败逃到枞阳藕山一庵堂里。此时此刻的朱重八，面临人困马乏、饥饿难忍的险境。庵堂僧尼也没有什么好东西拿来招待他，就用一点米加上新挖来的荠菜熬煮成菜粥给他吃。朱重八吃了这顿粥，恢复了体力，躲过了这一劫。后来他当了皇帝，不忘昔日救驾之恩，遂将此庵赐名“护国庵”，下旨地方官府拨出银两，将庵堂修缮一新，并减免了庵堂周边乡民徭役赋税。从此，这里民间每年的二月二，家家都吃荠菜粥，以谢主隆恩。

当然这个故事的真实性，有待史学家们去进一步考证，但是二月二吃荠菜粥的习俗至今仍在流传。后来读书，从一些典籍资料上才知道，荠菜，又名护生草、鸡心菜、净肠草。在我们家乡枞阳一带，又俗称丁儿菜或地丁菜。一般生长在路边、野地和田埂上。唐代诗人白居易有“时绕麦田求野菜”的诗句，就是说的荠菜，说明荠菜本为不在菜园种植的麦田野菜。去年，我曾在某电视台《健康之路》栏目中看到有位专家介绍：荠菜不仅是营养丰富的美味蔬菜，还能治疗多种疾病。民间素有“阳春三月三，荠菜当灵丹”的谚语，还流传着“春食荠菜赛仙丹”的说法。可见，荠菜不仅是佳肴美馔一碟，更是灵药一方。

又是一年二月二，清风柔拂荠菜香。回想起那艰难岁月里的一碗碗翠绿荠菜粥，化成了身体里流动着的荠菜汁液，更是忘不了远去的童年和对先祖母无限的思念之情。

滚欢团

疏泽民

到了腊月，舅舅就提着对剖的两爿竹杠，走村串户，给乡邻制作欢团。

欢团的原料是炒米和山芋糖浆。滚欢团，就是将这两份原料混合，用酒盅滚压成乒乓球大小的圆球，外面点缀一些可食用的红料。这样的欢团象征着农家的日子红红火火、欢欢乐乐、团团圆圆，是正月里待客的佳品。

滚欢团用的炒米和糖浆，事先就准备好了。冬闲的日子，农家将糯米蒸煮，晒干，再炒制成炒米。将小麦浸泡发芽，切碎，再将山芋切成薄片，一并加水煮熟，用布袋滤渣，将汁液熬成糖浆，盛在瓦罐里备用。

舅舅来到农家，首先将熬制好的糖浆回锅加热，待热气升腾时，向锅里倒进炒米，不断搅拌，直至炒米与糖浆均匀混合，再铲在脸盆里。接着卷起袖口，拿出一只盛有温水的碗，两只酒盅，两爿对剖的竹杠，就开始滚欢团表演。舅舅拿起两只酒盅，往脸盆里的糖浆炒米面对面地夹合，扣合成一个椭圆形球体。拿去对扣的上层酒盅，右手蘸水，在露出酒盅外的炒米团一侧不断地轻轻拍打，酒盅里的炒米团不停地转动，不一会儿就滚成圆形的糖团毛坯，放在竹杠内掏空竹节的沟槽里。

别小看了这两半对剖并掏空竹节的竹杠，它可是滚欢团的重要道具。将糖团毛坯放进竹槽，糖团间相互留出一点空隙防止黏合，再扣上另一半对剖的竹杠，形成圆筒，双手握紧上下竹杠来回搓动并左右暗合用力，糖团就在竹槽间前后左右滚动、揉搓、挤压、粘结，最终形成致密的圆球。将竹杠向筛箩里稍稍一倾，白胖胖、圆溜溜的糖团就呼啦啦地滚落下来。

待所有的原料被滚成糖团后，舅舅又拿根鹅毛，蘸上食用红色颜料，在糖团上点一颗“美人痣”，犹如雪中红梅，很是漂亮。看着满筛满盘的欢团绽开一张张红扑扑的笑脸，庄稼人的心里乐开了花。

滚欢团是舅舅的一门绝活，自然，腊月就成了舅舅最忙的日子。那些年，在乡下老家，方圆十几里地只有舅舅掌握了这门绝活。庄子里哪家想吃欢团，都请舅舅去帮忙；谁家要是没赶上滚欢团，其他人家就你一盘我一钵地送过去。正月里孩子们跟在大人后面走亲戚去拜年，口袋里总会塞满乒乓球似的欢团，既好玩又好吃。家中来客，庄稼人必捧出欢团，仙桃似的码在盘子里，看着十分喜庆。拿一只欢团捧在手里，小巧玲珑，甜香扑鼻，人见人爱；轻咬一口，脆而绵甜，口齿留芳。

欢团是故乡春节期间家家户户必备的美食。它那圆圆胖胖、白中带红的外形，象征着农家的日子红红火火，甜甜蜜蜜，象征着农家的新年欢欢喜喜，团团圆圆。美味欢团，吃在嘴里，甜在心里。

椿芽忆

张 扬

初春的枝头笼了烟。烟水汽中，紫红的椿芽鲜亮娇嫩。椿芽香郁极了，类似香菜，奇异而浓烈。苏子说：“椿木实而叶香可啖。”

但椿木并不秀气，树叶也不如乌桕枫叶好看，它却孤傲地冲天而长。也许汲养超众，又或万木争春中，唯它霸有春字独称“椿天”，民间才以“树王”相称。椿天之名，宽泛得不着边际，不像红椿、香椿叫法，有颜色与气味上的具象。

老家门前原有数株红椿，是从二舅家移栽的，长了几年，树根旁冒出一簇嫩苗，父亲分开它们移栽到池畔。五六棵直溜溜的红椿，为门前一景。

乡间椿树，蚊虫不欺，树皮大体光滑素净。幼时忌惮红椿，不敢碰椿芽，怕流出血样汁液。与顽童攀爬，蹭到树疤处，裤裆线“刺啦”一声裂开。大约1986年冬天，与妹妹端着饭碗，斜依在水池北端一株椿树上，不知怎么恍了神，嘭嘭跌入水池，呛一肚子冷水，湿透的棉袄棉裤烘烤了多日。

椿树头炒鸡蛋是大伯一好。谷雨前后，大伯拎上篮子，带着绑了钩子的竹篙，往椿树上套芽头。新采的椿芽，放沸水锅里略焯，捞取切碎，拌豆腐、炒鸡蛋吃，清爽适口。

父亲也好椿芽炒鸡蛋，说又嫩又香。我起初吃不习惯，只觉得气味怪。吃得多了，胃口渐渐能对付。爱吃椿芽者，有用冰箱冷冻到冬天的，皖北以及中原地区均有盐腌椿芽的风俗。

较之沿江地区的椿树头，久有声名的太和香椿，口感肥嫩些，香气更浓郁，油汁也肥厚。家居太和的一位朋友，每逢春绿枝头，会邮来一包腌制的香椿，前后寄有四五年，及至婉谢才作罢。

太和香椿又名太和贡椿，名带“贡”字，显示着旧有荣光。蜿蜒如蛇的驿道上，驮有上等椿芽的马匹，从太和急急奔向长安……皇室贵胄居深宅大院，究竟有无吃到鲜嫩的太和香椿，尚难求证。由唐至明清，太和香椿风靡了许多年。同为贡品，香椿未有荔枝之幸，诗家也未写：一骑红尘妃子笑，无人知是香椿来。

吃椿芽有多种好处。于男性，有缓解脱发之效，这一点近同生姜；于女士，则有润肤美容之益。另有一类说法，若遇跌打损伤、腰膝酸软，可将香椿切细，与黄酒一起煮后服用。

见过一位偏好民俗老物件的收藏家，藏有千余块牌匾，有块清末木雕祝寿匾上，刻有楷体“颂祝椿寿”之语，刻字描金，与牌匾的大红相衬，可见百年前寿事的喜庆与庄重。

庐阳城南旧址，遗有一株椿树，枝丫如盖，友人装饰树下民房，称为“春树下”。晴好夜间，坐树下，小饮几杯，观幽幽天宇，树影摇曳间，便有了几分闲趣。

刀 鱼

胡 冰

在枞阳，清明前有两样东西最珍贵，一是“明前茶”，茶叶；一是“明前刀”，就是刀鱼，又称“刀鲚”，本地人习惯称之为“鲚刀鱼”，也是本地美食之一。

每年从立春开始，刀鱼便由大海溯长江而上，十几天工夫就能穿越上千公里，最远可达洞庭湖。农谚有“春潮迷雾出刀鱼”之说，刀鱼是春季最早的时鲜鱼，名列“长江三鲜”之首。清明时节，刀鱼由大海游至这里，身上盐分已完全褪尽，又于淡水里吸收了养分，肉质鲜嫩，口味最佳。而过了清明节，刀鱼的骨头就会发硬，失去其绝美的滋味，所以有句俗语：“清明前鱼骨软如绵，清明后鱼骨硬似铁。”

刀鱼自古以来就被称为鱼中极品，为银白色，腮红，鳞如脂玉，多细毛状骨，其形状扁而狭长，颇似尖刀而得名。柳丝初绿时节，江涛如雪，渔舟竞发，归来时篓里那刚出水的刀鱼，一张一合的红腮与细白的鳞片相映相衬，有着一种视觉上的美感。刀鱼肉质细嫩，鲜美，微香，肥而不腻。李渔在《笠翁秘书》中写道：若江南之鲚，则为春馔妙物，食鲥鱼及鲟鳇有厌时，鲚则愈嚼愈甘，至果腹而犹不能释手者也。吃到肚饱还不想停手，可见有多美味。

以前，刀鱼在本地并不算十分稀罕之物，在集市上有出售，价格也不贵。特别是住在老洲那几年，母亲单位就在江边，时常会有渔人捕了刀鱼上门兜售，母亲也都会买上几条。因为刀鱼刺多，怕我们被鱼刺卡到，无法清蒸或红烧，大多是将刀鱼裹上面糊，下油锅炸至金黄，鱼肉鱼骨都变得酥脆，不必吐刺也能大快朵颐，这方法简便，不过在现在看来，有点暴殄天物。近些年，因为捕捞过度，再加上污染，刀鱼的身价都超过鲍参翅肚了。

刀鱼的刺，是我吃过鱼中最多的。刺很软，不扎嘴，在筷子将鱼肉夹进嘴前根本无法摘干净，到了口中就像含着一堆细细的发丝。我不会吃，无法把鱼肉一点点抿下后，再吐出刺来，常常在口中吮了吮，就连肉带刺全吐出来，所以我觉得吃刀鱼是件很烦琐的事，并不爱吃。直到多年后，在一次饭局上，邻座是一位自诩美食家的人，他食用刀鱼的技法，真让我大开眼界。只见他用筷子夹住鱼尾，放入嘴中，把鱼提起来，筷子从鱼尾下贴着鱼骨两边一抹，极利索，直到头部，那鱼肉便几乎完整地掉将下来。我也照葫芦画瓢，剥掉鱼刺，搛一块清蒸刀鱼，真叫个鲜嫩，这是我第一次没被鱼刺干扰安心地品尝刀鱼，天下居然有如此鲜嫩的尤物——鱼肉一抿即化，满嘴都是鲜味，那鲜味几乎要让人也跟着化了才好。

刀鱼刺多是个问题，可有人觉得唯其刺多，才更见鲜美，若无刺，便不能细品，因为这些刺，鱼肉在舌头上才有回旋的余地，其味之鲜也就倍觉悠长，有种风雨过后终见彩虹之感觉。

清明前刀鱼刺软，肉细嫩，清蒸、红烧皆美。刀鱼清蒸，作料尽量简单，姜几片，葱一两根，盐少许，加些料酒，最好用上等的米酒，稍稍腌制，大火蒸十五至二十分钟，要趁热吃，冷后腥味很浓。红烧刀鱼，很考验煎鱼水平，刀鱼肉太嫩，容易散。作料，和其他红烧鱼基本相同，不能放辣椒和胡椒粉，放少许水，大火烧开小火焖一会就行。红烧刀鱼，保留了鲜嫩细腻，增添了浓郁肥滑，全是春天的节奏和韵味。刀鱼的做法还有很多，什么刀鱼面、刀鱼馄饨、没骨刀鱼等等，没见过，更没吃过，所以也只是对着书上的菜谱吞些口水而已。

自从喜欢上小津的电影后，每次说到刀鱼，都会想起那部著名的《秋刀鱼之味》电影来。想起有一年暮春，去七宝古镇玩，晚上在一艘渔船餐厅里吃饭，点了一盘清蒸刀鱼，要了一瓶绍兴老酒，鱼肉雪白，细若精瓷，虽是清明过后的刀鱼，但入口依旧嫩香鲜滑，从鱼肉里面绵绵弥漫着米酒的芳香。喝至微醺，蹒跚着踱出舱去，吹吹风，此时，银月泊水，微风拂柳，船桅上的红灯笼摇晃着月影，四周寂静。多像小津的电影，生活的许多时间都是重叠的，雷同的生活只因场景变换而觉出不同意义。

水　芹

胡　冰

“五一”假期的最后一天，被一帮朋友拉去钓鱼。我不会钓鱼，享受不了那种举竿与观漂的快乐。经过一上午的一无所获和他们的奚落后，吃过午饭，干脆收起鱼竿，去附近的田野走走。

田野上，这个时节，野花弥漫田埂，如碎彩锦，除了拔节的麦苗，荠菜、蒲公英、芦蒿还有水芹，正朝气蓬勃，清香蓊芬。立于田间，忽然觉得，这个时节，农民应该是最幸福的，他们欣赏着世间最美好的景致，闻着世间最美好的味道。

在一块水塘边，我看到一位中年妇女正在采摘着水芹菜，她将它们一根一根拔起，再一把把仔细地捆好。水芹的根是白色的，这与它绿色的叶形成了醒目的对比。我一直以为，水芹应算是蔬菜中的美女，而且它浓郁的芬芳与脆生生的口感，是整个春野里我最热爱的味。

水芹，又称野芹菜，是伞形花科多年生水生宿根草本植物。相传3000多年前的周代，祭祀的祭品中已有了水芹。《诗经·泮水》篇也有“思乐泮水，薄采其芹”的句子，此中的“芹”就是指水芹。水芹生于南方。当一场春雨过后，水沟旁，湿地上，绿油油的水芹便与所有春天里萌发的青草一样，一片片鲜活地漫开。它们埋头生长，不会因为被忽略而停止生长，也不会因为被埋没而沉进泥土，从无到有，连成广阔的一片。它们蓬勃的枝叶就像一朵朵浮动的绿云，那芬芳的气息，宛若缥缈的美梦。所以水芹还有“云梦之芹”之称谓。

水芹营养丰富，含有较多的蛋白质、多种矿物质和维生素等。水芹药食兼用，中医认为水芹具有清热利尿、凉血止血和平肝健胃等功效。水芹的吃法也是多种多样，清炒、凉拌或做馅皆可。不过，我以为最美味的还是清炒，觉得这种做法脆嫩甘甜，能让水芹自然浓郁的芬芳得到最大的发挥。记得韩剧《大长今》里有个这样的情节，韩尚宫娘娘教导小长今：水芹菜有特殊的香味，可以让人增进食欲，可以健胃，还可以解毒，因此在处理河豚的时候，必须要加水芹菜来提味。

我有位在外地工作的朋友，每次离开家之前，总要买点水芹带上。她说她现在所住的地方，因为环境污染，根本就没有水芹。她也算是吃遍天南海北、山珍海味的人，但她说，其实最好吃的，还是家常口味，在这些家常的菜肴中，她顶爱的就是水芹，怎么做都爱吃。也许每个人都有一种味觉固执吧，我们在童年喜欢上的味道，它从开始沉淀，然后丰满成型，直至成了一种味觉的记忆而从此不再改变。童年的味道，是人一生中最快乐的品味，也是故乡给远行的游子装置的终身的味道识别系统，是故乡物产与人文灵魂的重合，它是不会被岁月漂白的，更不会被时间磨灭。所以有人说：故乡，或许就在味蕾上。

看我在水塘边站了半天，那位正在采芹的妇女便停下来，她望着我对我说，这是水芹，可以吃的。我笑了笑，在她身边蹲下来，仿照她的样子，伸出手去，一直伸到被杂草覆盖的深处，水芹的根部，一使劲，便拔起了一根，根须上还连着泥水，拂了去，握在手里，凉凉的，嫩嫩的。

天空开始下起雨来，朋友也在大声地唤着我，可我们依然旁若无人地蹲在那里，一根一根耐心地拔。从远处看，我们仿佛完全融入了田野，就像两棵正在生长的水芹。

蒿　　鸡

周巨龙

蒿鸡是土名，学名叫什么？闹不清。有一年的秋天，省林业厅几位专家来陈瑶湖，对着蒿鸡火锅，一边听介绍，一边仔细端详，说道：“蒿鸡的学名应该叫黑水鸟。”但我们后来一查，发现黑水鸟最大的特征是上嘴基到额甲部是鲜红色，而蒿鸡皆为麻灰色，风马牛不相及，这个专家未见活体就下结论，过于草率了。

前几年，我镇一位领导调任本县山区乡镇，我们去看他，我问饭店的老板，有蒿鸡吗？老板答：有，早晨有人刚从山上捉的。我大笑，老板不解，我说：蒿鸡是水鸟，怎么跑到山上了？蒿鸡，其实是一种以蒿草丛为生活环境，形状有些像鸡的水鸟，故名蒿鸡。但蒿鸡与鸡有着明显的不同，除了作为水鸟能够飞翔，蒿鸡标准的个头只有半斤左右，且腿部修长，我们这里形容大个子时就常说：蒿鸡亮胯。上网查，只有一种答案，蒿鸡昔为贡品，是枞阳县陈瑶湖镇的特产，准确地说是3万亩陈瑶湖湿地特有的水鸟，且是留鸟而非候鸟，其他地方未见蒿鸡。这些年，我接待的客人天南海北都有，但没有一人说过他们那里有蒿鸡，可能有类似的鸟类，但仔细考究，要么体形不同，要么吃味有差别，比如田鸡，土腥味浓，不似以蒿瓜或昆虫为食的蒿鸡那般高洁、纯正。有蒿草的水域或者湿地，许多地方都能见到，怎么只有陈瑶湖出蒿鸡？我非学者，不能考证，就留其成谜吧。

都知道野鸭是盖顶的美味，在陈瑶湖却有着“一蒿鸡二野鸭”的说法。小蒿鸡一般在中秋节前后一个月成熟上市，杀死或撞死的蒿鸡在20度以上的温度里，必须马上处理，否则不出一天，便腐烂得不成样子。看来，最鲜美的东西也最容易腐烂，这一点当值得我们深思。现在，人们一年中经常有蒿鸡吃，盖因冰箱冰柜，过去只能腌制。蒿鸡一般用来制作蒿鸡火锅或蒿鸡煲，容器以陶器即我们俗称的“炖钵子”“砂吊子”为佳，火锅的汤刚好没过蒿鸡，就可以继续慢炖下去，器下的火焰和器内的蒸汽一托一压，对蒿鸡形成了一种搓揉作用，能够将蒿难本身的鲜香一点一点激发出来。无论是干蒿鸡，还是鲜蒿鸡，火锅的辅料一般用腌菜，最好的是腌雪里蕻。这样做，蒿鸡火锅、蒿鸡煲会有些黑不溜秋的，可谓其貌不扬。但当地人不喜欢形式主义，讲究的是实惠，是其味道。哪怕是第一次吃蒿鸡的人，只要细细品味了第一口，便绝对抢着第二口。当然，要想色味香俱全，也可在菱角上市的时候，将腌菜换成菱角米。此外，卤蒿鸡也不失为一种好方法。

不吃蒿鸡，等于没来陈瑶湖。如果说，蒿鸡食之余香三日不绝，是一种夸张的话，那么，在一个屋子里吃蒿鸡，整个饭店或者整个家里都会有一种蒿鸡的肉香与腌菜的菜香互相抬举互相融合而生的绵柔的扑鼻的醇香，则非半点虚言。蒿鸡的肉向腌菜释放一部分烧出来的油，没有了腻味，而腌菜与蒿鸡混合，少了盐分，便少了齁味；多了油脂，便多了一些爽脆。在素油的炼制下，蒿鸡肉丰嫩而有嚼头，即使是讲究瘦身的女士大快朵颐，也丝毫无碍。除了肉，蒿鸡的任何骨头都可以嚼碎，且嚼着嚼着就有淡淡的芝麻香。蒿鸡的脚几乎看不到肉，但当地很多人就着一只蒿鸡脚，就可以喝下二两烧酒，虽然这蒿鸡脚几乎可以忽略不计的肉让人们很是费劲，但美食者享受的就是这伴着芝麻香的连着骨头一起嚼的费事的嚼劲。最绝的，当数蒿鸡汤了，下面火在烧着，上面蒿鸡汤沸腾着，此时，你舀上一汤匙的汤，不用怕，别吹气，直送嘴里，却一点也不烫，要是这样的土鸡汤，你的舌头上不起泡才怪，蒿鸡汤却很温和爽适。是何原因？本文卖个关子，读者诸君可以猜一猜。不妨相告的是，这也是区别蒿鸡真假的一个妙招。

蒿鸡在水草之间飞翔嬉戏，捕捉自然有难度。早年间，一般都是头天夜里用蒿鸡钩钩上蒿瓜或昆虫来钓，蒿鸡吞下后，很快死亡，顾客几乎买不到活蒿鸡。后来用网捕，活蒿鸡多了，但蒿鸡性子烈，关在笼子里，便会不停地冲撞，宁愿冲撞一两天后自杀身亡也不愿活着任人宰割。更让人嘘唏不已的是，蒿鸡乃是一种为情而生为情而死的鸟类。都说鸳鸯情感忠贞，其实，这是人们千百年来的一种美丽的误解，一对鸳鸯失去一只，另一只很快就会另觅新欢；但蒿鸡不同，情侣中一只被捉，另一只不会走远，很容易也被逮住。这一点，从当地蒿鸡的卖法中似乎也能窥见一斑，当地人卖蒿鸡从来不单只地卖，而是论“对”来卖。偶尔漏网的丧偶的蒿鸡则往往会在郁郁寡欢中冲撞自杀。现在的人们正是悟透了这一点，加上蒿鸡成熟上市的时候正是蒿鸡求偶的高峰，便发明了一种音乐捕捉蒿鸡的办法，即事先录制好蒿鸡的叫声，然后拿去播放，有情侣的闻知情侣的笑语，没情侣的听到意中人的欢歌，便纷纷朝音响而来，被人们网个正着。于是，有人感叹：问世间情为何物，直教蒿鸡生死相许！但是，从另一个角度看，则需要我们引以为戒了，那就是，千万别像蒿鸡一样经不住诱惑！

白梅美食晃面

齐永平

一到冬季，阳光温暖，纵阳白梅乡家家户户就忙着张罗“晃面”，门前大簸箕小簸箕摊晒着新制的米面，像同心圆似的卷曲着的米面，在阳光下洁白如玉，散发着诱人的乡村温情。米面向来为白梅人所爱，许多外出打工的白梅人，行李鼓鼓囊囊的，不外是家里晒干的米面。久居外乡的游子们，若是尝到亲朋带来的米面，无异于回了趟老家，但梦里曾经的纯正家乡米面味儿又得勾起多少浓浓的乡情啊！

其实白梅和我老家一般，也有挂面，就是“洋面”，大伙儿常说是黑面，有着粗加工的原始烙印，过去生产队里的米坊常有面架子，一排排挂晒着洋面；也有扯面，又叫“光面”，也称“咸面”，长长细细的盘在一起，据说咱们枞阳义津的扯面最好，细而不断，咸味适中，最受县城客人欢迎。但是这里家家“晃面”，人人爱吃，吃得远走京城，漂洋过海，山珍海味尝过，却会思念家里的糙米面，这却是我老家没有的事。

刚来白梅的时候，看人家“晃面”，厨房内热气弥漫，淡淡的米香吸入鼻端，觉得很新鲜。其实“晃面”是件繁杂的活儿，没有机械流水线，手工作业至少得要三个人，工序得有六七道。先是拣上好的籼米，淘洗干净，用井水浸上一天一夜，再挑到豆腐坊里磨成米粉。磨粉的机子一面磨米，一面添水，磨完后如果米粉稠了，还得添水搅匀。

回来后，用大锅烧水，最好用马柴，保持火力旺盛。等到沸水翻腾时，厨房里就开始忙碌了，巧手的女人用勺子把米粉水舀到面盘里，薄薄的一层，晃一晃，让米粉均匀些，或许“晃面”的名字就缘于此吧。面盘，也就是用白铁皮制成的长方形的浅口儿盘子，一般得用两三个，轮番上阵，不浪费柴火，又可加快速度。女人把面盘放到锅里，稍等一会就拿起，再快速放一个面盘到锅里，然后敏捷地拿起汤匙把子，把出锅的面盘四边一划，再一撕，一张薄薄的米粉皮儿就出来了。这一系列动作得讲究个“快、捷、准”，否则耽误晃面的进度不要紧，烫伤了手就得不偿失了。刚出盘的热米粉皮撒上糖，又嫩又滑，卷起来可以当点心填肚儿，据说有爱吃的人遇上人家“晃面”，能一气吃上八盘，吃得主人家都有点心疼，尽管嘴上还依旧让着。而小孩子更是拿个碗盛着，像雪地里的小狗般东家西家地乱跑，引得别人家的小孩子也缠着家中大人快“晃面”。

出盘的米粉皮得晾一下，以免粘在一起。好在乡下竹篙子不少，平时晒衣，这时擦洗干净，晾粉皮。等粉皮凉些，不会粘在一起时，专门负责取送的人把粉皮送到桌上，有专人用刀把粉皮切成细条儿，要切得均匀，有个样子，不然人家会笑话粗的粗、细的细。切好的米粉皮就摊开在簸箕里，满了，送出去就着阳光晾晒，经过几个的日头就可以收起来了。就是这简单的晾晒，也有学问，得用小小日头晒，即乡邻们常说的花花日头，阳光强了，米面会晒得开裂，下到锅里就会糊。

晒好的米面，想吃就拿出来用水泡泡，老鸭汤或者肉汤就面，鲜嫩滑腻。当然，清汤面儿，漂几片菜叶，也是酒宴后的解颐主食，这样的绿色米面，一些精明的酒店会当作招牌主食。到了腊月，城里的亲戚、饭店里的伙计，这些忙着买米面的身影就多了。

“晃面”，看着似乎不费力气，但时间长，其间节奏又极快，手工流水线基本上没时间坐着休息，除非人多，否则即使是烧火的人也得帮忙取送，常把一班人累得够呛。有一年孩子的外婆家“晃面”，取了一斗半的米，外婆掌握灶火兼打杂，妻子晃面，邻家的主妇主刀，我也跟着帮忙，负责取送；从傍晚一直晃到晚上八九点，三个经验丰富的家用厨师，再包括我这个帮忙的人，累得饭都懒得吃。然而人口多的人家，或者爱吃米面的，一般得晃三斗米，那要从上午忙到晚上，恐怕就得找人换班了。

但是白梅人，冬季不“晃面”，家里没有几蛇皮袋米面，就连过年都会觉得走了样，何况在外打工的亲人早就打电话过来询问晃没晃面了。家里人手不够，三亲四邻也得请过来帮忙“晃面”。这几日天晴方好，一整天包围着人的山雾不见了，天青如水，出乡政府大院，走一趟黄咀大桥，乡邻们的米面正在木架子上晒着呢！微风荡过，新鲜的米面味儿沿着孙畈大涧四面蔓延，令冬日的村庄陶醉其中。

黄鳝煨绿豆

章乐飞

“黄鳝煨绿豆”不但是语义丰富多变、妇孺皆知的熟语，也是枞阳城乡饮食菜谱上一道独特的传统名菜。

黄鳝煨绿豆这道菜，传统的吃法极易操作。取二三两重的黄鳝三五条，洗净、截断，再取一碗绿豆，一同放入瓦罐小火清炖，待绿豆爆裂成花状即可。放蒜、姜、盐少许，趁热吃，不腥不腻，大补。黄鳝骨肉分离，其肉嫩滑爽口；汤色澄明微黄，绿豆爆裂如梅漂浮其上，大快朵颐也可，细嚼慢咽更佳。若是良朋对坐，小酒慢饮，汤汁润喉，更胜“红泥小火炉”之妙境。

黄鳝煨绿豆，不但是美食，是佳肴，还是良药，是良方。记得小弟出世不久，一发烧就抽搐（俗说蹬筋），很是吓人。邻村周氏老中医对母亲说，不要紧，到八九岁就自然好了。要不，你就买点黄鳝煨绿豆给小孩子吃。补补身子，兴许好些。母亲就按医生说的去做，不过半年，真的好了。后来偶有生病发烧再也没出现手脚痉挛的症状。

“黄鳝煨绿豆”是方言俗语，内涵丰富，语义多变。在不同的地点、人物、环境，表述的语气不同，表达的意思就不一样。要完整地把握这句方言俗语的意思，还得从无师自通、力大居三十六名教之首的邓贤美说起。

相传，邓贤美（东乡三十六名教之一，家住现周潭镇七井村邓姓村庄）幼时即喜欢玩枪弄棒，习拳练掌。苦于家贫，无钱拜师学艺。十多岁时，父母即亡，弟兄成家，则更痴迷习武，也习得“三脚猫”的功夫。因是小姓，常受欺凌。屡屡与人斗勇，次次甘拜下风，落得个遍体鳞伤、筋骨受损。青春年少，骨瘦如柴，弱不禁风，过着吃了上顿、顾不得下顿的游手好闲的日子。

一年深秋，邓姓家族兴建祠堂。邓贤美与族人一道开挖墙脚，竟挖出一条三十多斤的大黄鳝。众人大惊，不敢相害。邓贤美抡起铁镐，不待叔伯相阻，手起镐落，偌大的黄鳝便一命呜呼。众人惊骇，窃窃私语：疑是黄鳝精，不能食之。邓贤美将黄鳝挑到铁镐上扛回家，方知无米下锅，见邻居门前晒着绿豆，并取得一葫芦瓢绿豆与黄鳝相煮，食之。

入夜，大睡。天明早起，方觉浑身不适，骨骼似乎咯吱作响，隐隐作胀。少顷，胳膊、肩背、大腿，腰臀等部位随之胀痛，似血脉偾张奔涌。手挠脚蹬，捶胸顿足。又抓起布鞋，用鞋底使劲拍打。难过，难受，难熬，歇斯底里般的号叫。邻里相望，疑是中邪，不敢亲近。兄问其故，双手便在酸胀处揉、推。不力，复用鞋底拍打，方觉好受。邓贤美双手抱头，一会儿左侧身，一会儿右侧身，一会儿趴下，任兄用鞋底抽打，遂觉舒畅。啊哟哎哟地呻吟：打重些……打重些，越重些，就越舒服。

折腾半晌，胀痛渐消，哀号声渐小。邓贤美连打几个哈欠面向兄长说：难道是吃了黄鳝的缘故？差点把我胀死。

“这黄鳝也是发物？”

“这么大的黄鳝，要长几十年，甚至上百年，肯定不同一般的食物了。”

其兄与众人议论纷纷，散去。

接下来，邓贤美个儿渐长，脚脖子、手腕子变粗，手劲、脚劲忒大。习武劲头更足，武艺突飞猛进。手端石磙如盆，头顶石碓（俗称石宕）如帽。终于以无师自通、力大无穷而跃居三十六名教之列。

从此，坊间疯传，邓贤美有此武功，是吃了黄鳝煨绿豆的缘故。黄鳝煨绿豆便变成乡间美食、上等菜肴。由此也生出许多有歧义而成为约定俗成的有特定地域语境的熟语、歇后语，如：吃黄鳝煨绿豆——挨打。

记得小时候，常与伙伴在圩中间的湖泊里玩水，若被年长者看见，便督促我们上岸，我们不听，还向湖心游去。他们便恐吓：你们不上来，就跟你们父母讲，那就等着吃黄鳝煨绿豆吧！

我小时候也很顽皮，时常惹母亲生气，母亲便撵着打，我会远飙二十五里。她便大声恐吓：你跑吧，到晚上，黄鳝煨绿豆让你吃个够！那意思很明显，到晚上，看你往哪儿跑，只有挨打的份了。

黄鳝煨绿豆，是我们地方独特的饮食文化、语言文字的标签。我们的烹调美食大师该糅合地方人文掌故把“黄鳝煨绿豆”这碟小菜或炒、或炖、或煮、或蒸，做得更风生水起、活色生香，成为地方文化旅游、乡村美食的品牌。

老洲三绝

章乐飞

姚岗媒鸭

老洲、老湾西北面的姚岗村是一个拥有 3000 多人口的大村落，全村 90％的人口皆是姚姓家族。据传，在明朝末年，姚氏先祖怀揣张网捕鸭的绝技，乘一叶扁舟顺江直下，不料在老洲湾水域遇险，遂系船登岸投宿。见沙洲宽阔，人烟稀少，树木蔽天，泽地杂草丛生，湖滩芦苇无际，百鸟翱翔。姚氏先祖便在此地择地定居，捕捉野鸭为生。捕鸭技艺系姚姓家族绝技，传子不传婿。又因陈瑶湖流域系天然的鸟类越冬地，且野生动物捕之不尽、逮之不绝，故姚岗野鸭享誉朝野。

野鸭，系鸭祖远宗。体长 60 厘米左右，羽毛青白夹杂，嘴短尾长，脚小掌红，体形近似家鸭。姚氏先贤把捕获售之有余的野鸭放在家中喂养、家驯、孵化，经百年嬗变，驯化成姚岗独特的地方鸭种，始称“媒鸭”。该鸭比野鸭性情温驯，不飞逃，与野鸭共性是喜水，主食植物种子、贝壳和蠕虫类等物。此鸭易繁殖、易饲养、易成活，雏鸭三个月即成熟。媒鸭具有野鸭原汁原味、油而不腻、热沸进口不烫等特征，食用该鸭具有清凉解毒、消水肿、抑癌、抗癌等功效。

姚岗村民掌握着近百年的饲养媒鸭的技术，又拥有得天独厚的资源（村北是几百亩的乔湖、滩涂湿地及相邻的十里长鸭儿池河面）饲养地。家家饲养，户户鸭声。姚岗媒鸭不但叫响周边，而且声震大江南北。

老洲山药

暑气已尽，寒意慢慢袭来。冬补的最佳食品山药又上市了。老洲、老湾街道可谓是山药一条街。

“山药”植物学名又称“薯蓣”。多年生缠绕藤本，块茎，直入土内，长短不等，长的一米有余，短则尺把。形状是圆柱体，直径 2～4 厘米。在初春用块茎株牙繁殖，初冬即可收获。

老湾、桐贵、沙包一带种植山药有近 200 年的历史。此地山药个头大，通体均匀圆滑，除皮后，肉质脆嫩洁白。该区域是江湖相互交汇浸漫的滩涂湿地，土层深厚，含沙量适均，沙质土壤较黏、较细、较松，保水保肥性能较好。雨水较多年份，地表离水即干，不易涝渍；干旱年份，因地下水浅，湿气上升，夜晚土地潮润，俗称“返夜潮”。独特的土质性能和气候给山药提供了特殊的生长条件，所以该地区山药营养丰富、口感良好。

山药由蛋白质、碳水化合物、钙、磷、胡萝卜素等成分组成。山药药用价值高，性味甘、温、平。主治脾虚泄泻、消渴、遗精、除寒热邪气等症状。益气力、长肌肉，久食具有益健脾胃、润肺壮肾、让人耳聪目明、延年益寿之功效。据李时珍说：将山药和蜜一起煮熟，或煎汤都很好，可壮阳滋阴。常见食用方法是以猪排骨煨煮，其汤色清爽、香醇厚、味鲜甜；若清炖放白糖食用，是乳妇的上等补品。真可谓点点精华，滴滴难舍。

近年来，地方政府引导农民进行产业结构调整，老洲山药种植面积不断扩大，技术不断更新，产量增加，并保持了近 200 年历史的地方特产菜种的原汁原味而备受人们青睐。

鸭儿池莲藕

藕，是一种最常见的水生植物，南方各地湖泊水塘最易生长。但产于老洲鸭儿池内的藕与众不同，乃藕中上乘珍品。

老洲、老湾西北边的七圩、鸭河两村村南的长河古称鸭儿池。据考，在明朝前，鸭儿池西抵源子港的双溪河，时为白荡湖水入陈瑶湖到长江的通道。后江家圩、乌泊圩堵双溪河水圈堤垦荒，鸭儿池近十里的长河即变成圩内湖泊，故此段水域又有“鸭八里”之称。鸭儿池河底平坦，河面宽阔，水深变化不大。因受历年江水、湖水漫淹，江沙湖泥堆积，淤泥深厚，泥质肥沃，有机物丰富。河内地下水长年渗出，旱年不涸。河水、河泥温度变化不大，给河内莲藕提供了独特的生长条件，故藕质比其他河塘好。即使次年开春采藕，其藕色仍洁白无瑕，其味仍脆嫩新鲜。

莲藕遍身是宝，莲实又称石莲子。据《本草纲目》解读：常食莲实可补中养神、轻身耐老，厚肠胃、固精气、强筋骨、利耳目。捣碎和米煮粥饭食，味清香且健体。藕主热渴，散淤血，生肌。久食令人心欢，止怒止泄，消食解酒毒。捣汁服，解胸闷心烦，开胃。藕节是一味使用频率很高的草药，可止咳血、吐血、血痢、血崩等。

藕为灵根，生于污泥而不染，洁白自若，质柔而穿坚，孔巧玲珑，丝丝内隐。生于嫩芽长为茎、叶、花、实，复又生芽，生生不息，四时皆可食。熟食可将藕与大米相掺和煮熟后做一日三餐的主食。米粉与肉、藕相拌蒸熟后俗称“通菜炸肉”。因藕俗称“通菜”，寓意事事通顺。生吃选取鲜嫩藕节切成圆形藕片，放在盘内撒上白糖即可，此为冷盘名菜。这两道菜主料皆藕，是当地红、白喜事酒席上的传统名菜。由莲藕加工而成的淀粉俗称“藕粉”，是老人、孩子的最佳食品，也是烹饪的上等佐料。

夏日，荷叶如盖、如伞，亭亭玉立，居于水中而不被水没，清洁碧绿，兼得群美。红荷、白荷相居其间，次第绽放，相互争妍。香近欲醉，香远益清，“可远观而不可亵玩焉”。鸭儿池莲藕宜食宜赏，确是沿江宝地——老洲一绝。

河水煮河鱼

鲍官明

河里的鱼是越来越少了。

越来越少，并不表示没有。所谓“鱼打千千网，网网都有鱼”。只是鱼获跟原来相比很少，少到现在许多人都不愿意再到河里去捕鱼了。

陈老爹家住陈家湾，祖辈都是以渔为业。老爹还是光腚的时候，就在船上看着爷爷和父辈们在长河、长江里捕鱼。人到中年，陈老爹也干起了祖辈们干过的行当，划起了船，拉起了网索。老爹那时还当上了渔业大队的队长，在老爹的带领下，一条条船早晨披着晨雾、带着露水从渔村里出发，由长河到长江，大家分头作业。一网网的鱼从江里、河里被捕上来，然后装到鱼筐里，上交到岸上的大队部。岸上的人于是开始分拣、过秤，用鱼篮装好后，一篮篮地再送到县里的水产公司销售，换回渔民们必需的生活用品——米、面、煤、油、布料等。鱼交上去的似乎不少，但换回来的生活用品好像怎么也不够大家分的。日子就在这摇橹的吱扭声中，在河面、江面上的水汽氤氲里，艰难地过。

也不是没有快乐。陈老爹印象最深的是每年四五月禁渔期过后的开捕。经过几个月的休渔，鱼儿们长得膘肥体壮。一网撒下去，慢慢地拖上来，网儿就要离开水面的时候，就见网中大鱼跃、小鱼跳，妇女们欢，男人们笑。这是丰收的季节，当然也是渔民们最开心的日子。这一天，不管鱼获多少，都会留下两条最大的混子或鲤鱼给全队的人打拼伙。苦了一个上春的肚子，也该搞点大荤大腥垫巴垫巴了。打拼伙的地点就在陈老爹的家里，老爹的夫人非常能干，尤其会煮鱼。不需要别人帮忙，夫人刮鳞、破肚、抠鳃，掏出内脏，先将鱼胆摘了，丢弃一边。再将鱼油小心扒下，用一只干净的搪瓷盆盛了。鱼肝和迟好洗净的鱼肠放进另一个盆子里。大鱼在水里过几下还流着血就被大卸八块。这会儿，灶底下已经有人在生火。大锅烧得红红的，只见夫人将搪瓷盆里的鱼油往锅里一倒，手抄鱼油快速地在锅底捋了一圈。固态的鱼油沾着红锅，马上剌剌地冒出白烟而后又化成了液态的鱼油。看看油化得差不多了，夫人将切好的鱼块一股脑儿倒进了锅里。鱼块上沾着的血和水，在热锅油中炸得噼啪作响，最终又被后继落入锅中的鱼块湮灭。此时，夫人早已手持大铲，在锅里抄来翻去，差不多鱼块都变白了，夫人将鱼肝鱼肠也倒入了锅中。再翻炒几下之后，倒入老爹上午从捕鱼处带回来的干净的河水，直至将鱼块全部淹没，并且不盖上锅盖。水一入锅，夫人喊了一声："大火！"灶下人用火钳在灶膛中一拨，红色的火焰立马蹿升，锅中受了大火的鱼和水开始沸腾，锅面上袅娜升腾起白色的水汽，一缕缕，一簇簇，宛如早晨河边叆叇的雾气。鱼水突突，约莫四五分钟光景，夫人放入了适量的咸盐，大铲在锅中轻捅几下，又舀入小半瓢河水，吩咐灶下小火。灶下人将散在灶膛四周的柴火往中间一拢，并且压上火钳，灶中的火苗马上由明变暗。是时，鱼香早在屋中四溢开来，弥漫了整个小渔村。大人们已经围坐桌前，孩子们也早就蠢蠢欲动，单等宣布开饭的那一刻，享受那抿嘴即化的鱼块和沾唇能鲜掉眉毛的鱼汤。

快乐的时光总是短暂的，打拼伙之后是长达一年食不果腹的窘困日子。后来，政策调整，渔民上岸，除了少数几个人还从事着与渔有关的营生外，大多数渔民都改了行。陈老爹也将自己家的房子改造，开起了一个渔村小饭店，饭店里自然是以江河的水产为主，再加以附近洲、坂上的原生态绿色环保的时蔬。老爹诚信经营，微利多销，食材又新鲜可口，饭店里的生意煞是红火。老爹的儿子高中毕业后，另起炉灶，把老爹的生意发扬光大，渔村饭店直接开到了县里、市里。

宛若顽劣少年仍恋着儿时的弹弓，爱花的女人总是记得小时候见的第一朵月季，退了休的陈老爹仍然恋着年轻时江上的那些时光。年初，七十三岁的陈老爹不顾子女们反对，买下了一条同村渔民的小渔船和渔船上的设施，一如当年。天气晴好的日子，陈老爹会摇橹出河，到江面上去捕鱼。犹如人们慨叹时间都去哪儿了，陈老爹慨叹这鱼都去哪儿了？偌大的江面上，只有老爹一条船在打鱼，过去那种"施罛濊濊，鳣鲔发发"的场景是一去不复返了。好在老爹虽然打鱼，但不为鱼。

陈老爹今天的运气比较好，第一网，老爹就打起了一条四两重的鲶胡子。"弯个丁头大，鲫鱼卡多，鲶鱼好吃，哪有许多！"虽然小了点，但它毕竟是长江里的鲶胡子啊。紧接着老爹又打到了两条斤把重好多年都没遇到过的痴不罗。到收网的时候，老爹的鱼箱里已经有一条鲶胡子，两条痴不罗，一条小鳜鱼，六条翘嘴鲳子，三条弯丫鱼，还有几只大虾。尽管所有的鱼获加起来不过斤把多一点，但这些已经让陈老爹很兴奋了。

陈老爹将小渔船在岸边泊好，并不上岸。从船舱内搬出了坩灶炉子和坩埚，放到船头上。洗尽坩埚，然后装上大半埚干净的河水，坩灶内引燃木炭。看着渐渐兴起的炭火，老爹便不再理会，而是去动手洗他的战利品了。这些江杂很小，小到老爹都不要动刀就能全部将它们搞定。江杂洗净，埚内的水也已经开了，老爹将江杂全部倒进了埚内，也不盖锅盖。这是老爹已经故去十多年的夫人和老爹说的。煮鱼不盖锅盖，不管鱼在锅内多大火“突”，鱼皮都不会破裂，这样出锅的鱼就会是整条或整块的，不会是乱糟糟的。老爹并不着急，仔细端详着这一炉红火，一埚江鲜。河面上有秋风轻拂，几株芦苇向老爹颔首致意。今年江水大，虽已是仲秋，但河面仍然很宽，水流湍急，随着水波，小船不时漂摇几下，而终又趋于平静。看看火候差不多了，老爹从沉思中醒悟过来，摘下一块船桅上挂着已经风干了的生姜，切成姜末，放入坩埚内。老爹喜辣，船头上自然少不了干辣椒。渔民常年水上作业，难免湿气和寒气重，而这干姜与干辣椒正好可以驱除寒气和湿气，所以，年轻时打鱼，这些都是渔船上的必备之品。老爹将干辣椒放入埚内，又加了一小勺盐，用筷子在埚内划拉了几下。只见此时埚内，鲶鱼青，弯丫鱼黄，痴不罗褐，翘嘴鲳子白，大虾红，而一埚汤又是乳白色的，看着看着，老爹的眼里分明是噙满了泪花。

这些年，孩子们都已成家立业，而且各人都有各人的事业，日子比老早是好过多了。开过饭店的陈老爹山珍海味也见识过不少，但是诚如一位哲学家说过的，人们最难忘记的是苦难。陈老爹念念不忘的还是这打鱼的生涯和这河水煮河鱼的滋味。老爹开了一瓶十年前过生日时儿子送的茅台酒，闻着鱼香，再闻闻酒香，这时老爹想起了家就住在不远处的老朱。老朱与老爹同年，是当年打鱼还健在的几位老人之一。老爹在心里想，我现在要是打个电话给老朱，喊他上船来喝酒，他会不会来呢？

面　汤

鲍官明

四月南风大麦黄，枣花未落桐阴长。不唯大麦黄了，小麦、油菜、豌豆、蚕豆、瓠子等菽蔬，赶场儿似的，一股脑儿都熟了。安静了一春的田野，一下子热闹起来。割麦、打油菜、摘瓜、砍豆，到处是忙碌的身影，到处是欢声和笑语，丰收的喜悦洋溢着整个山村。

母亲的眉，舒展开来了。也难怪，当了一春无米的家，一下子面对这么多的油啊、面啊、瓜啊果的，能不开心吗？尽管母亲不是一个“有来一顿充，无来敲米桶”的不会当家过日子的妇人，但母亲还是决定大舍一回，母亲要做面汤，来犒赏我们贫瘠了一春的胃。

晒干了的麦子，淘沙、去杂、洗净，再晒干，然后磨粉。粉磨一遍是不行的。母亲用细筛箩筛了第一遍的麦麸，然后再磨第二遍。记得家里的磨子因为年久，磨子很轻，有时要磨几遍母亲才满意。雪白的面粉，比雪还白，还细。闻起来香香的，有阳光的味道。

准备擀面汤的前几天，母亲就将厨房做了清洁。此时锅台焕然一新，锅灶边上的一张小桌子也捡拾得干干净净。砧板洗得能看得见树木的年轮，懒盘（方言：一种比筛子大簸箕小的竹器）擦得一尘不染，菜刀几天前父亲已仔细地磨过，锃亮的。不过是擀一回面汤，现在想起来，却有着一种仪式感。

擀面汤之前，母亲会先烹制辣椒油。辣椒油是辣籽榨出来的油，尽管它和普通的油菜籽差不多同时种植、同时收割，但籽粒比油菜籽小得多，而且产量也少得多，再加上出油率低，因此一般人家并不种。辣籽榨出来的油，本身就带有一些辣味，而这辣味正是我们兄弟姐妹所喜欢的。这也是每年母亲都会用一块地来种辣籽的原因。辣油倒入锅中，烧热后，加入小麦晒的酱、醋、辣椒糊——有时是用干朝天椒末、生姜蒜子米，一阵翻炒之后，一碗香辣扑鼻的辣椒油就熬制成功了。

和粉，揉面。水粉比例要均匀。水多了，不成形；水少了，面硬，难揉不说，面还易断。母亲一边揉面，一边还将面团握起来在砧板上摔打。面摔在砧板上，啪啪作响。母亲说，这样揉出来的面，才有劲道。看看面揉得差不多了，母亲又将面分成几个小团，放在之前准备好的白土布手巾上。其中一个面团放到砧板上，母亲开始擀面了！长长的擀面杖在母亲的手里，就像一根魔术棒，不大一会儿，刚刚还是圆圆的面团，已经成了一张和锅盖差不多大小薄薄的面皮。面皮上撒上泼粉，翻过来，再撒上一些泼粉。母亲翻皮撒粉，手法极其娴熟，足以与东北二人转耍手帕相媲美。两面都撒了粉的面皮，母亲一层一层地轻轻折叠起来，然后开始切面。切下来的面，即时抖开，放到砧板边也撒了些泼粉的懒盘里。几个面团全部切成面时，井罐里的水早就咕嘟作响了——祖母在灶下已经将大铁锅烧开了，水汽弥漫着整个厨房。母亲端着懒盘，拨开云雾似的水汽将面条全部下了锅。此时，母亲就像一位仙女，一位带给我们美食的仙女。

下到锅里的，不光有手擀面。有时还有瓠子，有时是青豌豆或者蚕豆瓣。当一碗碗热气腾腾加了辣椒油的面汤端到桌子上，这时就见面白、汤红、瓠子淡青，咕咕叫的肚子早已抵敌不住这香喷喷、辣乎乎的诱惑了。风扫残云如卷席，一碗一碗再一碗，直到吃得锅里见了底，才摸着浑圆的肚皮咂巴着嘴恋恋不舍地放下了碗筷。

那些年，每年一次的擀面汤，于我们而言，就跟过节一般。不，比过节还过瘾。以至于多少年后，我一直惦记着母亲的面汤。香喷喷的辣油，水汽氤氲的锅屋，母亲掼面团的身影，雪白的面条……所有这些，如一幅图画，在我的脑子里定格。

风情篇（文化）

孙中山与铜陵

吴　笛

2016 年是孙中山 150 周年诞辰，有华人的地方差不多都有纪念活动，没有活动的梦寐以求振兴中华的人，少不了也在心中荡漾起阵阵怀念。生活在江南小城铜陵的我，不禁想起了孙中山与铜陵的二三事。

记得 2008 年，我在铜陵电视台承办“铜陵人说铜陵事——铜都讲坛”这档节目，得知市非物质文化传人——民间艺人王俊明曾撰写过“铜陵大侠黄进芳勇救孙中山”的小故事，便想钩沉梳理，邀请王俊明老先生来铜陵台讲一课，巧的是王俊明在家看了“铜陵人说铜陵事——铜都讲坛”这档节目，欢喜难耐，找到台里，自我推荐，岂不一拍即合？可在审阅王先生的讲稿时，专家组的同志无法找到孙中山来铜陵大通并遇险被大侠黄进芳所救的铁证。但一时也难以找到孙中山没有到大通并在此遇险的有力依据，何况王先生还寻到了大通不少老人的传闻支持，说得有鼻子有眼，几乎可以自圆其说。可能是这个故事太富传奇性，也可能是专家组同志对孙中山的热爱和对铜陵本土英雄的热爱，最后还是推出了“黄进芳与孙中山”两讲，一时铜陵街谈巷议，节目收视率节节攀高。

2011 年是辛亥革命一百年，我在创作、编导、撰写《辛亥风云大通潮》四集系列纪录片时，不得不想到孙中山与铜陵与大通，毕竟我有过四年历史系的教育与训练，在纪录片里我肯定要分清史实与故事。于是围绕孙中山有没有到过大通，我一方面恶补这方面的历史知识，查询书籍资料，求教专家教授；另一方面在大通及铜陵、安庆、池州等地大量采访老人，年龄小的六七十岁，年龄大的已逾百岁，结果很失落，要不是断然否定，要不语焉不详。无奈，顶着压力，我坚持在系列片里拍了一集《百年传说》，以新闻人的立场，拿事实说话，客观地陈述正反意见，不浓墨重彩，不感情用事。当然，结果无论坚持孙中山到过大通的，还是彻底否定孙中山在大通遇险被救的，或者是要求只拍孙中山与大通的，对这三方面的人群我都是吃力不讨好。

说孙中山到过大通的有力依据是 1993 年的《铜陵县志》上所载的一条大事记："1912 年 5 月，孙中山乘江宽号轮经大通，暂停河口视察。"考察《孙中山传》和《孙中山年谱长编》等权威史书，都可证明这一大事记是错误的，因为该年 5 月，孙中山在广东广州和香港、澳门等地开展革命，根本无法分身到安徽铜陵大通。追根溯源，当年县志的有关编撰人员，他们老实承认这一条大事记是从民间传说收录得到的。

从《孙中山年谱长编》上看，孙中山几次溯江而上和沿江而下，毫无疑问势必都要经过大通、铜陵江段，则唯有 1912 年 10 月 22 日下午 3 时乘联琼舰由南京上溯安庆，至 10 月 23 日下午 3 时才抵达安庆，沿途用了整整 24 小时。而在 1912 年 4 月 7 日早晨由南京上溯，经九江，4 月 8 日下午就抵达武汉了，航程远比由南京到安庆长，可是时间却差不多，我以为如果民间所传孙中山到大通曾逗留几个小时，唯有这一次在时间上是完全有可能的。但却苦于无文字资料可以证明，这显然只是我的一厢情愿，推断臆测。只是大通在辛亥革命后，有一条从当年和悦洲大轮码头到和悦洲大关口近 5 华里的路，竟被命名为孙中山路，一般情况下，孙中山当年到过的地方才被纪念命名为中山路、中山街什么的，这在孙中山当年到过的芜湖、安庆等地都有佐证。还有大通澜溪老街老房子的牌号，不少也是以"共和"称谓牌号的，加上大通不少老人的传说，不免让我至今对孙中山曾到大通仍心怀忐忑，多少有点存疑。

那么，孙中山与铜陵、大通到底有哪些确凿的史实联系呢？

应当说孙中山先生一生多次关注铜陵、大通的革命与建设。1900 年，自立军起义前，孙中山曾在日本横滨会见了维新派人物唐才常，初步确定了与维新派联手在湖南、湖北、广东等地，以长江、珠江两江流域为中心，利用反清秘密帮会哥老会的力量，举行武装起义。1900 年 6 月，唐才常与林圭等人创建自立军，组建了五个军，以铜陵大通为前军，由秦立山、吴禄贞负责，8 月 9 日，秦立山领导的大通自立军举行了起义，大通自立军起义有力地配合了孙中山领导的广东、惠州等地的革命起义，打响了长江流域反清反封建的第一枪，揭开了辛亥革命的序幕。自立军起义虽然失败了，但得到了民主革命领袖孙中山、章炳麟的高度赞扬，起义军领袖吴禄贞遭到清政府杀害后，孙中山为他撰写了悼诗："……

倡义江淮，建牙大通……”不忘大通自立军起义的功勋。

民国元年（1912）2 月 4 日，刚任临时大总统不久的孙中山先生颁布一项手令，题为“命安徽都督查究贵池小学损失各物令”。安徽都督孙毓筠、吕希恒会同池州地方代表同奔大通，规劝已在大通成立安徽军政府的黎宗岳，放弃争位称霸的主张，立即解散大通军政府，撤出池州，回九江待命，并要求惩办捣毁贵池小学堂的肇事凶手，以平民愤。

同年 3 月 21 日，陆军部指示安徽都督孙毓筠：“大通抗不遵命，中央政府决计以武力从事。”黎宗岳闻讯后，以共和与国家利益为重，解印辞职，于 4 月 6 日乘轮船去东流再转至九江。当天，柏文蔚率军进驻大通，大通军政府即日宣告撤销。这是安徽近代史上有名的“大通之役”。大通之役胜利了，捣毁贵池小学堂的凶手受到了惩罚。这是孙中山关怀大通民主革命的一个重要历史事例。

孙中山在他的《建国方略》中，特别关注铜陵、大通的建设与发展。早在中华民国成立初期，他几度乘船经过长江铜陵大通段，都十分留心大通的战略地位和民生事业。针对长江铜陵段水患，指出：“为整治此自芜湖上游十英里至大通下游十英里一段河流，吾拟凿此三泛滥中流之沙洲及岸边之突角，为一新水道，直贯其中，使成一较短较直之河身……”孙中山为此亲自绘有一张水利工程图作为附录。附录中三次提到大通上下江段的整治开凿，强调这对今后长江通航，保护两岸陆地、防止水患，都很有意义。孙中山还敏锐地感觉到皖江城市应该联动发展，萌发了皖江开发的思想。在马鞍山、铜陵尚未建市不可能提出“马芜铜一体”的年代，他提出了芜湖与安庆联市发展，“故在长江此部建设双联市，必为大有利益之企业”。特别是在发展矿业上提出“创建大士敏土厂，其安庆以下至南京之间，多为极有利于制士敏土之地区，即如大通、荻港、采石矶，均有丰裕之灰石及煤铁矿，夹江相望也”。他还规划了南京至韶州的铁路建设蓝图，囊括了铜陵沿江至重庆的交通港口线路。1995 年，八百里皖江第一桥——铜陵长江公路大桥建成通车；2016 年，铜陵长江公铁大桥建成通车，孙中山先生的百年美梦终于得以成真。

孙中山先生曾十分关注铜陵的这块热土上的后辈们，就像习近平总书记在孙中山诞辰 150 周年纪念大会上所呼吁的：“所有敬仰孙中山先生的中华儿女，包括大陆同胞、港澳同胞、台湾同胞、海外侨胞，无论党派信仰，无论身在何处，更加紧密地团结起来，把握历史机遇，担当历史责任，把孙中山先生等一切革命先辈为之奋斗的伟大事业继续推向前进！把近代以来一切仁人志士为之奋斗的伟大事业继续推向前进！把近代中国人民和中华民族为之奋斗的伟大事业继续推向前进！”

灵祐王探疑

耿宏志

铜陵市规划中的大铜官山公园是很有创意的设想，它的建成将是生态山水铜都一个独具特色的景观和城市名片。灵祐王庙将作为公园的主要项目在原址重建，按规划草案的说法，是力图挖掘灵祐王庙的历史内涵，借这一传统神话故事和古迹，塑造中国第一矿神和铜陵市的保护神形象，使灵祐王庙区成为一个具有吸引力的宗教文化旅游景点和生态旅游景点。但现在，在民间已经很难搜集到灵祐王的故事，有关灵祐王的传说仅来源于地方志书。因年代久远，志书中的记载也矛盾频出。为了负责任地协助市委市政府做好灵祐王庙的规划和建设，兹将本人对灵祐王的研究奉众，供有兴趣的朋友讨论，也为铜陵生态山水铜都的建高贡献绵薄之力。

一、灵祐王其人其事

灵祐王的故事仅见于地方志和民间传闻，未见正史。《元史》卷七十六有元世祖忽必烈至元二十八年加封“东海广德灵会王，南海广利灵孚王，西海广润灵通王，北海广泽灵佑王”的记载，但那是对海神的封号，彼灵佑非此灵祐。据历代铜陵县志载，灵祐王姓张名宽，本是晋时浔阳太守。其为官清廉为政贤明，某年乘铁船来到铜陵，溺水而死，死后为神。南朝萧齐时在铜官山南麓建庙享祀。唐僖宗中和二年，因为在阴间有助战之功，被浙东观察使裴肃奏请皇上，封为保胜侯，其庙即为保胜侯庙。五代十国时因经常显灵保佑地方百姓，扬吴乾贞三年（929）又加封其为保胜公。南宋绍兴元年（1131），宋高宗赐保胜侯庙额为“昭惠”；咸淳八年（1272），增爵封为灵祐王，遂改庙名为“灵祐王庙”。

张宽其人未见史料记载，查嘉靖《九江府志》和《晋书》，也没有张宽任晋时浔阳太守的记录。想其主要原因还是晋以前对一般地方官吏的记录史料太少。笔者认为，历代地方志书对张宽的姓名及官职记载，当非空穴来风，极有可能是真有其人。晋初，浔阳尚为县级，属庐江郡。惠帝元康元年（291）割扬州之豫章等郡、荆州之武昌等郡设立了江州，并于永兴元年（304）分庐江郡之浔阳、武昌郡之柴桑二县置浔阳郡，隶属江州，此时才有所谓“浔阳太守”一职。张宽如真有其人且为浔阳太守，当在永兴元年之后至公元420年（东晋灭亡）之间的百余年内。

一个与铜陵毫不相干的浔阳地方官，死后为什么在铜陵立庙享祀？似乎历来无人提出过疑问。清乾隆二十二年《铜陵县志》卷十三“铁船”条：“铁船，在五松山前，湖田之下。旧传晋浔阳太守张宽殁为神，一夕乘铁船至，为人所见，船遂溺，而首尾露焉。”其意是说张宽死后成了神，在一天晚上这位神乘铁船到了五松山前，被人看见了，船就沉了，但还露着船头和船尾。这说法似乎不通。张宽成了神为什么要到铜陵来？见到了人船怎么会沉？船沉了张宽到哪里去了？神是淹不死的，神无缘无故地来莫名其妙地走，铜陵人为什么要在本地为他立庙？且“溺”基本都是用于人的。《词源》1981年版1860页：“……死于水曰溺。”船当然不会淹死，只能是淹没。编于明嘉靖四十二年（1563）的《铜陵县志·地理志卷》“铁船”词条云：“相传官山神乘铁船至五松山左，见人，遂匿于水，止露船头尾，相去百余步，浮于土面，真若生铁。”官山神也就是张宽。这里用了一个“匿”字，比较合理。不过既是“匿于水”，匿过以后也就该走了，铜陵人为什么要为他立庙？乾隆县志是历代志书中编得最好的，对各版旧县志的错误都进行了纠正。令人不解的是这里为何要舍去合理的“匿于水”而改为“船遂溺”？查早于明嘉靖《铜陵县志》的嘉靖二十四年《池州府志》，其《舆地篇》“铁船头”词条这样陈述：“相传晋灵祐王乘铁舟至五松山左，见人，遂溺于水，止露船头浮于土面，若生铁然。”灵祐王是八九百年以后南宋咸淳八年给张宽封的，这里的“灵祐王”当然是用封号对其尊称。整个词条连起来读便令人豁然开朗：晋时，张宽乘铁船行至五松山以东，遇见“人”，张宽落水淹死。这里的遇见“人”肯定有些一句话难以说清或因时隔已久已经失传的故事，但却可以这样推测：张宽为一个什么事（应当是与铜陵人有关且铜陵人认为对其有益的事）乘船到了铜陵，遇到了对自己不利的一个什么人，在躲藏时淹死了。所以《铜陵县志》要这样隐晦，所以铜陵人要在铜陵为张宽立庙。

有晋一朝（包括东晋）战事不断，地方官吏常被征调到其他地方作战。如有记载永嘉六年（312），晋元帝就命浔阳太守周访到湖北参与镇压杜弢起义（《晋书》卷五十八列传第二十八）。晋成帝咸和年间的浔阳太守褚诞就率兵参加了平定沿长江一带的苏峻、祖约之乱（《晋书》卷六十七列传第三十七）。当时东晋与北方政权的分界线在长江以北，长江两岸一直是当时的主战场，是晋与北方少数民族政权交战的地带。而铜陵江岸之鹊头（史书又称为鹊岸或鹊头戍），自春秋以来即是战略要地和驻军重镇。“鹊岸丁洲，犹传旧垒。”史书中南朝宋文帝、宋武帝、宋明帝、梁高祖时都有关于水军从江洲浔阳到鹊头作战或屯兵的记载。在铜陵打仗，船是重要的作战工具。当时地方长官往往同时兼军职，如周访就兼振武将军，庾统任浔阳太守时兼建威将军、宁夷护军。可以推定，张宽作为浔阳太守兼扬州长史极有可能是尊朝命率水军作战经过铜陵，或在铜陵作战而遇难的。所以才得到铜陵民众的崇敬，为其立庙享祀。

二、关于灵祐王庙的封号

《容斋随笔·容斋四笔》（南宋洪迈）卷第十《唐藩镇行墨敕》记载：“池州铜陵县孚贶侯庙，有唐中和二年二月一碑，其词云：‘敕宣、歙、池等州都团练、观察使牒。当道先准诏旨，许行墨敕，授管内诸州有功刺史、大将等宪官，具件如后：晋朝故晋阳太守兼扬州长史张宽牒。奉处分，当道先准诏旨，许行墨敕，奖劝功勋，虽幽显不同，而褒升一致。神久标奇绝，早挹英风，灵迹屡彰，神听不昧。夫宠赠之典，非列藩宜为，神功既昭，乃军都颙请，是行权制，用副人心。谨议褒赠游击将军宣州都督。’后云：‘使、检校工部尚书兼御史大夫裴押。’邑人以为裴休，《秋浦志》亦然，予考之，非也。张魏公宣抚川、陕，便宜封爵诸神，实本诸此。”这是除唐人裴休《题铜官山庙》诗以外，最早记录且确凿地记录灵祐王庙的文字。

洪迈（1123—1202）字景卢，别号容斋，是南宋时江西赣北鄱阳人，他出生、任职的大部分时间都在饶州、赣州、婺州（今浙江金华）等长江以南诸地，这些地方离池州都很近。他的笔记体著作《容斋随笔》和《夷坚志》中有不少关于池州地区如建德、青阳、九华山等的记载。从“邑人以为裴休，《秋浦志》亦然，予考之，非也”可以证明，他到过池州及铜陵，并听过“邑人”的意见，读过《秋浦志》。据《文献通考·卷二百五·经籍考三十二》载，《秋浦志》八卷为一个叫胡兆的人于乾道八年（1172）修纂的。这正是洪迈在政坛有作为的时期。

洪迈的治学之严谨、议论高简、考证辨析精确是得到大家公认的。《四库全书总目提要》考订辨析民间流传的各家著作的真伪和误漏，常引《容斋随笔》为据，这部著作也是毛泽东主席晚年非常喜爱的书籍之一。“墨敕”是唐五代一种不经过正规颁诏程序而由禁中直接发出的诏令。它或者由皇帝直接发出，或者是对臣下表状的批答。敕，动词，皇帝命令。牒，古代的官方文书。《唐藩镇行墨敕》通篇是陈述性口吻，而不是转述，应当是他到铜陵的所见所闻。其中对孚贶侯庙的石碑碑文进行了逐字记录，其内容与铜陵县志记载唐僖宗中和二年，张宽因阴战之功，被浙东观察使裴肃奏请皇上封为保胜侯的情节基本相符。并明确说是“唐中和二年二月”，这应当是石碑刻明的年月。所不同有三：其一洪迈记载云张宽是晋阳太守兼扬州长史，而所有地方志书均记为“浔阳太守、扬州长史”；其二洪迈记载此庙名为孚贶侯庙，而铜陵一直盛传的是保胜侯庙；其三洪迈所见碑文刻记唐中和二年经裴肃保奏赐封张宽为游击将军宣州都督，而不是保胜侯。

浔阳太守？晋阳太守？

答案应当没有疑义。查清道光《太原县志》，晋阳在隋以前一直是县，至隋开皇十年改龙山为晋阳，而原来的晋阳改为太原县，此时才有晋阳太守之称。因此张宽生前绝不可能被任为晋阳太守，极可能是后人抄写《容斋随笔》时发生了错误。铜陵土语中“晋”读作 jin，“浔”读作 qin，晋阳和浔阳在发声部位和耳感上是非常相似的，因此也不排除镌刻碑文时发生了误会。此外，长史是两汉以后在郡一级设置的官职，为太守的属官，辅佐太守，掌一郡之兵马。浔阳郡是庐江郡的浔阳县和武昌郡的柴桑县归并设置的，隶属江州，而江州又是由扬州和荆州的部分郡分出设置的。张宽作为浔阳太守兼任扬州长史是有可能的。而即使晋时有了晋阳郡的建制，北方的晋阳太守兼长江流域的扬州长史也是不可思议的。

孚贶侯？保胜侯？

从笔者所能见到的三篇碑文——元卢贽、明池州府推官唐文灿以及明铜陵县学谕杨泰的《重修（建）灵祐王庙碑记》看，前二者提到了“保胜侯”。其中卢文是现今能见到的最早记载所谓“保胜侯”的碑文：“利国山昭惠之神，累封灵祐王。前记以为姓张，仕晋浔阳太守。世次辽邈，史缺其记，独累代封敕。因祝君光庭刻石仅存，至通谓唐时三敕，则误矣。按唐中和二年，僖宗即位之九年也，时方有保胜侯之封。其称乾贞三年，则杨氏之误也。自是由侯而公，是岁去唐亡二十三年。祝君岂未校与?”卢赟在写碑记时,因“世次辽邈,史缺其记”,只见到一块前人祝光庭的刻石,碑记中对祝碑提出了诸多疑问。例如,指出讹讹相传导不能致“通谓唐时三敕”之说的错误;又如确认奏封张宽的是裴肃,而祝碑“讹以为休”等。这与洪迈的意见是一致的,说明卢赟对当时的各种传言也在分析辨别,以尽力求其真实之面。唐文是:“铜陵铜官山之麓,故有灵祐王庙,铜人谓之上神庙云。按志载,萧齐时庙食兹土,而莫知建自何年。载其神张姓名宽,晋时尝为浔阳守,而莫知其生平之治行曲折。知者,唐中和、乾贞间以其助战功最显,则得封公侯,而名以保胜。”以上两文对保胜侯之事均为一般性陈述,没有指明确凿的出处,或提出有力的证明。而杨泰的《重建灵祐王庙碑记》:“按县志:‘王姓张名宽,晋浔阳太守。萧齐时庙食兹土。唐中和间阴有助战功,赠游击将军。自是累封。至宋咸淳八年始加王爵。’”根本没有提到“保胜侯”,反而说唐中和时封的是“游击将军”。这与洪迈所见碑文完全一致。

后人在提及裴休的诗《题铜官山庙》时,多喜欢写作《题铜官山保胜侯庙》,其实这诗名中的“保胜侯”三个字是乾隆二十二年《铜陵县志》载录时增加的。嘉靖四十二年(1563)《铜陵县志》出现相互矛盾的现象,既收录了对保奏保胜侯“讹以为休”进行质疑的卢赟《重修灵祐王庙碑记》,又在卷三《庙祀·灵祐王庙》一节中仍然述为“唐中和间阴战有助战功,江东观察使裴休奏封保胜侯”。值得注意的是,其卷八《艺文志》载录此诗时用的题目却是《题铜官山庙》,包括王昂、周仕、周仲、孙镃的和诗,都没有“保胜侯”三个字。万历十五年县志亦同。嘉靖二十四年《池州府志·卷五·庙祀》一节录入此诗时,只有“裴休诗”三个字。只在乾隆二十二年的县志上才统统加上了“保胜侯”三个字。而乾隆四十三年《池州府志》编在乾隆志之后21年,其卷十八《秩祀》篇载入了此诗,却连诗的作者都提出了疑问,题为“唐裴某(旧志作休)《铜官山庙》”,且同样没有“保胜侯”三个字。裴休的这首诗并没有收入清康熙时期所编的《全唐诗》。今人童养年编的《全唐诗续补遗》收录了此诗,题为《题铜官山庙》,注明是录自嘉靖《铜陵县志》卷八和嘉靖《池州府志》卷五。据此我们有理由认为,裴休当时写此诗时或许没有拟诗名,即使拟了诗名也只能是《题铜官山庙》,而不是《题铜官山保胜侯庙》。裴休题诗时尚没有“保胜侯”之说。孚贶侯或保胜侯之称呼是在裴休题诗之后、南宋洪迈写《唐藩镇行墨敕》之前产生的。联系到“世次辽邈,史缺其记”且庙宇屡次被毁,到元卢赟时又发生了许多讹传的情况,笔者推测,“保胜侯”之说是南宋以后的事,或者就是误传的,更有可能是后人人为杜撰的。当时洪迈亲眼看到的是真真切切的“孚贶侯庙”。孚,信也(《尔雅》），如孚感、孚信、孚佑。贶，赐也（《说文》）。“孚贶侯”符合人们对神张宽所作所为的评价，而相比之下，无法查明出处的“保胜侯”几个字要狭隘得多俗气得多了。

唐中和二年所封应当是游击将军宣州都督。

铜陵县志自明朝开始纂修。明代共有四个版本，依次是成化年间（1465—1487）纂修本、嘉靖四十二年（1563）李士元本、万历十五年熊莨臣本、崇祯年间（1644—1661）郑允升等纂修本。成化本和崇祯本已失传。杨泰是弘治初（1488）担任铜陵县教谕的，并很快就被卢谦接替。其碑文在嘉靖四十二年的《铜陵县志》上应当是首刊。文中所说“按县志”，只能是我们现在看不到的成化本。而唐文灿是明万历九年（1581）担任池州府推官的，其文刊于万历十五年的县志上，比杨文晚了近百年。唐文所谓“按志载”应当是成化本和嘉靖本县志。嘉靖本县志卷三《庙祀》篇确实有为“唐中和间阴有助战功，江东观察使裴休奏封保胜侯”之语。这段文字并非出自碑文，且连“裴休”之说都由同一书中元人卢贽的碑文加以质疑。而杨泰的《重建灵祐王庙碑记》非常明确地指明“唐中和间阴有助战功，赠游击将军”。这与洪迈所见唐中和二年二月之碑文“谨议褒赠游击将军宣州都督”完全相符。比较之下，当以杨文为信。

游击将军是汉代设置的武官官名，是针对某一次军事行动的专职统兵，职权颇重。到唐宋逐渐成为武官的官阶。都督是军事长官或领兵将帅之称，设于汉末。宋元以后用以称地方军政长官，总揽本区军政民政。唐中期以后，以节度使或观察使为地方最高长官，都督遂名存实亡。嘉靖《铜陵县志》载：“唐，置江南西道，改宣郡为宣州。僖宗文德元年秋八月，杨行密袭宣州，进兵铜官，‘铜官’之名始见于史。唐末分南陵工山、安定、凤台、丰资、归化五乡，置义安县，治在顺安镇，属宣州。”洪迈《唐藩镇行墨敕》中碑刻记载的是“敕宣、歙、池等州都团练、观察使牒”，是唐朝廷给宣、歙、池等州军事系统的，可见褒赠张宽为游击将军宣州都督的荣誉称号是较为合理的。封侯属于行政任命，仅“敕宣、歙、池等州都团练、观察使”似乎不当。我国古代有公、侯、伯、子、男五等爵名。“侯”是二等爵位，是一个郡国的行政首长，其地位高于带兵的游击将军和都督。张宽为侯的封赠应当在唐中和二年以后至洪迈写完《容斋四笔》的宋宁宗庆元三年（1197）之间。不过这中间还有吴乾贞三年（929）加公爵号、绍兴年间赐庙额为“昭惠”等事，洪迈为何对此没有反映？只能说他的《唐藩镇行墨敕》着重记录唐中和二年二月的石碑碑文，主要用意是考证“后云：‘使、检校工部尚书兼御史大夫裴押。’邑人以为裴休，《秋浦志》亦然，予考之，非也”，并不是着重研究张宽的神绩。不过，洪迈记录的碑文为我们留下了宝贵的文字资料，且确定当时灵祐王庙真名为孚贶侯庙。这是我们十分庆幸的事。

联系到前文，我们或可以认为，正因为裴肃保奏的是游击将军宣州都督，所以他的儿子裴休的诗名才是《题铜官山庙》，而不是《题铜官山保胜侯庙》。

三、灵祐王庙是铜官山的山神庙

中国民间宗教的基本信众多是那些识字不多甚至一字不识的中国社会最底层的广大群众，其中真正意义上的某教教徒只是少数，绝大多数人在宗教崇拜对象上和信仰动机上更表现为追求现实的功利诉求。在他们的观念中，不管什么神，也不论这些神灵是属于佛教、道教、儒教，或其他的什么教派或不属于任何教派，甚至是百姓们自己创造的神灵，包括已故的自己的先人，只要认为他们关心自己的苦乐休戚、能够左右人身的生老病死、有权支配众生的福禄寿喜，人们就会去祭祀他，遇到急难时就会去向他叩求，而不考虑其他背后的因素。于是便“见神就磕头、逢庙便烧香”。百姓心中的神又具有什么都可管、万事皆可求的本领。例如关公，因为红脸，他当然是火神；因为他忠勇，所以是船家的保护神；不知什么原因，他又成了商家供奉的财神。总之在百姓心中，对这些神的祭祀和祈求非常自由，没有如佛教道教等宗教的一整套程序和仪式，也不必刻意遵守什么清规戒律。即使无意对这些神灵发生了什么“冒犯”，人们也不会对可能会有的报复惴惴于心。这就是中国民间的诸神崇拜现象。诸神崇拜所信仰的诸神中最普遍的就是土地神，包括山神、河神、田神（田公田母）等。这些土地神有的是真人逝去后被百姓尊祀的，如清代翰林院及吏部所祀的土地神，据传为唐代大诗人韩愈。南宋太学的旧址在今天杭州的延安路浙大湖滨校区一带，原是岳飞故宅，历史上当地百姓就以岳飞为他们的土地神。而灵祐王张宽便是铜陵人尊祀的土地神，即铜官山山神。

明神宗万历年间池州府推官唐文灿在《重修灵祐王庙记》中说“铜陵铜官山之麓，故有灵祐王庙，铜人谓之‘上神庙’云”（按：“上神庙”应为“山神庙”之误。铜陵地方方言中“上”和“山”同音），并称是“铜官山邑地之祖”。嘉靖二十四年《池州府志》卷五则更直接：“灵祐王祠在县，铜官山神。”嘉靖四十二年（1563）的《铜陵县志·地理志卷》“铁船”词条云：“相传官山神乘铁船至五松山左……”铜陵旧有八景之说，灵祐王庙是为其一，称为“铜阜栖灵”。这些记载都说明，灵祐王庙在历史上就是铜陵官方和百姓都尊祀的山神庙。

我国历代国家礼制中定有所谓祀典，列出了官方祭祀的神灵，对这些神灵的祭祀是正祀。神灵入典的基本依据是《礼记・祭法第二十三》中的规定："夫圣王之制祭祀也，法施于民则祀之，以死勤事则祀之，以劳定国则祀之，能御大灾则祀之，能捍大患则祀之"，"及夫日月星辰，民所瞻仰也；山林、川谷、丘陵，民所取材用也。非此族也，不在祀典"。历代王朝的祀典虽然不尽相同，但都以此规定为指导原则。列入祀典的神灵组成了一个代表正统思想的象征系统，因而被视为正祀之神，其中不少也受到民众的供奉。铜陵的灵祐王神非但写进了官修的史志，也被官方作为地方守护神而编列了财政预算和编制了祭祀仪礼。据明万历《铜陵县志・卷四・祠祀志》记载："灵祐王，每岁六月初十诞辰，用币一羊一豕一爵三，县官亲诣致祭。九月初七日，迎神至邑，坐城隍神左官，币一羊一豕一爵三，粮里等羊一豕一致祭，以城隍陪享至十一日送归庙。"这就是说，铜陵人认为灵祐王的生日是六月初十，县官要亲自到庙里去祭祀。供奉的祭品是一匹丝帛、一头羊、一头猪和三尊酒器，可谓丰厚。九月初七还要把神像接到城隍庙来，由城隍菩萨陪享官民的祭拜，直到九月十一日才将其归庙。到了清朝则更加隆重，民间自发组织赛神表演："九月重阳，为龙烛会以迎官山神，民间制糍糕颁食，互相馈遗。戏竹马逐疫。"（清乾隆《铜陵县志・卷六・风俗》）

灵祐王庙建自南朝萧齐时（479－502），"庙后有惠泉，绕山十余里"。裴休诗描写唐时香火的盛况是"幡花迎宝座，香案俨炉烟"。后虽然屡遭毁圮，却又一再有当地百姓捐资或集资重建。元时庙宇已有相当的规模。元朝因兵乱遭毁后，铜陵人陈振予以重建，"殿宇邃严，门径森矗，标以楼观，环以庑序，称壮丽焉"（嘉靖《池州府志・卷五》）。明成化年间袁思琼重建后，立石牌坊一座。明崇祯十六年（1643），知县郑允升将庙移至面对惠溪重建。清顺治十四年（1657）民间又集资在庙后面建造了一座大观楼。所以明人周仲慨叹："千年几兴替，此际独岿然。"史料记载 1945 年日军投降时，移交的铜官山铜矿房屋财产中还有"山神庙"一项。据当地老人说，中华人民共和国成立以后，残庙还在，不过仅剩一个庙基，人们把灵祐王庙所在地称为老庙基。后因矿山建设，灵祐王庙遗址彻底荡然无存了。

除了铜官山麓的灵祐王庙外，据顺治《铜陵县志》的记载，在县北十里的丁村湖滨和县东十五里的石峰山前都建有灵祐王庙。《乾隆池州府志》载，清康熙年间邑民徐绂曾在铜官山下建了一座"九公庙"，传九公"为灵祐之从神"。此外，在栖下耆（今狮子山区新庙社区）原有一座寺庙名集云庵，俗名新庙，供奉的也是灵祐王。籍载集云庵处地“翠峦突兀，平湖漾碧，境绝幽异”。现在的新庙街道、新庙煤矿等，其名源自于此。位于大通镇与董店之间的广教寺内还专设灵祐王殿，供奉灵祐王。

结 语

灵祐王是铜陵人民自己尊祀的地方保护神——铜官山山神，其原型是晋时浔阳太守兼扬州长史张宽。张宽奉朝廷之命率水军到长江流域作战，战死于铜陵。南朝萧齐时铜陵人在铜官山麓为其立庙享祀。唐中和二年二月工部尚书兼御史大夫裴肃认为张宽的英灵帮助他征讨浙东叛军有功，向唐僖宗保奏，朝廷赠其为游击将军宣州都督。因其经常显灵保佑地方百姓，朝廷又加封其为孚贶侯。五代十国时杨吴乾贞三年（929）又加封公爵。南宋绍兴元年（1131），宋高宗赐孚贶侯庙额为“昭惠”；咸淳八年（1272），增爵封为灵祐王，遂改庙名为“灵祐王庙”。

寻访李白在铜陵的家

于春咏

李白一生至少有三个时期住在铜陵。第一次是天宝元年（742）“南陵别儿童入京”之前的约半年（其时铜陵地属宣州南陵县）。那么，李白是怎么来到铜陵的呢？这得先回顾一下李白婚史。

一、李白做了南陵婿

李白同时代有一个“白粉丝”叫魏万，天宝十三年（754）与李白同在金陵一带漫游，临别时李白将诗稿托其编集，《李翰林集序》就是魏万在集子编成后写的。序里说：“白始娶于许，生一女一男，曰明月奴，女既嫁而卒。又合于刘，刘诀。次合于鲁一妇人，生子曰颇黎。终娶于宋。”此后，李、魏再未见面，由此可知《李翰林集序》中所述李白的四次结婚，均在天宝十三年前（《李太白全集》的注者、清朝学者王琦认为，李白第四次结婚是娶宗楚客的孙女，序里的“宋”字应为“宗”字之误）。

李白是“晚婚晚育”模范，他自己在《上安州裴长史书》里说，他初次结婚是27岁（727），那个时代，像这么大还未结婚的，绝对是“钻石王老五”。他听司马相如在文章里忽悠，说湖北“云梦泽”如何如何美丽，就跑到安陆去看。“许相公家见招，妻以孙女”，于是他与前宰相许圉师之孙女结婚，属于“倒插门”。五年后生了女儿平阳，又四年后生了儿子伯禽。这段婚姻持续了11年，

738年许氏卒（关于许氏卒年另有740年说，如日本神户大学教授筧久美子的《李白年谱》）。许氏卒时，李白的家已经从安陆迁至山东任城（今济宁），他带着一双年幼的孩子，日子过得颇为不易，十分思念亡妻。可能是为了孩子，742年，经人介绍，42岁的李白与安徽南陵刘姓女子再度结婚，于是举家迁来南陵定居（关于刘氏是哪儿的人，有“江东说”和“浙东说”两种，郭沫若先生力持“江东说”，即江南说。而浙东说则是对《南陵别儿童入京》诗中“会稽愚妇”的误读）。这年的四五月间，李白还上了泰山，秋天，他就已经在南陵，可推测他的第二次婚姻就在这年夏秋之间。

可能与刘氏的婚姻缺少感情基础，李白对刘氏颇为不满，婚后即随好友吴筠跑到浙江剡越的沃洲山学道炼丹。请看李白的《酬张卿夜宿南陵见赠》，前六句是：“月出鲁城东，明如天上雪。鲁女惊莎鸡，鸣机应秋节。当君相思夜，火落金风高。河汉挂户牖，欲济无轻舠。”有人根据这六句，认为是写于“鲁”，并由此妄测李白别的“南陵”是在山东。其实不然。我认为，李白这里是向从山东来南陵看望他的旧日好友张叔明一吐心中块垒，怀念在山东的日子，怀念亡妻许氏。“鲁女”应该是指许氏——长眠于鲁地的发妻。也是月夜，月明如雪，许氏还没有歇息，坐在织布机前织布，飞梭的声音伴着纺织娘（莎鸡）的鸣叫。张叔明应该是认识许氏夫人的，李白向老友表达思念亡妻之心情，只有秋风依旧，可是人已天壤相隔，像牛郎织女，欲渡天河却无船。

在列举古代几个人才（茂彦等）曲折的故事后，李白接下来写道：“与君各未遇，长策委蒿莱。宝刀隐玉匣，锈涩空莓苔。遂令世上愚，轻我土与灰。一朝攀龙去，蛙黾安在哉？故山定有酒，与之倾金罍。”李白与张叔明均怀才不遇，满腹治世长策“委蒿莱”，犹如宝刀隐于匣中、锈在莓苔。虎落平阳被犬欺，一朝攀龙而起，到那时，鼓噪喧嚣的小人们在哪儿呢？到了那一天，让我们一醉方休！

请注意，这首诗里的许多词意，在随后作的《南陵别儿童入京》里又被再次提到。

742年，朝廷改元天宝，诏令“前资官及白身有儒学博通、文辞英秀及军谋武艺者，所在县以名荐京”。这个新政策出台，给李白带来了机会。不久，吴筠被召入京，吴向唐玄宗推荐了李白，于是李白也迎来了人生最大的一次转折——朝廷召他去中央工作。

没有参加任何科举考试，也没有得过诸如“共和国脊梁”之类的奖，李白从一介布衣到“日边红杏倚云栽”，平地腾空，实属“坐直升机上来的”，当然喜出望外。有朋友见李白要到首都去见国家领导人，头上再戴个叫“白接篱”的土帽子有伤大雅，就送了顶当时最新潮的“乌纱帽”（那时“乌纱帽”还不是官帽的专称）给他，李白就写了首《答友人赠乌纱帽》回赠：“领得乌纱帽，全胜白接篱。山人不照镜，稚子道相宜。”

接着他在又一次大醉之后，挥笔写下了著名的《南陵别儿童入京》：“白酒新熟山中归，黄鸡啄黍秋正肥。呼童烹鸡酌白酒，儿女嬉笑牵人衣。高歌取醉欲自慰，起舞落日争光辉。游说万乘苦不早，著鞭跨马涉远道。会稽愚妇轻买臣，余亦辞家西入秦。仰天大笑出门去，我辈岂是蓬蒿人。”那时候还没有流行龚琳娜的《忐忑》，不知李白“高歌”的是哪一首？诗中还用会稽太守朱买臣戏妻的典故，讥讽了刘氏，也包括“轻我土与灰”的“世上愚”。从此不再“长策委蒿莱”，毕竟“我辈岂是蓬蒿人”？不过刘氏还是守妇道的，在李白长安待诏翰林的三个年头里，推想应该还是刘氏照顾着李白两个年幼的孩子。

二、李白辞家别南陵

“余亦辞家西入秦”，当时这个“家”所在的“南陵”，到底是哪儿呢？一千多年来这并不是问题，可是到了一九八几年，有人提出“新说”，说李白南陵别儿童入京时的“南陵”是山东兖州的“城陵村南”，前不久那个康震还振振有词地在央视百家讲坛中这样说。

这里我引用一段安徽大学汤华泉教授的文章来澄清这个问题，汤文写道：“这首诗是天宝元年李白奉唐玄宗的征召离开南陵前往长安时写的。题目上的‘南陵’自唐代以来人们都认为是指宣州的南陵，也自然属于今天的安徽。八十年代初有学者提出新说，说这首诗所写的南陵不在安徽，而是在山东。这一新说其实没有多少能够支撑的证据，论者主要是从诗里的‘黄鸡啄黍’的风物描写和李白当时的行程找证据，认为这样的风物属于北方，李白四五月在泰山，还有别的事要做，秋季不大可能在江南的南陵。这两个理由都不太能站住脚。但这一说法得到了几位李白研究的老前辈的支持，后来‘新说’的提出者、赞同者还在山东找到几个可能是南陵的地点和地名，有说在任城（今济宁），有说在兖州，有说在曲阜，在学术界产生了一定的影响。后来问题的关键集中到南陵这个地理专名唐代除了宣州外别地还有没有？2001 年在纪念李白诞生 1300 周年的李白研讨会上，南通大学的姜光斗先生通过对《全唐诗》的检索，共检出 35 首诗涉及南陵一词，除少数几例指的是‘南面的山陵’‘南面的陵墓’作普通名词用之外，凡是地名一律指宣州的南陵。姜先生的论证是很有力量的。去年 12 月 2 日安师大文学院诗学中心的丁放教授在《光明日报》上发表《天宝初年李白奉诏入京地再考辨》中，也使用了姜先生的论据，对南陵地名及相关问题作了综合性考辨，认为李白奉诏入京地确实是安徽南陵，‘新说’找到清代后以至当代山东某些地方村庄叫南陵或可能叫南陵证明南陵在山东，显然是没有效力的。我还注意到李白在诗题中九次用了南陵，其他八首确凿无疑都是指宣州的南陵县，不可能就这一首成了另类……最近我在给李白写于安徽的诗文重新进行编年时又发现一条支持安徽南陵的有力证据。李白天宝十二载专程来游宣城，来宣城后，他赠诗给宣城郡司户崔文说：‘惟昔不自媒，担簦西入秦……一去已十年，今来复盈旬。’（《赠崔司户文昆季》）李白是天宝元年入京的，与写诗时正隔十年整。说‘今来’是指来宣城，南陵时属宣城郡，这正证明了十年前他是由此地前往京城的。”

根据汤教授的分析，我想不用再说什么了。可是，南陵的这个“家”，又在今天的什么地方呢？

三、只缘家在寨山中

早在明清时期，就有文献记载，李白在南陵的这个家，就在“寨山”。民国版《南陵县志·艺文志》在《南陵别儿童入京》的诗题下，注有：“开元丙寅寨山中作。宣州刺史骆知祥刻石山中。”查阅《宁国府志》得知，骆知祥为合肥人，唐昭宗李晔天复年间（901—904）任职宣州。

我想强调的是，民国版《南陵县志》是清末民初著名学者徐乃昌修撰的，公认最为严谨翔实。

徐乃昌（1868—1943），字积余，晚号随庵老人，南陵工山汤村徐人，出身望族。伯父徐文达曾任两淮盐运使、福建按察使，堂兄徐乃光曾任驻美国纽约首席领事。徐乃昌自幼熟读经史。光绪十九年（1893）中举，二十七年任淮安知府，特授江南盐巡道。光绪二十八年受命考察日本学务，回国后提调江南中、小学堂事务，总办江南高等学堂，督办三江师范学堂（南京大学前身）。清亡后，他隐居著述和校刊古籍，成为近代著名的藏书家、学者。民国三年受聘纂修《南陵县志》，历时 10 年，至民国十三年完稿付印。全志 48 卷，体例完备，内容翔实，保存了极其珍贵的史料，对南陵建置沿革，也做了可贵的考证。徐曾任《安徽通志》总纂，并与柳亚子、王国维、罗振玉等编写《上海通志》，为著名的江南四大藏书家之一。他编修的《南陵县志》被后世学者公推为继承旧志最全面最准确，因而最具权威性。

这线索让我欣喜万分，立即上网淘了一套民国版《南陵县志》，一查，果然有记载。还等什么？走！去“山中”，寻唐代的摩崖石刻！去寨山，寻李白的家！

四、寨山何处费查寻

可是，打开地图一查，我又迷惑了：叫寨山的山，在南陵西山一带山脉中有四座！这片东北—西南走向的山地，是铜陵市和南陵县、青阳县的界山，唐代都隶属于南陵县，因在南陵县版图的西边，古代文献中统称为西山（今天的西山仅指丫山风景区一带）。它由马仁山、工山、水龙山、凤凰山、大城山、丫山、寨山、铜井山、天门山、铜官山等三百至五百米高的山峰连缀而成。四座“寨山”从东往西分别为：

一是南陵县何湾镇顺冲村东北 3.1 公里处的寨山，西距铜陵著名风景点滴水崖 5.4 公里；

二是滴水崖南偏西 922 米处的寨山，在丫山街境内，但这座山，在清代，甚至民国时期，还不叫寨山（见民国《南陵县全境图》）；

三是南陵县丫山街南偏西 2.9 公里处的寨山，《南陵县志·舆地志》记载：“寨山，今属十五都二图，东西北三至本图，南至青阳苏姓山。”此寨山只是一个低小山丘；

四是今铜陵县天门镇高联乡的寨山，四座寨山中只有这第 4 座位于铜陵境内，但却是最高大的一座，海拔 374.6 米。它的东边是梅冲水库，西边与铜井山、天门山相连，山上古木参天，竹海连碧，风景绝佳。

李白“寨山中作”是哪一座寨山呢？骆知祥刻石在寨山吗？

2011 年 4 月 15 日，我邀友人一同驱车沿着凤凰山、铁山村至顺冲村的盘山公路，翻过盛开着牡丹花的霁头山，来到南陵县何湾镇的顺冲村，准备从东往西沿山地南坡实地再走一遍（山北坡在铜陵境内，我们已经多次考察过）。

《南陵县志·舆地志》记载：“霁头山，县西七十五里，与青阳接壤，横达铜陵，上有双龙井，地名煨湖。一井泉深无底，止而不流；一井泉源涌出，灌田甚多，相传有龙出入，兴云致雨。按通志霁头山作济头山。”《乾隆铜陵县志·山川》："霁头山，在凤凰山西，南与南陵接界。"

在顺冲村，公路边有几个闲逛的老人，我们上前打听。这里的老人们大都知道寨山和摩崖石刻的事儿。一位叫何长荣的71岁老人告诉我们，摩崖石刻原来就在滴水崖南面相邻的寨脚岭（又名凤形冠，古名团山）山路边，1958年被毁。而何长荣与另一位叫陈攸熙的老人是当年炸石的当事人，我们请二位老人领我们去看现场，他们欣然同意。

我们上车调头，沿来路往回开，在寨脚岭半山腰的山路边，我们下了车。这里就是我们先前经过的那条山路，路的东边有个小山洞，洞中泉水汩汩流淌。路的西边，两山之间有一处长约三十米的拦水坝，可是并没有拦住流水而形成水库，看上去只是道普通的山梁而已。经两位老人指认，山路边就是摩崖石刻的所在。两人共同回忆了当年事件的经过。

原来这里自古就是一条古驿道，是从金榔、凤凰山到池州府、九华山的必经之路，摩崖石刻在路东侧，大字有人头大小，小字有拳头大小，已经看不清楚是些什么字。字是刻在一块巨大的石头上的，石头突向路中，所以山路在这儿变窄，往来行人走到这儿，都扶着石壁走。泉水边原来还有个龙王庙，有的人走累了就在庙廊下休息。1958年11月，公社决定在泉水西边的两山凹处，修一个拦水坝。社里主持此事的领导外号叫俞疯子，他提出就近取材，于是，那块巨大的石壁就在劫难逃了，炸了大石壁，一可取石，二可拓宽山路。

现在水坝不知何年何月已被山洪冲塌了一个V形口，我想试着去那豁口处找找有没有带字的石头，何长荣说："你们恐怕爬不上去，而且草里经常有毒蛇出没。"我只好作罢。

记载李白行踪的极重要的唐代石刻，就这样毁了，否则，李白南陵别儿童入京的地点之争还有意义吗？这千古遗憾，怎不令人感叹！

根据范传正《唐左拾遗翰林学士李公新墓碑》："天宝初，召见于金銮殿……"《南陵别儿童入京》应作于天宝元年（742），而不是"开元丙寅"（726），二者相差16年，在当时的资料检索条件下，这16年的差距已经算是比较准确了。毕竟骆知祥与李白已相距一百多年，但"骆刻"所记事实应该是可信的。

"骆刻"所在的山虽不是寨山，但石刻应该离寨山不远。可四座寨山分散在离石刻十几公里范围内，都有可能。仔细琢磨"寨山中"三个字，应该是指寨山坡地或山冲里的村庄，因为除非是庙宇，一般家居不会选择高山单独居住。况且李白家的村子里有酿酒坊，还有友人赠帽子，所以应该是住在一个村落里的。前四座寨山四周全是高山相连，山坡上没有村落。顺冲丫山一线以南又是一大片平原，村落很多，但却不符合“寨山中”的条件，只有第四处寨山，山的东西两面都是狭长山谷，山谷里和山坡上散布着许多古村落，李白诗中多次提到的一些地名，如“铜井炎炎歊九天”之铜井山、“我爱铜官乐”之铜官山，都在第四座寨山的西边不远处，想必这里才是李白的家。

五、铜官山下新酒坊

李白第二次到铜陵是天宝十二年（753）。距上次他离开皖南已经有十年了，“一去已十年，今来复盈旬”。这次是他应从弟宣州长史李昭之邀来的。他在《寄从弟李昭》一诗中说得很明白：“尔佐宣城郡，守官清且闲，常夸云月好，邀我敬亭山。”在之后的四五年里，他一直在宣城、秋浦（今池州）等地游历，由于“前翰林”身份和“诗坛一哥”的名气，受到皖南士绅多方追捧和爱戴，众多“白粉丝”里叫得出名字的就有常建、汪伦、韦仲堪、高霁、李昭、崔侍御、崔文兄弟、杜秀才、胡晖、夏侯迴等几十位，大家竞相邀约李白，喝酒吃饭吹牛炒地皮请教诗艺……汪伦因为怕请不到李白，竟然将李白诓至泾县。据清人袁枚的《随园诗话》记载：“唐时汪伦者，泾川豪士也，闻李白将至，修书迎之，诡云：‘先生好游乎？此地有十里桃花。先生好饮乎？此地有万家酒店。’李欣然至。乃告云：‘桃花者，潭水名也，并无桃花。万家者，店主人姓万也，并无万家酒店。’李大笑，款留数日。”看来，李白是饭局排满、徽菜尝遍，口袋里“赐金还山”时皇上给的“买断工龄”钱，可能都没机会花了。

这个时期，他曾多次和南陵县丞常建同游铜官山、五松山和铜井山，留下了许多诗作。其中最有名的就是那首《铜官山醉后绝句》。诗的标题是李白自己取的，写于铜陵当然不会错。那么，李白是在哪儿喝“醉”的呢？《南陵县志·舆地志》里记载：“新酒坊，李白寓饮处，白凿井尚存，按其地当在铜官山。《醉后绝句》云：我爱铜官乐，千年未拟还。要须回舞袖，拂尽五松山。”从这条重要的记载里，我们知道了李白“寓饮”的地方被后人称为“新酒坊”，并遗留有李白凿的水井，李白“准备在沙家浜扎下去了”，看来“千年未拟还”并非诳语。

可是，这个“新酒坊”与“寨山中”的家是一处吗？

或许，我们可以从古人的诗中寻找到一些线索。请看明代南陵诗人陈效的

《过新酒坊》诗："策马经过新酒坊，败家茅屋树苍苍。篱边啄黍黄鸡嫩，道上风飘白酒香。古庙尚存唐事迹，残碑犹载宋文章。无由得会谪仙子，共向花间醉一觞。"明代另一位南陵诗人许梦熊的《过太白酒坊》："谪仙过日酒初熟，此日犹传新酒坊。风度不随茅屋在，山川犹作锦衣香。"（均见《南陵县志·艺文志》）这两位在诗中均提到李白的《南陵别儿童入京》里白酒新熟和黄鸡啄黍的事，认为新酒坊是李白应诏那年的住家。这就和"寨山中作"互为印证。今铜官山与寨山之间有李白诗里提到的铜井山和连片的古村落，属铜陵市天门镇，这里民间至今还流传着许多李白的传说。

清光绪二十四年（1898）南陵知县宗能征《酒坊怀李白》诗云："酒家谁自盛唐传，底事难忘李谪仙。古刹空遗明月影，豪情犹忆醉吟篇。天教诗境深于海，地为才名流故廛。到此几经悲过客，金樽倾处已无边。"可知到了清光绪年间，新酒坊已经变成了"古刹"。那么古刹今天在哪儿呢？我在南陵县志里找到另一条记载："太白《新酒坊》诗：'要须回舞袖，拂尽五松山。'坊距山十数里……旧注云：铜井西五里有古精舍，即今隐静寺。"这个"旧注"，是指李白在《与南陵常赞府游五松山》一诗题下的自注，是李白写的。

沧海桑田，今天那一带已经没有古刹了，古刹不知毁于何年？我曾到那里实地踏看，站在乱石草莽之中，只能凭想象遥追诗仙当年。

六、暮宿五松荀媪家

李白第三次到铜陵是他流放遇赦后。"朝辞白帝彩云间，千里江陵一日还"之后，李白先在两湖和江西等地漂泊，然后投靠当涂令从叔李阳冰。上元二年（762），再次来到五松山，寓居五松山下荀媪家。

据《李白年谱》，代宗宝应元年（762）四月，62岁的李白卧病当涂。晚春三月，做最后的一次旅行，游宣城、南陵。但从《宿五松山下荀媪家》中的"田家秋作苦，民女夜舂寒"可知，李白于这年秋天又来到了五松山故地重游，似乎这才是"最后一次旅行"。

那时，李白已经身无分文，头上还背了个"释放劳改犯"的恶名，昔日的"白粉丝"们生怕受连累，避瘟疫似的躲着他。李白去找昔日的朋友刘都史求援："东平刘公干，南国秀馀芳。一鸣即朱绂，五十佩银章。饮冰事戎幕，衣锦华水乡。铜官几万人，诤讼清玉堂。吐言贵珠玉，落笔回风霜。而我谢明主，衔哀投夜郎。归家酒债多，门客粲成行。高谈满四座，一日倾千觞。所求竟无绪，裘马欲摧藏。主人若不顾，明发钓沧浪。”（李白《赠刘都史》）先是奉承的话说了一箩筐，然后羞答答求援，看来也没有借到钱。贫病交加的李白再次登上五松山，山还在，人已非，不禁老泪纵横。还是五松山下厚道的农家老妇荀媪收留了他，特地给李白煮了“古人以为美馔”的“雕胡饭”（见李时珍《本草纲目·谷二·菰米》）。李白备受感动，写下了千古名篇《宿五松山下荀媪家》：“我宿五松下，寂寥无所欢，田家秋作苦，邻女夜舂寒，跪进雕胡饭，月光明素盘，令人惭漂母，三谢不能餐。”还是普普通通的农妇待人真诚，为人厚道！这让一生高傲的李白，世界观发生了转变。

笕久美子《李白年谱》这样记载了李白的离世：“秋归当涂，病况日下，自知无望。而李阳冰又退隐在即，欲走无路，精神失常。临终之际，将平生所著托李阳冰。十一月，卒于当涂，有绝笔《临终歌》一首。”

由于城市建设，五松山作为山的形态已经不明显。但仍然可看出它的轮廓：从天井湖公园、铜陵有色总部大院向南绵延升高，其最高峰当在铜陵电视台处。荀家茅舍的位置应该不出这个范围。说不定就是我家所在的小区呢！这样一想，李白与我更近了。

浅议李白诗中“雕胡饭”

葛锡林

一

宿五松山下荀媪家

李白

我宿五松下，寂寥无所欢。
田家秋作苦，邻女夜舂寒。
跪进雕胡饭，月光明素盘。
令人惭漂母，三谢不能餐。

这首五言律诗是唐代大诗人李白于上元二年（761）秋，生前最后一次到铜陵五松山下，小住农家，身临其境、耳闻目睹、发自肺腑，同情感激抒写而成的。此诗乃李白一生诸多诗词中杰作之一，影响深远，传诵至今。

铜陵五松山原本无名，因有一棵五枝的参天古松，李白当年见松起名，题诗名山。唐天宝十三年（754）李白经秋浦（今贵池）至铜官山（时属南陵）由县丞常建陪同出游，留诗四首，其中首篇《与南陵常赞府游五松山》有“我来五松下，置酒穷跻攀。征古绝遗老，因名五松山”的诗句。李白指松作山名，以山附“五松”。五松山自李白来游之后就大显于天下。明万历年间文学家胡震亨说：

“是五松山非山本名，乃太白所名，亦如名九华也。”

唐上元二年秋，李白获朝廷大赦后，历经辗转又一次来到五松山下的一个小村庄，故地重游，看望乡邻，夜宿荀媪家。荀家人像迎接亲人归来一样，拿出家里最好的雕胡饭，大家在月光下共进晚餐。李白被这种深情感动，再三道谢，难以下咽。《宿五松山下荀媪家》诗中生动描绘了“田家秋作苦，邻女夜舂寒”的农家日夜辛劳景况，体现了李白对劳动人民的倾慕与同情，充分反映了李白诗中显现的知民、亲民、爱民的人民性。被后人评为佳作，千古流传。

诗中颔联“跪进雕胡饭，月光明素盘”写得很传神。情景结合、感人至深。当时，荀媪为什么要跪进雕胡饭呢？据考证，这在古时是一种雅俗的礼遇。古人造访时进屋席地而坐，坐的姿势是双膝先跪而后身子向后倾斜，臀部坐在脚后跟上。李白当年夜宿荀媪家进屋时，为了表示谦恭，采用的就是这种坐姿。既然客人“跪坐”，那么主人“跪进”也就是情理之中的事了。

二

星移斗转、时过境迁、沧海桑田、殊多变易。昔日五松山已非旧貌，山已不在，景已不存。山下的天井湖已成为国家 4A 级旅游景区，如今五松山已融入了城市风光，但五松山文化余韵仍在流传。当年李白夜宿的荀媪农舍仍留想象，但雕胡饭也只能在李白的诗中相见了。

翻阅历史，1251 年前，李白品赏的雕胡饭又为何物呢？笔者查阅有关史料考证，雕胡即菰米，菰米煮成的饭即雕胡饭也。1984 年，商务印书馆修订本《辞源》（二）1063 页［雕胡］词条称：菰米。古文苑二宋玉讽赋：“为臣炊雕胡之饭，烹露葵之羹，来劝臣食。”旧题汉刘歆西京杂记一：“太液池边，皆是雕胡，紫萚、绿节之类。菰之有米者，长安人谓为雕胡。”北宋苏颂曰：“菰生水中，叶如蒲草，其苗有茎梗者，谓之菰蒋草。至秋结实，乃雕胡米也。”唐杜甫秋兴之七诗句：“波漂菰米沉云黑，露冷莲房坠粉红。”秋季正是菰米收获时节。

菰同苽，亦名蒋，俗称茭白。茭白又名蒿笋、茭粑，为多年生禾本科、菰属植物，盛产江南水乡。古与莼菜、鲈鱼并列为江南三大名菜。明朝有首《咏茭》诗云：“翠叶森森剑有棱，柔条松甚比轻冰，江湖若假秋风便，好与鲈莼作季鹰。”菰的果实，又名雕胡，亦称雕蓬、雕菰、茭米，又有雁膳、菰漂、安胡、蒋实、黑米等异名。古代六谷之一（稻、黍、稷、粱、麦、菰），又为九谷之一（黍、稷、稻、麻、大小豆、小麦、高粱、菰）。唐孔颖达疏："蜗醢而苽食雉羹者，谓以蜗为醢，以苽米为饭，以雉为羹。"宋代诗人陆游诗云："二升菰米晨炊饭，一碗松灯夜读书。""芋魁加糁香出屋，菰首调羹甘若饴。"

早在秦汉以前，菰是作为谷物种植的，一直到唐，雕胡仍然是一种大众化的食品，在人们的心目中菰米饭是一种难得的美食，它的独特味道——香、滑，深受平民百姓、豪门贵族、文人墨客广泛喜爱和赞誉。人们酒余所食的是菰米："闲烹芦笋炊菰米，会向源乡作醉翁。"（郑谷《倦客》）待客用的也是菰米："衣食既有余，时时会亲友。夏来菰米饭，秋至菊花酒。"（储光羲《田家杂兴八首》）；隐者吃的是菰米："野馈夸菰饭，江商贾蔗饧。"（陆龟蒙《江南秋怀寄华阳山人》）豪门贵族爱吃的同样是菰米："琼杯传素液，金匕进雕胡。掌里承来露，拌中钓得鲈。"（元稹《春分投简阳明洞天作》）甚至有人认为，有资格与其配食的，只有熊掌、豹胎等野味。东汉刘梁《七举》中，就有"菰梁之饭，入口丛流，送以熊蹢、咽以豹胎"之咏。杜甫诗云："滑忆雕胡饭，香闻锦带羹。"王维诗曰："香饭青菰米"，"楚人菰米肥"。

宋以后由于优质水稻的推广，加之菰受黑粉菌的感染日趋严重，分泌出一种异生长素，使之不能开花结果，而茎节细胞加速分裂，形成肥大的纺锤形肉质茎，这就是常说的茭白。由于茭白味道鲜美，受到广泛喜爱。利益的驱动，菰菜的生产逐步取代了菰米的生产，由谷物变成了水生蔬菜。因此，雕胡饭也就被人们慢慢地淡忘了。如今，除在药房里可见到雕胡外，已很少有人见过雕胡米了。

由于菰米产量很低，一般亩产四五十斤左右，同时成熟期不一致，取之不易，因此，显得格外金贵。一般人是享受不到的，古时也只有达官贵人才可以品尝到这香味诱人的雕胡饭。所以李白在接受"跪进雕胡饭"时，才有那么虔诚的态度，反复道谢了多次，而迟迟不肯下箸。与李白同时代的杜甫诗中也有《咏菰》云："秋菰成黑米，精凿传白粲，玉粒定晨炊，红鲜任霞散"，"乞为寒水玉，愿作冷秋菰"。在《西京杂记》中记载了这样一则故事："顾翔佚少失父，事母至孝；母好食雕胡饭，常率子躬自采撷还家。导水凿川，自种供养。"因菰米产量极低，物稀为贵，一般都是自种自食，或馈赠亲友，或招待贵宾。南北朝沈约咏菰诗云："结根布洲渚，垂叶满皋泽，匹彼露葵羹，可以留上客。"在唐代以菰米饭待客，胜过任何美酒佳肴，有"请君留上客，容妾荐雕胡"之说。

三

随着国内外对雕胡米独特的营养、药用价值的研究，雕胡米的开发利用逐渐又被引起重视。近年来，江苏、江西、广西、贵州等地扩大“米用菰”的种植，并作为优质米投放市场。研究表明：中国菰米是一种优良的野生食物资源，具有较高的营养价值，也是一种优质食物蛋白质资源，它应该作为一种古老而又有特色的食品进入我国居民的膳食。可以预料，用不了多久，曾被李白牵肠挂肚的雕胡饭，将会重新走进我们的生活。

（1）“雕胡饭”历史悠久，文化底蕴深厚。唐宋时期诗坛大家李白、杜甫、王维、陆游等都有咏菰诗作，受到他们的青睐，情有独钟，实非寻常之物，身价自然非同凡响。特别是诗仙李白亲为五松山定名，又在五松山下农家品尝雕胡饭，并有诗作证，为我们留下了非常珍贵的文化遗存，值得骄傲和自豪；也是我们铜陵特有的地方文化资源，更应十分珍惜。文化是一种力量，越是地方的，越是有生命力的。在社会主义先进文化大繁荣大发展的当今，挖掘、传承、弘扬铜陵地方文化，我们责无旁贷。

（2）菰米营养十分丰富。据东南大学公共卫生学院《中国菰米的营养成分及其蛋白质特性的研究》：“为了开发利用我国具有悠久历史的菰米资源，了解中国菰米的营养价值。我们从中国华东地区的骆马湖、宝应胡、洪泽湖、微山湖和东太湖采收野生菰米，同时取微山湖附近的大米做对照，进行了一般营养成分、无机盐、微量元素和氨基酸以及蛋白质功效比值（PER）的分析测定。结果显示中国菰米有较高的营养素含量。以每100g样品计，含蛋白质13.2g，$VB_1$0.59mg，$VB_2$0.11mg，VE0.29mg和锌1.60mg，铁2.69mg等。中国菰米蛋白质的必需氨基酸丰富，结构合理，第一限制氨基酸是苏氨酸，其化学分高达84，PER高达2.75。这些结果表明，中国菰米是一种优良的野生食物资源，含有优质蛋白质，具有较高的营养价值，亟极待开发利用，应如北美野米一样，作为一种古老而又有特色的新食物进入我国居民膳食。”

菰米的蛋白质含量是大米的二倍，尤其是含有较高的钠、镁、磷和微量元素铬、钴、铁、锌，更有营养学价值。今天，人们都在讲究吃绿色、安全、无污染的食品，因此开发利用野生菰米资源尽快为人类造福，这是当代和今后一个时期研究的课题。

雕胡的药用价值应引起重视。明李时珍《本草纲目》记载：菰米，甘、冷、无毒，归经入手足阳明经。主治："止渴""解烦热、调肠胃""治心脏病或作利尿剂"。用法：内服、煎汤、3 至 5 钱。在开发利用菰米生产的同时，还要重视菰米的药用研究。

（3）铜陵地处江南水乡，适宜菰米生长，生态环境优越。菰的生命力旺盛，不占土地，不需要精细管理，其根、茎、叶、果都有多种用途，具有巨大的经济效益。我们的先民自古就有种植、食用雕胡饭的习俗。一千多年前，铜陵这里的地名叫过"江浒"。清乾隆铜陵县志载：南唐保大九年（951）改旧义安县为铜陵县，移治于今之江浒（注：古为铜官镇，今为五松镇）。江浒，即江边、湖汉、水涯、滩地，属典型的江南水乡，极适宜菰的生长繁殖。李白在五松山下荀媪家食用雕胡饭，可见当年铜陵沿江一带的湖滩地菰生长很茂盛，食用也较普遍。由于沧桑巨变，野生菰逐渐减少，几乎灭绝。据说，20 世纪五六十年代，在铜陵县的圩区，郊区的灰河乡和普济圩一带的湖滩地，还常见到野生菰开花结籽，当地的老百姓秋天采集雕胡米留着过年吃，因为糯性十足，做圆子或蒸糕，吃起来又香又滑，口感特好。如今，随着人们生活水平的提高，饮食结构的改善，食材的多样性、合理性会使雕胡米的开发利用更加科学、更加时尚，更符合大众的需求。笔者最近深入农村调研，发现东联乡玉楼村陶萝圩三汉河大闸处有一片 100 多亩的野生菰（俗称野篙瓜），这是非常珍贵的种植资源。农业、科技等有关部门，要配合协作，采用现代高科技手段，加强"米用菰"栽培技艺的研究攻关，为开发利用"雕胡饭"，解决"无米之炊"。

应尽快地开发利用"菰米"这一古老而又有特色的食物资源，让"雕胡饭"重返民间，再现餐桌，香飘铜都，誉满中华。要充分发挥五松山"雕胡饭"这一美食品牌的社会经济效应，为铜陵"四个之城"（现代产业之城，创新创业之城，精致大气之城，平安幸福之城）建设给予文化支撑！如果李白在天有灵，也一定会在遥望五松山，期待"雕胡饭"！

大通历史上著名的八大商帮

吴 华

商人任何时候都是逐利而奔的，大通这块风水宝地他们也没放过。作为长江边上著名的商埠码头与商品集散地，大通自宋代形成市镇以后，各地商贾、平民、手工艺匠纷纷涌进，大通市场随之日趋繁华。到明清时，因徽商大量涌入，大通进入鼎盛时期，并于清咸丰、同治年间形成史上著名的“八大商帮”。其时，大通街市上商号林立，商业兴隆，大小商铺与各种作坊鳞次栉比，更有青、洪帮等黑社会团伙混迹其中，一应俱全。工商业不断发展，导致大通人口日益增多，各类服务行业随之纷纷兴起，整个大通号称住着十万人，因长江上航行的大小轮船停靠大通，导致每天进出的流动人口多达三万余人，让大通成为与安庆、芜湖、蚌埠齐名的“安徽四大商埠”之一，有着“小上海”的美誉。据史料记载，大通当时最红火的就是饮服行业，仅管吃管住的酒楼、茶社与大小旅馆（客栈），就有一百余家。

鼎盛时期的大通，清廷虽设有府衙，但局势仍难控制，街市上以强凌弱、欺行霸市、争夺码头等争斗不断。正因如此，旅通人士遂产生乡谊情感，渴望同乡成帮，以求不受欺凌，伸张公理，保障经营，安居乐业。在大通最早结帮的是两湖、金斗、六邑三帮，他们多是社会基层的船民、码头工人和手工业者。随后逐渐发展成八大帮，具体是：两湖帮、淮南帮、六邑帮、新安帮、旌泾太帮、池阳帮、蓉城帮、五松帮。

大通帮会多是同乡自治组织，对外竞争保护同乡权益，对内调解处理纠纷。各帮大多有会馆和活动场所，并募捐有会产举善兴帮。如同乡旅费缺少，会馆可留一宿两餐，并助以川资；对无力处理丧事者发给棺木安葬费；每年主持同乡聚餐、祭扫公山；备置坟山厝柩之地，供同乡安葬和厝柩亡人等。民国二十年（1931）后，八帮根据国府政令，各自将帮会更名旅通同乡会，会长更名为理事长，并增选理事、监事，直至新中国成立。

两湖帮于清同治中期设立，由湖北程厚臣、程选臣、高子公与湖南陈曙汀、唐郁文、罗士贤等人牵头组成。两湖帮人数仅次六邑帮，以湖北船民为多，湖北人又以鄂城人为核心，除十余家商号外，多是缸窑工人、码头工人和手工业者。大通有名的蔚丰钱庄即是两湖帮胡荫庭独资经营的。其会馆建于大通市中心浩字巷内，宏伟壮观，为八帮之冠。清水师提督彭玉麟曾捐助会馆庄屋、山场与285亩庄田及四条耕牛等。会馆财富厚实，每年正月初八举办“团拜会”、六月六举办“禹王会”；并创办有宝善小学，对同乡子女实行义务教育。会产有田地四百余亩、门市房十余座，价值约十万银圆。

两湖帮人心齐、性强，为求站住脚，纵然流血伤亡亦在所不惜，是八帮中的强者。首任会长程厚臣，后因湘汉人士相互礼让，会长改为三年一选，由南北帮依次出任。南帮陈曙汀卸任，北帮高子元继任，夏炳臣为副会长；之后南帮钟绍景继任直至抗战；继后由胡荫庭任理事长。

淮南帮原称金斗帮，亦名合肥帮。因淮南人士愈来愈多，于清同治晚期改为淮南帮。此后，一些山东、河北旅通人士也加入该帮。帮中多是贫民，以码头搬运和染布缝纫、砖木、铁匠手艺为生。当时大通五家半码头，该帮占有四家。淮南帮人彪悍体壮，个性强直，人称“府大驾”。如遇不平或有损其权益，会一致上前毫无畏惧。在鹊岸角逐从未受挫。淮南帮一直是合肥人当家，倪秀岩受聘首任会长，后由宁吟堂（阜阳人，并任卍字会会长）继任，直到抗战。抗日胜利后由谢景春任理事长。

六邑帮为八帮中人数最多的帮会，原称“皖江公所”，由安庆府所属桐城、怀宁、潜山、太湖、宿松、望江六县人组成，抗战胜利后随着岳西人加入改名七邑帮，多是船民、码头工人、商贩、菜农、手工业者，其中数桐城人和贫民最多。抗战胜利后，该帮因兴办商铺多、船帮阵容大，人力财力发展为各帮之冠。会长一直由桐城人担任，首任会长童佩霖（为清代举人，曾任湖北孝感县长），直至抗战。1947年秋，人财两旺的六邑帮去合肥请来桐城名士魏曙东出任会长掌管该帮。该帮的童佩霖、方伯韬（名绅）、龙文卿（秀才）三人，曾被大通人尊为“三条龙”。此外，帮内还有方六爹、何自强等大通名人。帮内遇有排难解纷，不论事之大小曲直，先要请帮中大佬吃过酒席再来论理，故当时大通有“吃

（七）邑帮”之戏说。受桐城文风影响，其帮内咬文嚼字盛行。据说有一年六月六，方六爹察觉殷汉臣管理会费不清，盛怒之下将殷痛打一顿。此事被人撰联戏讽：六月六日，六爹爹发怒；一年一度，一点点风潮。可见他们当时咬文嚼字之盛。

新安帮也叫徽州帮，是黟县李辉庭在大通发迹后于清同治初期牵头组建的。新安帮人以商业为主，是名副其实的“徽商”。当时大通利和钱庄、和济当铺都是李辉庭开的。李辉庭、孙西池、叶小平相继担任会长。抗日胜利后，因帮内人事萧条自然消解。其会馆建在洙字巷下首后街，该帮人循规蹈矩、保守本分，故大通人当时戏称他们是一群“生怕树叶打破头”的人。

新安帮人家乡观念较重，凡来通经商之人故去，都要迁回原籍安葬。会馆办有“新安公渡”，义务为皖南山区来通旅行者提供旅费；来通商人如遇启动资金不足，帮会会提供过桥资金（类似现在的无息贷款）帮助。

旌泾太帮由宣州泾县、旌德、太平县（今黄山区）人组成，在通商人远不及六邑、淮南两帮，但其财力居八帮之首，是大通商会支柱。查尚夫、吴质庭、崔子鹏、崔子乔等人先后当过会长，抗战胜利后由黄怀白任理事长。该帮多是生意人，且经商有道，开店居多。拥有钱庄、银楼、京广百货、布匹、南货、茶庄等字号，还经营申、汉生意，商业贸易盛极一时。大通轮船招商局的功德趸船，就有吴质庭的投资。该帮以太平的崔家财业（钱庄、银楼、当铺等）为首，其次是泾县查、吴两大家族及苏、胡、黄、翟等商号。他们以经商为主，传承祖辈的淳朴民风，终日忙于埋头理财，从不滋事生非，每年只在五月十三日“关帝会”时，同乡汇集欢聚一次。凡在大通经商故去之人，也要送回原籍安葬。

池阳帮成立于清光绪晚期，由贵池、石台、青阳人组成，人数不多，以经商的贵池人为多，会长由赵璧、方巨卿相继担任，抗战后由赵克强任理事长。该帮拥有大通商铺二十余家，如计春和、春和生、源丰小轮航运公司、源和美孚煤油栈、闻隆和、仁昌祥等。其间，赵璧之子赵克强创立的《新大通报》曾蜚声一时，发行到歙县、屯溪等地。因贵池与大通一衣带水，帮中亡者也是暂厝柩于法华庵内，然后送回原籍归土。

蓉城帮成立于清末，没有会馆，因是池阳帮派生出来的，故一直依附池阳会馆。他们人数不多，经商的人也不多，但经营的商铺多是大通知名字号，如和顺木行、三酉堂书店、陈怡大钱庄、隆昌号、元东京广布匹店等。因涉足商业忙于生财，该帮人从不惹是生非。首任会长陈吉卿，继任者曹佐庭。抗战后因人事萧条，又未建同乡会，故由池阳帮赵克强统一领导。

五松帮没有会馆、会产，因是本地人，其帮会活动一直借客帮会馆进行。他们帮小力量弱，一贯行中和之道，少与人争，加之身居本地优势，在大通商场角逐中一直被客帮高看一眼。每次大通“出会”（方言，专指“八帮”举办的活动）时，均由五松帮筹措，交各帮办理。

五松帮没设会长，帮会由大通金、郁、蔡、毕、吴、佘六大姓和河南嘴的高、张、吴三大姓共同会商主持，以佘家为核心。自清代开始相继出面问事的名绅有：毕子卿、佘次公、毕景琪、章鹏先、佘小宋、佘道高、章鸿宾、毕尚莹、佘文烈、蔡国椿、章蔚文、佘云峰等。

其实，大通还有一个江西帮人数最少，仅三家商店十余户人家，有会馆、会长，但从不参与大通的“出会”活动，故未列入大通八帮之中。

抗战胜利后，江浙帮应运而生，由江苏仪征人宫靖武邀集江浙商人组建，自任理事长。因成立较迟影响有限，也未列入大通八帮之中。

大通八帮每年都推出“八帮盛会”，如“城隍会”不仅声势浩大，精彩壮观，且影响极大，在沿江一带享有盛名。不仅给人以祈福消灾送瘟神的虔诚，同时也为各帮开拓市场，交流货物，大获其利。出会时上达武汉、下至宁沪、南到徽州、北及江淮，无不闻风纷至沓来，六街三市人流如潮。商店为招揽来通客商，竞相在自家店前搭设看台，供客商饱览盛况。出会一次各店所获，纵两年经营所得也赶不上。人气之旺、生意之好，由此可见一斑。

大通出会，没有定期，全凭时局、年成由八帮会商而决。如不是出会之年，八帮会在秋后举办小型的五猖会，搞“五猖洗街”，以扫瘟气，求得安宁吉利。会期每届三天，大多定在九月初一到初三。出会前两个月，由本地五松帮草拟出会方案，召集八帮会商筹措，并邀请大通总商会、驻军、警察等机构负责人参加，会费由各帮自理。最后一届出会是 1936 年，次年因日军攻占大通停办，此后“出会”消逝至今。

八帮“出会”时阵容壮观，引人入胜，在长江沿线影响巨大。出会开始前，深夜鸣金促人准备。天明时三面巨锣响导，声震长空。各帮将会色节目集中，由会馆起步，按两湖、淮南、六邑、新安、旌泾太、池阳、蓉城、五松顺序缓行，鱼贯衔接，连行不悖。这时人山人海拥来，八帮各显千秋，将大会气氛推向高潮。

两湖帮前有旗锣鼓伞、紫檀香亭、半副銮驾领游，继而是粉妆玉琢楚楚动人的二十个小姑娘挑着花担游街。两旁的竹篾敲打声不绝于耳，以维护现场秩序。随后是二十驾平台抬着彩绘的男女童招摇过市演出古装戏，生、旦、净、丑皆有，后面跟着催生轿和木制精雕的彩船。最后是秋千和黄缎舞龙做尾随表演，形成湘、汉独特之色。最为新奇的是他们用新鲜百兰花和珠兰等名花扎制而成的“百花轿”，姑娘靓妆凝眸而坐，街巷芳香四溢，观者无不为之喝彩。在大通最后一届八帮大会时，他们还特地从芜湖请来二十名专业杂技演员，演献各种惊险绝技，为大会增添人气。

淮南帮展露彪悍质朴的“侉子”风情，也很独特动人。他们有高达一丈二的高跷队演出杂色戏，唱做动人，如履平地。十架秋千上的四个小孩，艳妆笑貌，一路旋转、翻绕不断、精彩玲珑，令人观之不舍离去。

六邑帮的惊人杰作是二十人的高跷队，跷高一丈八，其表演者往来唱做，安如磐石，从不失误。这一绝技让观会者无不喝彩称赞。

旌泾太帮会馆富裕，出会的冠袍行头新艳色美，为各帮之首。最壮观的是拥有五十四匹毛驴组成的“驴子会”。每骑扮演古装京戏中的不同角色，如穿苏绣龙袍、蟒袍、甲胄……令人目不暇接。随后有一条黄绸蜈蚣，由持雄鸡者引领，盘旋飞舞，精彩动人。

徽州帮的三层台阁，是大会上独一无二的节目。每层均为姿容美丽的男女儿童扮演古今人物。尤为惊人的是三层台阁上突起一角，形同飞檐伸出，立有一出戏目造型，妙趣横生。

池阳帮突出的特色是“大肚子五猖”“五鬼闹判”两组游街节目。行走时歪斜不正、丑态笑人，其奇形怪相的凶神恶煞，又令人触目心悸。

蓉城帮“游秋千”节目里的四个小孩眉目如画，身态苗条，上下翻转，逗人生笑。另有一班小五猖妆饰新颖，标致风流，与池阳帮大肚五猖凶煞，迥然不同。

五松帮阵容里没有向导仪仗，只抬着四官殿上的小菩萨供人瞻仰。但由小孩扮演的角色多是小鬼押解大头宝、小头鬼、黑白文武判官、戴面具的五猖等。最后压阵缓行的是城隍老爷、邓九公与火神四座。一路焚香不绝于途，停歇之处爆竹连天，以示虔诚。

出会第二天，五松帮抬出大通城隍庙内城隍老爷游街，供人们焚赞顶礼，祈祷风调雨顺，五谷丰登，国泰民安，生意兴隆。

第三天任人观赏“夜色”。夜间，红男绿女充街塞巷，人群熙熙攘攘。演出的傩戏《钟馗嫁妹》为人所喜；驴子会灯明电烁，引人注目；还有那挑花担姑娘队在锣鼓唢呐声中载歌载舞，令人目不暇接……彻夜热闹，极是壮观、气氛热烈。

曾经令大通人非常自豪、称道的“八帮大会”距今已消逝八十年了，如今仍健在的大通老人时常会想起那些挥之不去的热闹场景，并向晚辈和游人娓娓诉说，每回讲到激动处，老人们都会情不自禁地吟唱大通民谣“七舍不得八帮大会上的千奇百怪……”鉴于大通现在正在建设古镇风景区，笔者也曾建议：大通能否像河南开封再现“清明上河图”场景一样，再现大通“鹊江龙舟竞赛”和“八帮大会”的繁华盛景呢？其后结果会怎样，我们不妨一起期待……

大通报业史话

詹敬鹏

一个杂草丛生的老街，一条普通的青石板路，两旁斑驳的墙体，左右时不时出现的一个个小巷弄，我轻轻一咳，小巷弄里传来微微的回响。作为 20 世纪二三十年代的江心洲小镇，弹丸之地的和悦洲，依然散发出厚重的文化气息，《新大通报》《鹊江日报》《大通日报》三家报馆，足以佐证当时的和悦洲商业是多么的昌盛，大通古镇是多么的繁华。而今天，面对沧桑之现实，我有一种说不清道不明的情思，也许这就是一种怀念，让我时时想来，时时惦记……

一

众所周知，报纸是商品经济时代的产物，又是传播领域中最古老的手段之一。千百年来，报纸为人类文明的进步做出了杰出的贡献。虽说我是大通人，又曾在大通工作过 14 个年头，也只能对民国时期大通报业的兴衰史做个简述。

大通报业产生的背景是什么？我认为不外乎两点：一是内因。一方面由于中国近代资本主义经济的萌芽与发展，为报业提供了物质条件；另一方面，社会形势的急剧变化，特别是鸦片战争前后，人们对动荡社会信息的渴求，促进了各种报刊的不断涌现。二是外因。主要因素是在清朝末年，西方列强用炮火轰开了中国的大门，同时西方的先进思想也开始传入我国，以及西方报业产业的发展和文化的扩张，促使西学东渐。在这里，我主要以前者即以近代资本主义经济的萌芽与发展为背景，对大通报业的产生背景作一简要分析。

我认为，当时大通的发展与昌盛，归纳起来有两大方面：两次鸦片战争的失败，中国沦为半封建半殖民地社会。帝国主义列强掠夺的魔爪，伸进了我国各地，沿海沿江一带的经济重镇，更是他们兼并、抢夺的重点。清光绪二年(1876)，腐败无能的清王朝，在拱手割让了大片国土、城市之后，依据《中英烟台条约》，“增开通商口岸和驻泊码头”，把大通也辟为对外通商口岸。从此，英、美、日等国的商品，开始输入大通市场，长江两岸的工业原料也从这里被廉价掠夺走。历史进入民国初期和抗日战争前夕（1917－1934），这种发展的势头愈演愈烈，商品流通量不断加大，人口越来越多，以致形成一种高密度畸形繁华的社会形态。仅弹丸之地的和悦洲，市镇建设出现了拥有三（条）街十三（条）巷的密集街市建筑群。大商号有：隆昌、陆润记、森昌、茂昌、仁昌、义昌隆、森茂等十余家，大多数是经营油、糖、纸张的批发业务。其中青阳人宁子谊开设的隆昌号，资金高达三十万银圆。其他商号的资金，至少都在五六万和七八万银圆以上。“草”字头（万元户）人家，在当时的大通和悦洲已不惊人了。可以说，民初大通经济的发展，是大通报业产生与繁荣的另一个重要方面。

再说银楼遍布。早在清同治四年，就有戴氏的利丰银楼开业。继而出现有：丹凤银楼、宝庆银楼、天宝银楼、庆和银楼、宝成银楼。各银楼主要是经营金、银买卖和首饰加工。其他如宝华、宝霞等中小银匠店尚不在列。辛亥革命胜利后，中国银行、中央银行、交通银行、中国农民银行、中国实业银行，都先后在大通设有分行。钱庄就有九家，即：徽州人李辉庭（人称李老辉，盐务起家），最先开办起利和钱庄。另有麻丰、怡大、立成、同和、江远、立丰、升大、厚余等。这就是大通老人们所说的和悦洲“九大钱庄”。

还有各种作坊、商行林立。在和悦洲大关口二街，仅蜡烛坊就有三四十家之多。爆竹坊、酱园坊、织布坊各有数十家。从清末至抗战前，两岸米行多达二十多家，水果行八家，大型轿行四家，木行三家，柴炭行数十家。分布在大通池塘河畔与蛤蟆宕一带的织布坊群，织布机声日夜交相炽烈，隆隆不绝于耳。工商业的不断发展，人口日益增多（号称十万），各类服务性行业随之纷纷兴起。那时通和两岸，仅管吃管住的酒楼茶社、大小旅馆、客栈，就有一百余家。著名的酒楼有醉雅轩、六品轩、龙江馆、乐陶园等，高级旅馆有万花楼、潇湘馆、大戏院等四家，两岸浴室九家，七家在和悦洲。这些服务场所常年爆满，座无虚席，客流盈门。这就是我们通常所说的大通和悦洲“鼎盛”时期的繁华景象。

不仅如此，大通原有的封建自给自足型的自然经济开始逐渐解体，促使了无产阶级和民族资产阶级在这个地区的出现。民族工业也开始产生（如竺兰舫的振通电灯公司）。民族工商业在外商外资的挤压下，不得不寻找自己的发展道路，以求生存。大通和悦洲的工商业、手工业，正是在19世纪末、20世纪初这种特定的历史条件下，得以进一步地扩大和发展，从而成为当时沿江流域不多见的半封建半殖民社会的，带有城市色彩的皖江重镇，以至于赢得了“小上海”的美誉。

无疑，民初大通经济的繁荣，为大通报业的产生提供了有力的经济支持。同时，大通三家报纸的创办，是大通文化进步发达的标志之一。

二

大家知道，报纸不仅肩负着通民情、开民智、传播新知识的重任，而且人们逐渐意识到在社会动荡时代报纸的战斗作用。我国维新派梁启超对报纸就有“两大天职”之说：一是监督政府。他认为政府是受公众之托，公众授权政府以大权，必须加以限制，以免政府滥用职权。而报纸是代表国民发表意见的，代表国民监督政府是报纸的天职。二是向导国民。虽说梁启超未过多解释为什么要“向导国民”，但他着重阐述了应该怎样“向导”。毫无疑问，当时大通和悦洲的三家报纸，确实发挥了监督政府和向导国民“两大天职”的作用。

如创刊于1929年4月1日的《新大通报》，是铜陵历史上最早的一份报纸。报社社址就设在和悦洲大街口。报社社长兼主笔是文坛名士赵克强，笔名凯旋，副刊编辑是赵的女儿，笔名绿波。报纸为日报，四开铅印。报社主要工作是收音、采访、编辑、排版、印刷，均由他父女二人担任。报社还置有收音机设备，每天收听上海有关方面发布的国内外大事、经济动态、商业行情和汇兑折算率等，均及时登载。同时采写地方新闻，兼营广告启事，从而打开了大通消息闭塞的局面。不仅各行各业争相订阅，而且发行到青阳、石台、太平、泾县、旌德等皖南山区。报社还自置了印刷设备，也比较先进，定名为大通市印刷社，除印报外，还代客印刷，深受当地民众的好评。

尤其是当时内忧外患，民族灾难深重。赵氏父女怀着爱国热忱，运用新闻报道、言论，发挥报纸向导民众的作用。例如，《新大通报》民国二十一年（1932）4月24日四版刊载的“国货，日货一览表”中，就列举了“毛司伦布、仿制土布、棉帆布、帆布”并在加“注意”两字后，又重点指出：日货以棉织品为大宗，为最多。接着又列出“最近数年间，日本输入中国之棉织品”的分年价值，“民国十六年（1927）共一万万三千六百三十四万元。十七年（1928）共一万万七千三百十七万余元。十八年（1929）共一万万六千五百四十七万元。”“漏卮之大，令人骇惧”。吁请“我同胞要抗日救国，第一要竭力提倡国产各种布匹或其他棉织品、丝织品为衣服材料”。仅此一项，每年便可抵制一万万数千万元之日货。而且还列出被人忽视的细小商品，如各类衫裤、被面蚊帐、蒲绒枕头、草帽、三角草帽、平顶硬边草帽、小人草帽，以及黑棕鞋带、长鞋带、线带、纱带和宽紧带等，并注明牌号、厂名，具体说明占领我国市场的日造商品，货不分大小、价不计高低的严重情况。我们通过这则带有广告性质的消息，完全可以看出《新大通报》的爱国精神，有力地揭露了日本军国主义对我国经济掠夺的实质。

据史料记载，1937 年春，日本侵略者进一步暴露了侵华野心。赵克强父女同仇敌忾，夜以继日奋发编印，以《新大通报》为阵地，大量编发国内外重要新闻和评论，揭露日本军国主义的侵略野心，激发大通民众的爱国热忱。“七七”卢沟桥事变后，即时增刊号外，连续报道抗日前线动态和抗日将士的英勇事迹。且售价低廉（原定价每张四枚铜圆，降到每张一枚铜圆），赢得人人争购，扩大了宣传效果，较好地发挥了报纸在引导民众抗日救国中的战斗作用。

三

在民国时期大通和悦洲先后创办的《新大通报》《鹊江日报》《大通日报》等三家日报，其寿命最长的是《新大通报》只有九年，最短的是《鹊江日报》，从发刊到终刊不到两年。1938 年 5 月 24 日，日本三架飞机轰炸和悦洲，由赵克强父女创办的《新大通报》首当其冲遭难。赵克强镇定如常，面无惧色，教育女儿以大局为重，继续工作，坚持出报。谁知，时隔仅有 7 天，日机再次轰炸，使报社连同全部设备被彻底摧毁，赵克强只得同女儿含泪离去，《新大通报》被迫就此停刊。1932 年底由黄怀白创办的《大通日报》，也于抗日战争爆发后停刊。

从上述两个方面的简要阐述，我们不难看出，《新大通报》等三家报纸，在报业的长河中，出版时间虽不长，但其在沿江一带影响广泛，在铜陵新闻史和安徽近代社会史的研究上，占有重要的一席之地，特别是在论证大通为“清末民初沿江小镇”这一命题上，有一定的研究价值。

报纸是社会的缩型。社会变化了，报纸也必定变化。民初大通报业的创办与大通商业的昌盛密不可分。毫无疑问，《新大通报》等三家报纸的兴衰史，也就是那个时期大通和悦洲兴衰史的缩型。我们可以通过这个时期报纸报道的内容，了解当时大通和悦洲繁荣昌盛的景象。因为，《新大通报》等三家报纸，见证和记录了第一、二次国内革命战争时期，大通及周边地区曲折复杂的发展历程。大通为何能与安庆、芜湖、蚌埠齐名，成为安徽“四大商埠”之一，而且排名第三？大通民众在抗日战争时期的抗日救国的热情如何？我们都可以从这一时期的报纸上找到答案。如民国十九年（1930）二月二十二日，星期六，第308号的《新大通报》，头版刊登了这样几则消息：铜陵县长吴振华启事、感谢陈柏青医生西药妙手、大通总商会筹备改组委员会公鉴、京广货同业紧要启事、请用上等国产燃料六合屑煤等。同时，这期报纸还在报题下方刊登“总理遗嘱”。总理遗嘱应是孙中山先生。所以，笔者认为，大通和悦洲这三家报纸，既是我们铜陵人研究“清末民初小镇看大通”的历史依据，也是我们现代人研究铜陵近现代史的“小百科全书”。

四

还有一点，也能足以说明大通报业的兴衰，对我们研究和论证大通为清末民初沿江小镇的历史价值。

这事发生在20世纪80年代的中叶，我当时在大通镇从事宣传工作。记得有一天下午，和悦中学校长张天雄带信说，和悦中学礼堂（圣公会教堂）倒塌后，在清理场地时发现原教堂的奠基石内有一个小铁盒，里面装有一张《新大通报》，别无他物。我立即过江赶到和悦中学，张校长就把装有《新大通报》的小铁盒交给了我。在回来的路上我想，这张《新大通报》应是文物，应该上交。于是，我拿回来后第二天就交给了当时还是《铜陵报》的原群工部主任王荣忠先生。这是我第一次看到《新大通报》的原件。正是这张《新大通报》，为研究铜陵报业的发展提供了历史依据。可惜的是我当时只想到发现文物要上交，而没有留下这张报纸的复印件。通过这件事，说明我的文物保存价值意识不强，留下了终身遗憾。

但是，通过这张奠基报纸，我想到了两个问题：其一，基督教人为何要挑选当天的地方报纸，作为教堂动工日的纪念品放在奠基石内？其二，大通的三家报纸为何被省图书馆珍藏至今？对这两个问题我是这样认为的：基督教人挑选当天的《新大通报》，作为教堂动工日的纪念品放在奠基石内，不仅说明了基督教人的聪明才智，而且反映了这张报纸在大通当时的影响力很大，同时也能说明那个时期大通和悦洲的繁华程度。关于省图书馆至今珍藏大通三家报纸的原件，更大程度上证明了当时的大通在安徽的历史地位，以及大通被誉为安徽四大商埠和“小上海”是名副其实的。

五

民国时期的大通报业的发展，形成了铜陵现代报业发展史上的第一个高潮。其兴衰史证明它不仅与大通的政治、经济、文化和社会生活紧密相连，而且还与整个安徽境内的局势紧密相连，它是研究铜陵乃至安徽近现代史的重要组成部分。所以，我有两点想法：一是为了进一步论证大通是清末民初沿江小镇，郊区政府应当派人到省图书馆，查阅收集《新大通报》等三家报纸当年刊登的有关史料，最好能拍摄三家报纸的原件，为恢复三家报社旧址做点前期准备；二是保护好《大通日报》报馆旧址。据悉，《大通日报》报馆旧址，已被列为铜陵市第二批市级重点文物保护单位，所在的大通镇政府拟对旧址实施挂牌保护，并在现有条件下进行恢复性重建。我认为，《大通日报》等三家报纸被列为市级文物保护单位，对大通来说确实是个契机，尤其是铜陵正在实施铜池一体化发展战略，这一契机更要把握好，使《大通日报》等报馆旧址，成为日后大通发展旅游业的一个很抢眼的亮点。

关于铜陵牛歌

蒋乃冰

应单位领导之约，为参加某项文艺汇演创作一首歌词。曲子是定好的，要用入选省非物质文化遗产的《铜陵牛歌》曲调。我负责填个词就行了。

接这个任务时，首先想到的并不是为难，而是意外——怎么会用这首曲子填词?！要说地方特色，铜陵民歌的确缺乏影响力，难以拿出一个现成的曲调用在这样比较严肃的场合。但毕竟牛歌的身份太低，把它与高雅严肃的文化糅在一起，实在有些牵强。于是我提出个人的看法。领导虽同意我看法，可他们是执行文件，得按规定办事。

于是我想起了关于牛歌的一些往事。

我刚开始接触牛歌是在 20 世纪 60 年代中期，还不到十岁的时候。最初从村里的放牛人那里听到哼唱的小调，后来才断断续续从放牛娃、牛歌爱好者那里听到一首一首的对唱歌曲。那时，一人哼唱的叫《放牛歌》，两人或多人对唱的叫《对牛歌》。而《铜陵牛歌》的称呼，是在 20 世纪后期，民间牛歌逐渐消亡，文艺工作者把这首牛歌艺术化开始的。

牛歌小调有放牛调和放归调，调式相同，是牛歌的渊源，后来的牛歌都是由此衍化而来。歌词分吆喝词（即歌中的叹词，也即歌曲衬词）和呼唤词两部分。最简单的放牛调大致是这样唱的："哦哦哦，哦哦哦，哦那么放牛的也，哦那么放牛去哟。哦——哦啊哦哦——"其中"放牛的"，也可唱成"看牛的"或某个放牛人的名字。放归调的词和放牛调的词差不多，大致是这样唱的："哦哦哦，哦哦哦，哦那么放牛的也，哦那么回家罗。哦——哦啊哦哦——"放牛调一般都是从村里动身时、凌晨甚至更早时骑在牛背上哼唱，用来呼朋引伴的，黑夜里壮壮胆量。放归调一般在傍晚直至黑夜来临后，放牛人邀伴回家时哼唱。当然也有壮胆和消除寂寞的意思。

以上所举例子都是独唱歌词。其实牛歌以对歌为主，所以应和的人也有相应的调子。比如和放牛歌相对应的是这样的："哦哦哦，哦哦哦，哦那么放牛的也，哦那么一阵哟。哦——哦啊哦哦——"同样，"放牛的"也可换成某位伙伴的名字，"一阵"可换成"等我"等。一旦两个或几个伙伴对上腔调，又还相距一段路时，也用歌声问答放牛目的地，以及行走的路线等。

我从来没放过牛，当初听到的这些小调都是在凌晨梦醒时，夕阳西下后。夜阑人静时，农人归来后，那声音传得特别远，特别清。所以我的印象也特别深刻。

及至稍长，有时便和放牛人一起玩。奇怪的是，放牛人在牛儿吃草时，是极少唱牛歌的。如牛放在田边地头，他们要牵好绳以防牛儿吃了庄稼；如牛放在堤埂边坡，要防牛儿跑远。唯有把牛放在河湖滩涂大草场上时，他们可以尽情地玩耍，或者去砍柴、采藕、摘菱角什么的。我一直想弄明白：传说中那么多牛歌是在什么时候唱的呢？大约在十岁左右时，终于耳闻目睹了许多。

原来，牛歌除了用来呼朋引伴，还有两种歌唱形式：一是年纪大些的人，放牛时用来消除寂寞、述说心事，像"晓星出山丈把高，出门放牛带把刀。田边地头砍蒿草，晒得干来当柴烧"等。如同耘田歌，但唱的人比较少。二是两个村，或者一村中两个不同群体的少年，有放牛人，也有夹杂其间的闲人，以对唱形式出现，像那首流传甚广的《铜陵牛歌》。这种唱法如同《刘三姐》上的对歌，比高低、比胜负。真正以男女对唱形式出现的，我见之极少。

歌词内容有吆喝呼唤、叙事说人、状物述景、猜谜逗趣、嬉笑怒骂等，都很俗，只是独唱词仅平俗而已，而对唱词则有不少是低俗不堪，甚至极其下流的。不过在那个年代，在普通乡村，人们大都见惯不怪，常用一句"放牛滩上的"撇嘴了之。当然，做家长的都极不乐意自己孩子对牛歌，父亲对我是绝对禁止的，老师也对于牛歌深恶痛绝。有一次，大约是我上三年级时候，班上有两个村的学生互相吹嘘知道的牛歌多，就分成两个阵营，坐在桌子、窗台上对起牛歌来。歌声引来老师，招致一顿好不严厉的批评。从此谁也再不敢在学校发出牛歌声。

所以，牛歌在民间音乐形式中，属于下里巴人。在牛耕时代自然出现，又自然流传。一些人乐之，一些人恨之。自 20 世纪 80 年代后，机器耕作逐渐代替牛耕。放牛人、放牛场越来越少，而且放牛人的文化程度、文明素质越来越高。没有了土壤的牛歌也就逐渐消亡。经记谱记词保存下来的牛歌，因为都经过不同程度艺术加工，格调上有稍许雅致；特别是歌词，已经摒弃了那些低俗不堪的内容。

再说说那首入选省非物质文化遗产的《铜陵牛歌》。在当年的申报材料中，对它的源流、特色和影响有比较详尽的介绍。还有一些热心的研究者专门撰文对它的艺术价值进行了评价。但都是赞赏的多，批评的少。笔者在此也无意贬低其艺术成就和影响，只是想对其中的曲调、部分歌词，以及演唱方式提出不同看法，以期更接近民间原创，更有流传意义。

先说曲。其实这是两首曲子的合成品：前后部分是放牛和放归时所哼唱的小调，速度较慢，声调悠扬；中间的对唱则是另一种调式，节奏较快。

再说词。第一部分中“放牛小伙子，我们放牛去。红日当空照，晒得真暖和”与真实不符。放牛都在春夏秋三季的早早晚晚。牛儿午前午后要耕作，中午都尽可能待在荫凉处，或者被羁于水边。冬日草儿枯死，人们不用去野外放牛，若逢“红日当空照”时，只各自把牛儿牵到棚外，让其“晒得真暖和”。所以无论哪个季节，红日当空照时都难以听到对牛歌。

最后说演唱方式。有些人以为，民歌就要原汁原味，甚至土里土气才好，其实不然。本人当年听人唱牛歌时，就有声音圆润、嘹亮、悠长的。那样的牛歌，如果撇开不雅歌词，比如那些呼朋引伴的小调，还是很耐人寻味的。

另外，《铜陵牛歌》只是牛歌中的一首，不是全部，因此歌名有以偏概全之嫌。只会这一首歌的人，也难以被称作“铜陵牛歌”的传承人。

关于铜陵牛歌，或许还有文章可做。这里作一孔之见，只为抛砖引玉。

豸岭的狮子灯

张正顺

旧时枞阳东乡，春节期间舞灯盛行，如龙灯、河蚌灯、采茶灯、狮子灯等，不少村庄都竭力打造出一种像模像样的“灯”来，以增添节日的气氛，竞相媲美，其中最常见的狮子灯以豸岭吴姓宗族的最为著名。豸岭吴氏世代居住于竹子湖畔的豸岭头，衍生至周边附近的一些村庄，史称“豸岭吴”。千百年来，率性果敢、不屈不挠的豸岭吴姓儿女，以勤劳智慧的禀赋创造了丰厚的物质财富和灿烂的精神文明，留下了许许多多可歌可泣的动人故事，其春节期间必备的“舞狮子灯”独树一帜，至今还被人绘声绘色地津津乐道着。

豸岭的狮子灯寓娱乐和健身为一体，融武术、杂技和民俗风情于一炉，有着浓郁的乡土气息和民族特色。“咚咚咚哐，咚咚咚哐”，每每随着一阵激越喧天的锣鼓声，一队舞灯的人马趁着夜色闪亮开路，当“狮子”进入异地的村庄，就被引领到一块早已预备好的空旷场地之中开始表演。一只披红戴彩的威猛的“狮子”尾随着手执灯球的领狮者，在一声声吆喝的指令下，在场地中央时而跌扑、翻滚，时而跳跃、搔痒，一时间簇拥而至的观灯者人头攒动、水泄不通。为了避免人流拥挤侵占了“狮子”表演的场地，每每有一两个挥动“火琉球”者，在场地的四周不断旋转走动，两只红光耀眼、爆裂响亮的“火琉球”被推在一根绳索的两端，绳索的中间部分被挥球者一会儿紧扣在双手中，一会儿又衔在嘴里，两只“火琉球”在空中精灵一般翻腾跳跃，令观灯者望而生畏、避而远之。等到场地完全开阔起来，随着领狮人一声指令的吆喝，狮子在场地中央按照严谨的传统套路，做出“鲤鱼漂滩”“鸭子浮水”“蛤蟆跳坎”“四肢滚球”等动作。接着，待狮子蹬踞一隅默然不动时，领狮人则将灯球放在场地中央，便开始要弄起一套套“当家拳”，除了基本的“狮子门”，还有“小武虎”“小飞虎”“武松夺岭”

“八仙过海”等，都是徒手的拳术套路。再后来，舞灯的队伍中会另外闪现出几个精壮小伙子，亮出随身携带的器械，如单刀、铁尺、梭镖之类，娴熟自如地表演起来。这时观灯的人群中不时发出惊叹的喝彩声，助兴庆贺的爆竹声也一鞭接一鞭地开始燃放起来了。

当观灯的人们热情被点燃、期待被放大后，豸岭的狮子灯将开始表演拿手的绝活——“狮子望长江”。这是一种高难度的表演，高台由许多张方木桌垒叠而成。叠法一般有两种：一种是以一张桌子为底叠得上下一样大的“一炷香”式，另一种是上小下大的“宝塔型”，这是最常见的。宝塔的高度不一，最高可达到8米，所用方木桌共一百零八张，都是经过精心挑选的，每一层方桌与方桌之间都保留了巷弄般的空隙。方桌数量不同摆法设置就不同，为了设计出最佳摆置方法，人们会预先用麻将牌进行模拟、斟酌。层层垒叠的方木桌难免晃荡不稳，因此在表演时每一只桌脚都安排专人扶持把握，他们为了桌脚的稳固，出灯之前都要从家里带来一只“草把子”别在腰间，以便即时派上用场。“狮子”的表演会由下而上，除了进行一层高过一层的向上攀越，还要在“巷弄”里来回自由地不断穿梭，并做出各种摇头摆尾之类的动作来。所以为了确保这一表演的安全完美，通常相互配合表演的“灯头”“灯尾”都是经过精心挑选的能人，舞“灯尾”者必须个矮壮实有臂力，舞“灯头”者则最好是瘦轻机灵，因为有时“灯头”在攀越每一层高台时，几乎都是依靠“灯尾”的托举之力。这种世代传承的表演方式并无保险措施，表演者停留最上面一层不到3米见方的高台平面上，想要表演成功，不仅要有胆量，还要凭智慧、靠机敏，同时需要“灯头”“灯尾”之间的密切配合，还有对生活的热爱以及对生命的敬畏。俗话说，常在河边走哪有不湿鞋，这种高台表演也难免马失前蹄之事，只是由于通常的宝塔型高台是斜坡状，再加上舞灯者的身手敏捷，一般也没有多大的危险。据过来人介绍，新中国成立之初，豸岭狮子灯受邀前往湖东县城（汤沟）参演，当“狮子”在最上面一层高台表演时，由于不慎失脚，“灯头”“灯尾”一溜烟从上层顺着斜坡滚落到地面，有趣的是，当时在场的领灯人反应敏捷，竟迅速对着手里的广播筒高声喊道：刚才所表演的式子是“老鹰叼鸡”，大家不要惊慌，不要误会！这一有惊无险的失误，不但在普通的外行人面前没有露馅，反而更为豸岭的狮子灯赢得了极大的传奇性口碑，成了豸岭吴氏百姓日后反复笑谈的资料。

豸岭的狮子灯若是在春节期间受邀演出，每到一处除了展示不凡的身手才艺，还会传播一些耐人寻味的民俗文化，譬如每当一场酣畅淋漓的狮子灯表演结束，队伍中会出现几个敬献“恭贺词”的人，一般三人，一人一句，出口都是吉利的话，什么“铜锣皮鼓响叮当，狮灯今日来贵方，贺得贵村人兴旺，荣华富贵万年长”，什么“狮子灯儿来贵方，男女老少喜洋洋，庆贺新年行好运，一年四季都平安”，等等。这一别开生面文雅的节目，作为整场狮子灯表演的尾声，带给观众更多的精神上的慰藉，有着余音绕梁的十足况味，为灯班子的离去增添了几分难分难舍的魅力。

当然，在东乡各个村落家族与豸岭吴氏并存的舞灯班子比比皆是，只是其中高下有别、良莠不齐。一些舞灯班子的成立不只是为了自娱自乐或强身健体，而是趁着春节的大好时机企图外出赚一点“外快”。因为“送灯”就如拜年，在带去了欢乐、喜气与吉祥的同时，“接灯者”自会礼尚往来，奉上一份大小不一的“红包”。所以送灯班子每到一个村庄，为了收到更多的红包，总希望演出场子多多益善，必然希望挨家挨户地表演。为了取得对方乐意的欢迎，送灯班子在出灯演出之前，都要安排有头脸、有身份的人早早送去一份“灯帖子”，此所谓“不看舞灯的，就看送帖子的”。受此利益驱动，这些舞灯班子中不乏滥竽充数、质量平庸者，俗称“草把灯”。豸岭吴氏的灯班子则特殊：他们接受对方诚意的邀请才去演出，一般不主动送“灯帖子”；他们不挨家挨户地串演，只在空旷的场地中集中隆重地展示；他们专为对方送去喜气，赚一个彩头，以增进情谊，充其量也只会喝下一盏敬献来的茶水；他们也为展示自身风采，为本家族的功夫才艺做一回广告，让人眼界大开、心悦诚服。豸岭吴氏独具特色的表演与卓然不群的做派，让那些难登大雅之堂的“草把灯”大失颜面，所受欢迎的指数大打折扣。因此豸岭吴氏的灯班子在受到对手嫉恨之余，还难免随时遭遇不测的尴尬或危险。因此豸岭舞灯班子每每外出表演时，既要力争表演成功出色，又要预防被人“轰场子”，外出舞灯就要准备“打架”，灯班子里必定配备一些身手不凡的人，带上各种单刀、铁尺之类的器械，既能即时展示功夫才艺，又为了震慑对手、应付对手，做到有备无患。这辉煌与荣耀背后掺和的灰暗色调，掌声与笑语里面夹杂的不和谐音符，至今还刻印在老一辈人的记忆里，虽经过时间的冲洗，却同样是那般厚重与温暖。一次次狂风巨浪使水手的能耐得到了检验和锻炼，而舞灯演出带来的矛盾冲突促进了豸岭吴氏“当家拳”的不断提高和代代传承。况且这关乎信仰、关乎文化、关乎心灵、关乎生死歌哭与爱恨情仇的存在，是一幅幅渐行渐远的时代剪影，承载着一方区域一代代人真实鲜活的记忆。

记忆不灭。豸岭的狮子灯不灭，如同整个东乡武术。她是一抹独具民俗风情的靓丽风景，一道独特的文化盛宴，犹如一张鲜活靓丽的名片，成为一个家族或一方区域的精神图腾。

狮舞白梅

齐永平

“锣鼓响，脚板痒”，乡下老年人回味他们的正腊月时如是评价。吾生也晚，20 世纪八九十年代也曾闻音而动，听过敲门歌，多为瞎子卖唱，一人牵着一人唱；观赏过乡邻们待之有如神圣的龙灯，龙灯所到之处，整个庄子都沸腾起来；也领略过争吵热烈的狮子灯，这些算是“下里巴人”了，间或也遇上杂技团、黄梅戏等“阳春白雪”。读小学时，有回操场上表演杂技，除了全校师生围观还有闻讯而来的乡邻们，场面自是壮观。我还记得有一人鼻顶一大竹竿，上面立着一小孩，宛如风筝般地晃晃悠悠。

这一晃悠就二十来年，其间我从乡下走出，绕了一个小圈，又回到乡村，不过是从菜子湖畔挪到白云岩下，夜听涧水如歌了。2007 年冬天的一个晚上，在孙畈街道的老车站改成的乡间饭店中，席间偶然提起狮子灯，缅怀不已，不想大家俱有同感，言语热烈，更没想到座中的孙畈村书记孙彪就是方家，多年前他是拿球珠的，就是绣球。我以为拿球是个轻便活，孙书记平头一摇，不无自豪地感慨道：“狮子跟球走，每到一家，我先打上一趟，哼，哈，那要见真功夫，打完都要出汗。”说话间孙书记双眼发光，显然是回想起往昔的青春岁月。

“不看舞狮，就看散帖”，谈起白梅的舞狮，行家里手如是说。简短的八个字，东乡人的剽悍之风呼啸而来。那年头，能拉起一班舞狮的，不容易，成员少的有 20 来人，多的有 60 多人，大多是一个庄子里的人，靠的是家族的力量，能把狮子灯舞出去，能赚几个零花，更不容易。舞狮不像舞龙灯，大多要自己推销，也就是散请帖。散帖的人选要精挑细选，要么是德高望重，要么是地方上有头有脸的人，吃得开，除此而处，还要能说会道，所谓八面玲珑的人物。舞灯多半是正月初一到十五，新年新气象的，散帖者要就景说情："表爷，你这家里搞得多兴旺，今天送个灯给你看看，热闹热闹！"这么一说，主人高兴，帖子就顺理成章地送出了。甚至主人家里有些不顺事，譬如媳妇几年不生、家人大病方好，会说道的散帖者也能以冲喜、避灾、祈福等名义把帖子散出，真的能算上是舌灿莲花了。

帖子送出，散帖者还要四下打点，给那些喜欢惹是生非的汉子们递根烟，打声招呼：请高抬贵手，不要闹场子。如果能让主人家出面，效果更好。当然，真有人闹场子，舞狮人也不怕。不要看舞狮似乎就八九个人，引灯一双，球灯一人，锣鼓两三人，狮头狮尾各一人，还有一个驮大袋的，那年月，能够拿十元或二十元钱的殷实家庭不多，主人家大多是包几元钱意思意思外，再拿些糕和烟，像"大前门""春秋"，档次高些的就是"东海"了。其实像拿球灯、舞狮头狮尾等位置都有换班的，因为舞狮是下大力气，一个人没办法舞上大半个晚上甚至整夜的，再加上护场的人，少有十来人，多有几十人，据老人讲，邻乡章家大队甚至出动过整个庄子的青壮男儿护送狮灯，那总有八九十人吧。

腊月的山乡，暝色早现，夜的帷幕一经拉动，欢乐的海洋便涌来一波又一波的潮汐。激昂的锣鼓声中，引灯铺道，那长形的引灯，明灿灿的灯火，色彩斑斓的图案，夜色中显得十分华丽，一个精壮的汉子拿着灯球郑重上场，率领狮灯等大队人马鱼贯而行。舞狮讲究颇多，如不走回头路，狮子灯出门，走哪条大道，先到哪庄哪家，路线在家就定好了，就算走错了路，也不能回程，弯多远也得弯；也不能走下水路，所谓"水往下流，人往高走"，不吉祥。

进庄后到了主人家，灯球要先拜上堂，然后"舞狮门"。一个好灯球，要懂得山里的礼节，还要会亮相，会打套路，引出彩声。不然，庄子里的汉子就会说"你不会舞，不如我来舞"，即所谓闹场子，有文有武，武者，多为抢灯球，因为狮子跟球走，抢来了灯球，狮子都得听你指挥，能够成功地抢到灯球，在四邻八队那是多大的荣耀啊，毛头小伙子也许就能娶上漂亮的媳妇了。有些庄子甚至连整个狮子都抢，借你的家伙，为大家增添娱乐。因此，护场的人才有那么多，大处要防抢灯球，小处要防人趁乱踢舞狮者，一踢一个跟头，可要大出洋相的，也要防扔鞭炮到狮灯底下炸人，炸得狮子乱跳，跟不上鼓点，有时还会把人炸伤，甚至还要防有人剪狮尾，那年月，画纸儿都少见，有的大人惯着孩子，想给孩子件装饰物，兼有讨吉祥的寓意，拿着锋利的剪子来剪狮尾，急慌慌的，往往把舞狮尾的人衣服剪破。

舞罢狮门，狮子随灯球上场，摇头晃脑，双眼连连发光，绕得人两眼发花，却是激奋人心。其实也就是两个大灯泡，舞狮头的里面控制着开关。狮子听鼓下道，时而跳跃，时而翩翩起舞，先正堂，后偏房，甚至鸡寨、猪圈都要绕到，取意兴旺六畜。舞到兴处，狮子就要拿出看家本领——“狮子抢绣球”，此时鼓点热烈起来，球灯忽左忽右，时上时下，逗得狮子灯张牙舞爪，左盘右旋，上下蹦跳，引得人群叫好声不断。忽然鼓点更加急切，节奏都有点疯狂了，生气的狮子猛地一跃，狮头将大红的球灯一口咬下，掌声雷动，把欢乐推向高潮。当然，狮头是靠狮尾抱着用力向上方一扔，借力跃起，相比狮头，舞狮的狮尾更见功力，虽然出风头的是狮头。更见狮尾功夫的要数“麒麟送子”，由一小儿骑在狮尾之上，如遇家有孕妇的，或者新生小儿的，主人家的红包会更加厚实，骑在狮尾上的小儿口袋也会装满各色各样的点心，却累坏了狮尾。

舞戏过场，有些狮子灯还有文戏——打花鼓，多是三个合舞，一人打锣，一人打鼓，一人主唱。有唱政策宣传歌的，譬如计划生育；有唱黄梅戏的，如《王小六打豆腐》《小放牛》，逗得乡邻们前仰后合。当然，主唱得有点机智，因为人家武抢球灯不行，或许自恃能歌善舞，上来对唱，“文”抢也能名扬四方啊。

据老乡邻们回忆，老白梅最盛大的狮子舞是在孙畈街，那是新中国成立初期的事。其时孙畈街地处要津，店铺两边对列，各行各业多有染指，集镇生意四通八达，名闻大江两岸。有一年习武成风的金渡豸岭人组成一支技艺精湛的狮子灯，来到孙畈，和本地的狮子灯切磋舞艺，当街叠起八九张木桌，锣鼓声中，不靠工具助力，狮子灯攀缘而上，绝顶旋舞，名曰“狮子望长江”，引来欢声如雷，人人叹绝！

“人间何处不沧桑？漫说名教出东乡。酒酣戏说玩灯事，雪满故园细无声。”当问起现在是否还能组织起一支狮子灯时，家居以勇力和齐心出名的孙院组，曾经是球灯好手的村书记孙彪犹疑了一会，说：“能。不过，难啊！”

江村古民居的防火经

俞俊年

铜陵的江村古民居，坐落在铜陵县天门镇，是一个有着150户人家、600多人口的村落。村里有一半左右的房屋都还是明清时期的建筑，其建筑风格属标准的皖南徽派建筑系列，是铜陵地区现存的一处规模最大的古民居建筑群。

江村里的居民都是西汉时期的大宰相萧何的后代，所姓的“江”，不是一般的江，而是“萧江”。公元907年，黄巢起义时，萧何的后代萧正光是唐朝的官员，他怕黄巢的人马追杀，便带领家人逃到了皖南山区的休宁县，隐姓埋名，改姓萧为姓江，从此以后便弃政从商，在徽州地区的休宁县境内逐渐地扩大了家业，繁衍生息，后来就形成了一个较大规模的江氏村落（现在已划归江西省的婺源县）。到清朝时期，因时代的变迁，又因经商的需要，江氏家族中的一部分后裔迁至江苏省的江都县，一部分迁到了铜陵县的天门山下，繁衍生息至今。

据江村古民居里的老人说，这个村庄自建成以来就从没有发生过火灾，那是因为这个村子有一套老祖宗留下的防火经，用这个村的老村长的话说：这个村子里的“回禄之神”被他们管得服服帖帖的，几百年来一直都不敢轻举妄动。

江村古民居，坐南朝北，整个村庄就建筑在一块前低后高的斜坡地形上，村后则有两座大山，因一座大山的形状有点像狮子，另一座大山的形状有点像大象，所以这两座山便叫狮子山和大象山，从这两座大山的中间流淌出一条小河穿村庄而过，终年流淌不息；村前还有条也是终年流淌不息的小河绕村而过，两条小河在村庄的前面形成了一个小湖。有一种说法：村后有“大象”和“狮子”（指两座大山）保护村庄，村前有一条“卧龙”（指小河）看门护院，中间就会有

“鲤鱼跳龙门”，说这里的风水好，今后这里一定能出达官贵人。这两条河和村口的那个小湖是看管那“回禄之神”几百年都不敢轻举妄动，确保这古村庄几百年安然无恙的根本保证。

村子就建在这半山坡上，为的是将那从山上流下来的溪流引入到村内，溪水沿着那弯弯曲曲道路边的沟渠通往每家每户，既能供人家做洗涮之用，又能确保消防用水。

江村古民居最典型的房屋就是那种叫“四厢、两正”的建筑了，面积一般均在200平方米左右。这种房屋采用的都是“外砖墙，内木隔”的建筑结构，这也是徽派建筑中最为标准的、最盛行的一种建筑结构。屋内的木梁、木柱、墙板、门窗、天花板等全系用百年以上的杉木或株树制成，它们都是易燃的，如何确保屋子内部的用火安全呢？

进得屋内，映入眼帘的就是那屋顶上长方形的天井和地面上的天井池。这天井有四大作用：一是用来采光，一年四季屋子内总是亮堂堂的；二来用来盛接雨水，可做洗洗涮涮之用；三是在天气炎热时用来调节屋内空气的温度，可想而知，在炎热的夏天里，屋子里有一大池子水，那屋子里的温度肯定就不会很高；屋子里设天井还有一个最重要的作用，那就是作为消防用水。这天井里的水可以说一年四季都是满满的，凡逢下雨都要将天井之水更新，室内万一发生了火灾便可以就近取水灭火。屋顶设天井有一个既带有迷信又含有吉祥的说法，那就是“肥水不外流，四水归堂，确保安祥”。

在防火设计上，除了天井之外，古村庄里的每一户都是一个独立的建筑体，与其他的建筑体互不相连，每一户房屋的四周都是防火墙超过了屋顶，万一某一户不慎失了火，大火只在其屋子内部燃烧，而不至于“火烧连营”。

除此之外，这个村庄自古以来就沿用了一种叫“轮流查火旗”的巡查制度，就是根据自然的分布状况将村子分成若干个小组，每个小组二三十人家不等，分别为他们编上1号、2号、3号、4号……每个小组都发给一个红色的三角形小布旗和一只红布袖章，旗子上和袖章上分别都绣有一个大大的“查”字，这面红色的三角小旗就叫“查火旗”，那个红袖章就叫作“值日章”。查火的任务就由村子里的每家每户承担，小红旗和红袖章轮到了哪一家，这一家就要承担这一天的查火任务。

查火的工作一天三次分别在早、中、晚烧饭之前进行，值日的这家派出一个人来，一般均为妇女和老人，当然也有壮年男人们参加，他们臂戴红袖章，手持查火旗，每家每户地走一遍，走到每家的门口，都要一遍又一遍地说道：“火灾来了不留情，你们烧锅要小心，水缸里面加满水，锅灶前不留火星。”说罢还要走进家里掀开水缸盖，看看灶门口，如若发现有什么不安全的隐患，如：柴草离灶门口太近，或灶里正在烧火而灶前无人，或是水缸里的水没有加满等情况都要向这家的主人提出来，每天三次，一次都不能少，谁家也不会偷懒，被检查的每家每户都积极地配合，从没有消极抵触的。三次查火完毕，便将查火旗和值日章传给下一户人家，每天一户，从不间断。

这种查火旗制度既没有人管也没有半点报酬，已成为这个村里几百年一直沿袭的制度，不管什么人家，也不管家中有什么事再忙，只要这查火旗和值日章传到了谁家，谁家都能够自觉地遵守，严格地执行，风雨无阻，绝无怨言；每家每户也都接受别人家的检查，虚心地听取值日官的意见，态度诚恳，情绪坦然。

这查火旗制度一直延续到了20世纪80年代后，因为村子里的老百姓也享受到了和城市里一样的待遇，用上了煤气，火灾隐患大为减少，便停止了。

江村自古以来还执行一种夜间“看火更”的制度，村子里每天晚上都安排不少于两名看火更的“更夫”，每天晚上从开黑后的一更时分开始，两名更夫臂戴红色“看火更”的袖章，合扛着一根约一丈多长的毛竹杠子，每人手中还持有一根一尺长左右的木棒子，一边走一边敲那毛竹杠子，发出“梆、梆、梆”的响声，他们还大声地喊着自己编唱的火更词：“竹杠一声打头更，家家户户要听清，锅灶门口要扫清，灶门口不能留火星。”这两名看火更的更夫从村子的这一头走到村子的那一头，然后再从村子的那一头走到村子的这一头，一个来回这一更天的看火更便打完了。

到了二更时分，更夫们又扛起了竹杠子在村子里巡回一遍，竹杠的响声由“梆、梆、梆”一下一下地敲改成了“梆梆、梆梆、梆梆”地两下一敲，因为二更天时村子里的人们都已经到了要睡觉的时候了，口中的火更词也不一样了：“不要小看火星点，燃起火来不留情，烧掉棉被没得盖，烧掉房子没处蹲。”

到了三更天时，竹杠声便敲响了三下“梆梆梆、梆梆梆、梆梆梆”，更夫们的更词是这样的：“各位乡亲你听清，墙上不要挂油灯，睡觉之前要吹灭，麻痹大意出事情”；“各位乡亲你听清，火烛一定要小心，床上不能抽香烟，烟头火柴别乱扔!”

“看火更”每更巡更一遍，直到五更结束。每次更夫们口中的火更词都不一样，都是他们自己编的，既像诗又不像诗，不求对仗合韵，只要朗朗上口，使人一听清楚明白就行；更夫们有时遇见了什么“有问题”的人或是看到了什么“问题”时，就会即兴地脱口说出一段词来：“这位先生要小心，烟头子不能随便扔，不要小看烟屁股，火烧起来也不轻，发生火灾你走不掉，只好去到牢房里蹲。”

更夫们都是村子里年轻力壮的小伙子们，每两个人为一组，也是挨家挨户地轮流值日，如家中没有适合“看更”的青壮年人，则可以不要这家人值日。“看火更”值日，每三天一换，也是风雨无阻。大家都自觉自愿地执行与被执行，不讲任何条件，也没有半点怨言，就像执行查火旗的制度一样。那根一丈多长的毛竹杠子，用不了多久就被敲坏了，好在附近的山上毛竹有的是，上去砍一根就是了。

江村古民居里有着许许多多灿烂的历史和文化，走进江村就仿佛走进了一部古老的历史。江村古民居经过了几百年风雨的侵袭，如今的江村已经是遍体鳞伤了，许多古民居已多年失修，屋子内部的木结构损坏严重，许多的“三雕”艺术品更是损坏得令人心痛不已，那些老祖宗留下来的“三防”功能，受到了极大的损坏，有的已经到了没有半点功能的地步了。现在正处在一个新旧更新交替的特殊历史年代，有许多先富裕起来的人家都已经将旧的民居拆除，取而代之的是两层、三层现代化的小楼，还有的人家也正在准备拆旧建新。但“三防”却不去过多地考虑，如果再不采取有效的措施来加以保护的话，要不了多久，这座已有“几百年从没发生一次火灾”的江村古民居将不复存在。是保是拆，留给我们的是一个深深的思考。现在，江村的村民们也已经意识到了保护古民居的重要性，但如何保护，由谁来保护，这就不是单由江村人来思考的问题了。江村的一些老人们无不心痛地说：“拆了又舍不得，不拆又不能住，保护下来钱从何来？”为此，我们呼吁：保护江村，时不我待！

想起麒麟人的称谓

江习明

地处枞阳西北边陲的麒麟镇，山川秀美，人文荟萃。这里民风淳朴，乡风独特。就连对人的称谓，也自成特色，即便是枞阳人，也难以完全听懂，有时甚至感到错愕。

我刚到麒麟工作时，还不到三十岁。有一次，我徒步去一个村子。村支书见状，很是惊讶："哎呀，这么远路，你老人怎么不坐车啊？"我一听，唯有苦笑，心想自己当时可能已露疲态，让人觉着苍老。

待在村部坐定，村支书向我逐个介绍两委成员。握手时，这些人又是左一个"你老人好"，右一个"你老人辛苦"，听得我心里发虚，很是崩溃。

回来的路上，我感觉这次下乡，自己的形象很失败，仿佛一下子已垂垂老兮。

时间长了才知道，"你老人"这个词，原来并非特指老年人。在麒麟人的口语中，"你老人"是一种尊称，相当于"您"的意思。对老年人这样喊，对自己尊敬的年轻人，同样也可以这样喊。

还有一次下乡，在一农户家落脚。午餐我吃得很快，匆匆放碗。这家女主人忙过来照应："你这个椒椒，饭菜不对口味，可要吃饱哎！"我估计她是在和我说话，连忙答应："吃饱了吃饱了。"但我很纳闷，"这个椒椒"又是个什么东西？

回来一问，简直大跌眼镜。原来"你这个椒椒"竟然还很有典故。

传说清朝名臣桐城人张英，在一次拟写奏章时，误将"叔"写为"椒"。皇帝阅奏后，很是不快，遂问其故。张英忙谎称：敝乡有一俗，"叔"皆称为"椒"。

岂料皇上生疑，要派人前去探个究竟。张英闻讯，惊恐万分，欺君之罪如何了得？那是要杀头的！于是连夜派侍从快马驰往桐城，让县令三日内告知县民，改“叔”为“椒”。钦差抵达桐城后，遍询民众，结果众口一词。从此，“叔叔”的别称“椒椒”便在桐城一带流传至今。

枞阳旧属桐城，麒麟与桐城更是近在咫尺，自然是一脉相承。然而，麒麟人的“椒椒”，已超越了旧有的含义。“椒椒”一词，不仅仅是指自己父亲的弟弟，也用于称呼自己所尊敬的年轻男子。在麒麟人的眼里，“你这个椒椒”是对人的又一尊称，同样也相当于“您”的意思。不过依多年的经验看，“你这个椒椒”似乎比“你老人”年轻一点。

在麒麟工作多年，经常走村串户，发现还有许多称谓，在枞阳其他地方是不曾有的。比如“丈夫”这个词，通常都称为“老公”，也有称“先生”的，枞阳别的乡镇大多叫“老板”。在麒麟，既不称“先生”“老公”，也不叫“老板”，而是直接呼为“老的”。闲暇时，妇女们爱扎堆，“你家老的”长、“她家老的”短的，聊成一团，好不热闹。

最近几年，因工作需要，我暂时离开了麒麟一阵子。在异乡的时候，我常常会记起在麒麟的日日夜夜，想起麒麟人的淳朴和善良。当然，有时也会回忆起麒麟人的称谓。

每每想起“你老人”“你这个椒椒”这些亲切的称呼时，总有一股暖流涌上心头。

人间有味是清欢

左萃莲

映山红笑在春风里，山村里的野菜次第悄然登场，新鲜娇嫩。

“春食荠菜赛仙丹”，阳春三月，荠菜水灵醉人。我们一家三口都喜欢吃荠菜饺子，清新爽口。荠菜拌豆腐那是一清二白，把豆腐切成小块，煮至微微浮起，加少许猪油和盐，洒几滴酱油，捞起豆腐滗掉水分，和焯水后切碎的荠菜拌在一起，淋上麻油，吃起来口感纯美。凉拌荠菜，有着原汁原味的醇香。荠菜肉丁可做米粉粑的馅料，荠菜炒笨鸡蛋、荠菜蛋饼，吃后都齿颊留香。荠菜烧汤，味道鲜美。下面条放点荠菜，面条都活色生香了。荠菜涮火锅，去油清肠，独具魅力，别有风味。

一场春雨后，马兰“噌噌”地冒出地面，嫩得能掐出水来。马兰头焯水后炒笨鸡蛋，或者和鸡蛋摊成饼，看着都那么赏心悦目，吃起来清香可口。马兰头炒豆腐干、凉拌香干或和拍碎的熟花生米凉拌，那荡漾在舌尖的馨香都会让你回味无穷。晒干的马兰头浸泡开来烧五花肉，马兰头的幽香与肉香融为一体，山野气息在唇齿间流连。

“陟彼南山，言采其蕨。”从诗经里走出的“山珍之王”蕨菜，就是山村人口中的“鸡爪菜”，许多脍炙人口的珍馔里都有蕨菜，什么虾仁蕨菜、蕨菜鸡丝、冬菇蕨菜、炸蕨菜鱼……山村里的蕨菜，登上了大雅之堂，多少人吃后拥有了经久回味的芳馥。清明时节，蕨菜毛茸茸的嫩薹在春风里袅袅婷婷，我们轻轻一掐，鲜嫩的蕨菜就断了，滑腻的汁液渗出来。蕨菜焯水后还要用冷水冲洗一遍，这时的蕨菜可炒食、煮汤、凉拌。干蕨菜泡发后烧五花肉，软嫩香醇。我最喜欢清炒鲜蕨菜，青玉簪般好看，吃到嘴里脆生生的，鲜纯柔滑，淡香慢慢从齿间溢出，那种天然去雕饰的美味，格外令人留恋。

春天，枸杞芽嫩生生、水灵灵的。我掐下枸杞的嫩头，放到沸水中烫了一滚，然后用冷水过过，无论凉拌、热炒还是煲汤，都是美味又营养。薛宝钗爱吃“油盐炒枸杞芽”，我也爱吃。这道菜做法简单，香油加热，生姜、蒜子爆香，将过水后的枸杞头放入锅中翻炒，撒点盐就可出锅了，炒熟的枸杞头清隽可人，油亮青绿，入口鲜纯。枸杞头炒香干、枸杞头炒笨鸡蛋，那清雅，那鲜香，都令人久久回味。

人间四月天，山边的地埂上，“菜中灵芝”野蒜不再纤细柔弱。我和老公挖回野蒜，打理干净，野蒜的根茎又圆又白，宛如小珍珠。蒜子用盐腌渍两三天，然后放入白糖，倒入白醋，装进密封的玻璃瓶里，十几天后，这糖醋蒜子就能吃了，甜酸爽嫩。野蒜细长的叶子是极好的作料，炒莴笋时放点切碎的野蒜，香气萦绕，烧汤时拈点野蒜末，馨香可人。野蒜炒鸡蛋，浓郁的香气扑鼻，葱绿伴着嫩黄，看着就舒畅。野蒜面粉粑外脆里嫩，蒜香飘逸。野蒜饺子香嫩可口，那油亮焦黄的野蒜鸡蛋饼更令人垂涎欲滴，蒜香蛋香，沁人心脾。

槐花盛开时，我会摘些嫩槐花回家，焯水后的鲜槐花凉拌着吃、清炒了吃，那满盘碎玉，馥郁诱人。槐花炒笨鸡蛋或烧蛋汤，花香蛋香水乳交融，鲜香滑嫩。槐花烧粥或焖饭，那香喷喷、甜丝丝的余味充盈着你的肺腑。槐花鸡蛋饼芳香四溢，槐花和鸡蛋、葱花、盐混合拌匀，油锅烧热后倒入调好的槐花糊，均匀摊开煎烙，下面一层烙得能翻动时，就转过来再烙另一面，反复翻动，烙至两面深黄，槐花鸡蛋饼入口绵软嫩爽。干槐花做饺子馅、烧汤、炒肉、当茶泡，都是香气氤氲。

入夏，刚出土的野生小竹笋如同纤纤玉指，我们扯回小竹笋，剥出脆嫩的笋肉。“客家虽有八珍尝，哪及山家野笋香。”小竹笋焯水后不管炒食、凉拌、熬汤、烧火锅，都清香袅袅。素炒的小竹笋，满盘翡翠绿，竹香袅绕，鲜嫩爽脆。小竹笋炒酸菜，醇美甘鲜中渗出微微的酸，那可是开胃的佳肴。小竹笋炒肉，肉味完全浸透到竹笋中，和竹香相依相偎，鲜香清醇。鲜小笋好吃，干竹笋味道也很美呀！焯水后的小竹笋撕开晒干，小干笋烧五花肉滋味纯美，柔韧清芬。我觉得小干笋和鸭肉更是黄金搭档，炼好香油，爆香生姜、蒜子，切成小块的鸭肉入锅，倒点黄酒，把鸭肉翻炒出油，再把泡发的小干笋放到锅里，加点酱油、盐，下适量水烧，等鸭肉焖至酥烂，放点米醋和葱花就可以了，笋子鸭肉齐飘香，令人大快朵颐。

人间有味是清欢！大自然馈赠给我们这么多野菜，还有山上铁骨条那洁白无瑕的花朵、黄花菜，田间地头的马齿苋、芦蒿、蒲公英……这些山野蔬菜，都是纯天然绿色食品，不但是我们舌尖上的美味，而且营养丰富，保健养生。

山村篾匠

左萃莲

青翠的毛竹在施湾连绵的群山里葳蕤，是我们眼里诗意的风景，在六十一岁的周陶信师傅眼里，毛竹是圆圆的筛子、小巧的竹篮、结实的稻箩……大家都说他编织的竹制品精致紧密、轻巧耐用、圆润柔滑，的确好手艺！

来到周师傅家，我看到他编织好的鸡笼、篮子、笆箕什么的，美观大方。一条长凳上摆放着工具，这些工具各有其用，篾刀、小锯、凿子、刮刀等，把手处都磨得光滑锃亮，周师傅的巧手加上这些简陋的工具，编织出了多彩的生活！其实，编织是特别烦琐的，就说编一担笆箕吧，就要经历选竹、砍竹、破竹、劈片、剖篾、撕篾、刮篾、定型、固边、编篾、锁口、装提柄等，全是手工操作，每一步都有讲究，环环相扣。

周师傅说编篮织筐选竹子很重要，什么品种的竹子有何特性，哪个季节的竹子能编什么，他都了如指掌。他说，根据施湾山上竹子的特点，三年成长期的鲜毛竹最好，太老了脆，太嫩了弱，编织出来的物品都不经用。三年毛竹，柔韧度正好，他这些年一直都是亲自上山挑选竹子，选择笔直节平有头有尾的竹子，去枝叶后驮回家。砍回来的鲜竹要及时破开，过几天就难剖出好篾了，竹子肉厚节多，头粗尾细，要把一根完整的竹子剖成各种各样的篾条，是很麻烦的，生手剖篾，篾条厚薄不匀，甚至容易中途折断，周师傅剖起篾来若行云流水。

破竹时，周师傅一手握刀，一手扶竹，一刀下去，碗口粗的毛竹就被劈开一道口子，“啪”的一声脆响，竹根那端裂开，这时把劈刀夹在竹缝口顺势下推，竹节就随刀而开，訇然崩裂，竹香飘逸，对剖再对剖，他动作娴熟，一根偌长的竹子，一会儿就剖成粗细均匀的竹片了。他说，根据编织物品大小长短的需求，有时要把竹子锯成竹筒，把竹筒分为四块，剖成小竹片。

破竹劈片后，就要将竹皮竹心剖开，分成青篾和黄篾，色泽分明。周师傅掏出篾刀，在篾刀一进一退中，劈出不同的篾片，根据编织的需要，把篾片剖成篾条或者篾丝。周师傅撕篾水平相当高，撕篾就是将篾片开层，把篾片剔成薄薄的篾条，听说一般开五六层都不容易了，他手来手往，刀起刀落，篾片迎刃而解，他最多竟能“批”出十层来，每一片都比纸片还轻薄。竹篾一般起了四五层以后，就没多大韧性了，不过像筛子之类的篾器，需要多“批”几层，各种竹器在制作过程中使用的竹篾种类不同，或者相同的竹篾在器物上的使用位置不同，标准都是不一样的。竹皮表层带竹青的青篾，质地柔韧，极富弹性，可以剖成细细的青篾丝，最适合编织筛子、竹席等细密精致的篾器，没有了竹皮的黄竹片，剖出的篾叫黄篾，以离竹皮远近层次的不同，分为头黄篾或二黄篾，黄篾韧性和结实度都差，难以剖成细篾丝，多用来编制箩筐、簸箕等主要部位，其中的受力部位，还是要用青篾来编织。有些竹器还要用到水竹，水竹节长，细绵柔韧，周师傅说，筛子、簸箕等都要用水竹来绞口。

撕篾后，开始刮篾，就是刮去每条竹篾上的毛刺边棱，有的篾条和篾丝上下宽度不一，因此进行削刮，以达到所需要的标准。一根篾，起码要在刮刀与拇指的中间，拉过四次，多年的篾匠生涯，周师傅的手指对篾条感悟灵敏，经过他手拉出来的篾，厚薄匀称，细腻柔软，光洁颀长的篾条，在指间来回不停地摇摆，一条接一条地流出，他手抓一扎篾条一甩，哗啦啦，篾条轻轻颤动，婀娜曼舞。

这些篾条要晾干水分之后才能编织器物，周师傅粗糙的双手格外灵活，篾条在他手里乖巧听话，任他摆弄，或编或织或拉或穿，姿势如舞蹈般优美！他充分利用多种编织技法，篾条纵横交织，上下翻飞，经过多次交叉、缠绕，腾挪翻转，编织出了色彩鲜明、质朴美丽的花纹图案来，编织出细密均匀、精巧牢固的各种篾制品。

周师傅说，编一领竹席如同完成一项艰巨的工程。竹席选料特别讲究，毛竹去皮去黄，只取中间一层最富有柔软感的竹心，“批”成八九层篾条，黄里透青，竹香幽幽。为了得到统一规格的席篾，将两个锋利的刀片八字形钉牢在木凳上，压住篾条拽过去，然后仔细地刮篾，篾条要经得起婴儿肌肤的考验，刮好后还要放到锅里蒸煮，煮过的篾条不易折断，不生粉虫，柔软经用。完成这些工序后，就可以编竹席了，蹲在地上，先编出蒲团般大的一片，其后就坐下来编织开去，篾条欢快地在手里跳跃，两手配合默契，有时要用嘴来衔住篾条。用青篾和黄篾这两种篾条相间地编，可以编织出花席，花席青黄相间，色泽鲜明，有时根据篾条的不同特点，恰到好处地将它们编放在不同的位置上。编好的凉席手感爽滑，透气性好，夏天睡在上面凉爽宜人，经过几个夏天，席色由青黄转为橘红或棕红，经久耐用。周师傅说，他现在编织一领一米八乘两米的竹席，前后要花费近十天时间，如今街上的席子品种繁多，有的价格便宜，因为竹席做工烦冗，定做一领席子要近千元，所以鲜有人青睐了。

竹器曾经风靡一时，想当年，篾匠这个行当十分吃香。周师傅说，前些年，他每天忙得不可开交，晚上还要加班赶工，竹椅、竹床、躺椅、箩筐、竹耙、笊篱……甚至连热水瓶的外壳，洗锅的竹刷，昔日都是用竹编的，时至今日，竹壳水瓶和笊篱，都该成文物了。那时，有人家的竹器坏了，还会找篾匠修补。渐渐的，随着塑料制品和不锈钢铝制品的出现，传统的竹器慢慢淡出市场，几乎被淘汰。

据载，篾匠在新石器时代就诞生了，但是今天，从竹子开片到刮篾，都有机械化操作，这种纯手工的操作愈行愈远，这个古老的行业正在悄然消逝，篾匠也将成为最后的风景！周陶信师傅做篾匠四十余年了，山村里只有他一个人还坚守着这老行业，他说，现在没有人愿意学习篾匠手艺了，我看到了他隐藏在眼底的失落……

打　鼓　书

章宝贵

“鼓槌一打响叮咚，今晚我是说书人，都说在家靠父母，出外还靠朋友们。”

“看官也是江湖人，问我鼓上几根钉，天罡地煞梁山泊，听我鼓上说古今。”

咚咚咚——咚咚——咚咚——咚咚咚……只听几声鼓响，随着唱腔，还有那清脆的竹制夹板声、鼓槌轻敲大鼓边沿声，相和着说书人的节奏，自从盘古开天地、三皇五帝到如今，上下五千年的中国历史人文，就这样从说书人的说唱中，像一幅瑰丽的画卷，展现在眼前。通俗的方言，精练的说词，说得声情并茂，听得如痴如醉。

我想，这种场景对于一个“70后”的乡下人，那是一种鲜活的记忆。那萦绕于耳畔的鼓声，时常盘旋在脑际，带你走进那曾经熟悉的氛围当中，总是有种深刻的印象和温暖的回味。

那个年代，农村靠着一亩三分薄田，人们过着日出而作日落而息的生活，难得清闲的是在每年的年关前后，被乡下称作打鼓书的说书人，便准备一鼓一夹板等简单道具，支起三根竹子制作的鼓架子，开始了走村串巷的鼓书说唱。

我对中国历史产生浓厚的兴趣，也许最主要原因还是来源于“鼓书”的说词。少不更事的时候，只要哪里有鼓声传出，想方设法，也要挤进摩肩接踵的人群中听鼓书。记得，当年说书的大都是来自邻县的庐江、无为人，远道来此说书“讨生活”，也是要收费的。按照行内习惯，说书人一般在开场时，不主动收钱，先来个“书头子”，所谓“书头子”，类似于电视肥皂剧的广告，也就是诸如“五女拜寿”之类，相对说唱篇幅较短的小故事，一来是为了让村里有更多人听见鼓声、来此听书，二来让大家先“尝尝鲜”，等大家渐入佳境，听得入神时，说书人猛敲三声鼓，拱手作礼：“各位父老乡亲、老少爷们，感谢大家来捧场！在家靠父母，出门靠朋友，有钱的捧个钱场，没钱的捧个人场！”大人们一般都表示理解，五分一角地把钱递在东家大桌上，而我们小孩一听到收钱，或做鸟散状，跑出门外，或藏掖于大人屁股后，赖着就是不走，只等说书人“闲话少说，言归正传”。“花开两朵，各表一枝。”随着“咚咚咚”地鼓响，《三国演义》《隋唐演义》《薛仁贵征东》《穆桂英挂帅》《岳飞传》等那些演义评书，由说书人娓娓道来：

“各位老少爷们听端详，今天来说关云长，挥刀五关杀六将，过了黄河斩蔡阳”“仁贵落难寒窑蹲，梦里白袍送将军，智谋好比诸葛亮，保家卫国盖世功”“奸贼潘仁美，谗言害忠臣，幽州边关辽军在，还请杨家老太君，可怜啊，杨家大郎替了宋王死，二郎替了德芳亡，三郎阵前马踏如泥，四郎失落在番邦，五郎气得当和尚，六郎精忠报国，七郎乱箭穿了心……”

因为没有剧本，现场说唱，全凭说书人对评书的记忆，要求用四言八句的韵味，说得朗朗上口，说书人滔滔不绝几分钟，就会不停打鼓，这样好有充分时间，在心里把词句进行组合。那稍带卷舌的很有质感的口音，由于长期说书，导致略显沙哑的声调，把情节说得韵味十足，酣畅淋漓，引人入胜，令人有身临其境之感。说到精彩时，一个个听得是睁大眼睛，紧盯说书人，生怕少听一个字，说到伤心处，那也是轻声叹息，一片唏嘘。那情形，是观看现在电视剧里的动感画面，无法比拟的。记得某次，大伙全都聚精会神听得起劲时，说书人突然拉长声音唱道：

“东家大娘可听到？不得了不得了，灶壁后有人在撒尿，错把水桶当尿桶啰，赶快去看看是何人？”原来是由于屋内听众太多，走不出去，有人一时尿急，边听鼓书边把东家厨房水桶当作尿桶了。

说书人说得口干舌燥，中途也要稍做休息：

“各位乡亲稍停顿，等我喝杯茶水润喉咙，抽根香烟过过瘾，再拿鼓槌再追根。”

一部评书就这样，由说书人现编现卖地说唱到深夜，直到“欲知后事如何，请听下回分解”的鼓声停下。毫无睡意的小孩们，带着意犹未尽的感觉，依依不舍地随着大人听众们，各自回家睡觉去了，他们把听到的“鼓书”情节当作真的，沉浸其中，时常在梦里会与鼓书里的人物相遇，骑上马，也和杨宗保一起驰骋沙场，阵前杀敌。直到读书后，学历史，读史记，才知道小时候听到的鼓书情节，与真实的历史是大相径庭的，只是说书人临场发挥，随意编排，说得添枝加叶，绘声绘色，异常精彩。但在当年没有什么其他娱乐生活的乡下，人们在劳动之余，鼓书就成了唯一乐此不疲的能享受的文化大餐，读书不多的乡下人，谁会在乎这鼓书和真实历史的差别呢！

小时候听的鼓书，随着时光的流逝，如今几乎销声匿迹了。科技的发展，电视电脑手机等电子产品的普及，人们都进入了快节奏的生活，习惯享受“快餐文化”了，说书人的鼓书和鼓声已经远去。但那残存的记忆，偶尔想起，耳畔似乎又响起说书人“咚、咚、咚”的鼓声！

摇 大 鼓

章宝贵

一担挑子走乡串村。

挑子的两头，分别是竹制团篮上加有镶着玻璃框的长方体的展示柜。那团篮很有特点，圆柱体，高有70厘米左右，篮子的两边各有一根支柱，顶端有横担，是为了便于套入扁担。篮子主体一般是编花的工艺，有镂空图案，可以隐约看见里面的东西。一个人，头顶草帽或斗笠，脖子上吊着一条长毛巾，一手搭扶于肩上的扁担，一手向上挥着一面装着手柄的大鼓，大鼓两边鼓帮上对称地系着两个小球，随着挥动的节奏，发出"噗咚噗咚"的声音，清脆，浑厚，紧凑，由远及近。这就是20世纪七八十年代，乡下最常见的场景——摇大鼓。说是大鼓，其实并不大，由于是靠左右不停摇晃才可以发声，所以又叫拨浪鼓。由于人们太过于熟悉这鼓声，久而久之，形容狠命摇头，表示不懂或不知道时，会说："把头摇得像拨浪鼓一样!"甚至还有了"摇大鼓掉桥底下——不懂（噗咚）"这句俗雅共味的歇后语的流传。

摇大鼓的，其实就是"卖货郎"，有意思的是为什么叫"郎"，而不是叫"卖货人"或者其他什么称谓呢？首先这"郎"指的是男人，大概是因为这挑着担子下乡卖东西，女人无法胜任，几乎都是男人的原因。还有，叫"郎"为称谓的应该是女人，而这卖货郎卖的也大多数是女人要用的东西，也就是说，女人才是这卖货郎的主要客户。所以，被称作"郎"也就不奇怪了。其实，在家乡枞阳境内，除了叫摇大鼓的，还有诸如叫卖零细的、挑小担的等更通俗形象的说法。

说到卖货郎，其历史应该很悠久了。至少有据可查的，在张择端的《清明上河图》上，就能找到卖货郎的挑子，不过，那大宋繁华如梦的东京汴梁城里的卖货郎，摇不摇大鼓就不得而知了。在我小时候，时常听隔壁二爹爹谈古文，眉飞色舞地说《小罗成招亲》，可带劲了。这帅哥罗成，模样英俊潇洒，白袍白马银枪，威风凛凛，冷面神武。按照现在的说法，应该是个超级型男。在智破孟州府的故事里，罗成乔装打扮成摇大鼓的卖货郎，使用“美男计”，不但破城成功，还娶得美人归，一举两得。每次说完故事，村子里人都叫“小害鬼”的兵子，总吵着二爹爹再说一遍，二爹爹眯着眼，笑呵呵地伸手摸摸兵子的大脑袋：“你这小害鬼啊，只顾着听文又不长记性，长大了，要是看上哪家姑娘，就学学小罗成去人家门口摇大鼓，可晓得哉！”引得大家笑哈哈地散去。罗成是隋唐时期的风云人物，至于他化装成摇大鼓的诱敌之计，是历史真相，还是后人杜撰，这也就不好定论了。不过在现实中，并未见到故事里的“罗成式”的摇大鼓。在那个交通很不便利的时代，摇大鼓的挑着担子，全靠脚力，徒步跑遍十里八乡的农村，早出门晚归家，也算是披星戴月很是辛苦的工作了。

在那个物质匮乏的计划经济时代，乡下人想买点东西，也实在是不容易。摇大鼓的平时进村不多，只在每年秋收后到春节期间进村，那时候乡下人就相对闲下来了，尤其勤劳的家庭主妇和待字闺中的姑娘们，总会在摇大鼓的挑子上，找到自己中意的东西。摇大鼓的也就利用人们这个需求，有规律地三五天来一趟，进村拿手上的大鼓“噗咚噗咚”一顿猛摇，然后找一处住户集中朝阳避风的地方，歇下挑子，摘下挂钩上的小马扎凳子，坐下，再是一通鼓声，一阵吆喝。不一会，大姑娘小媳妇们，三三两两开始围拢过来了。当然，“摇鼓一响，脚板发痒”的充满好奇心的小孩子们，连蹦带跳地第一时间赶到，围着挑子打转。这挑子里的货物，尽管都是些针头线脑的小东西，但像个百宝箱似的还真多啊！剪刀纽扣花线缝衣针，梳子篦子镜子胭脂粉，蒂索（也叫底索，方言：指过去纳鞋底的丝线）蜂蜡香脂头油精，带子头花发夹大头钉，还有小孩子们吃的玩的。玻璃柜里分格摆着，团篮内部层层叠叠码着，四周还挂着，五花八门，琳琅满目，应有尽有。大人们挑好东西付过钱，有说有笑地陆续离开了，孩子们还总是意犹未尽，看着那弹子弹弓气球橡皮筋，还有极具诱惑力的黄豆粒大小的彩色糖果，馋巴巴地吞口水。好在，摇大鼓的卖货郎，是懂孩子的心理的，他会很温和地冲着孩子们说：“回家去找找鸡鸭鹅肫牙膏皮，拿来换！”这时孩子们一溜烟去又一溜烟回来，还真能在家里的厨房里或窗台上找到几个鸡肫皮，换上一袋糖果或气球什么的，就心满意足地跑开了。

行有行规。当年乡下如算命的、阉猪的、剃头的，同行之间都有不成文的规定，各自都有自己的地盘，互不串区，互不干涉，相当于现在市场的区域代理。

这摇大鼓的亦然。在我的记忆里，经常来村子里摇大鼓的卖货郎，胖胖的，个子不高，大家都戏谑其是“兄弟三个一样长”，来调侃他挑着担子的样子。因为常来，大家交往熟悉了，干脆叫他绰号“武大郎”。这“武大郎”，人精明，说话语速很快，却又偏偏有点口吃，但广告词是一套一套的。有人来挑选针线，他会说：“就，就，就我这是，是，是老牌钢针，五分钱两根，经济实惠，经久耐用!”说着，还不忘动作幅度很夸张地用手张开五指，又收回改作剪刀手，神乎其神地比画着。有人买香脂，他马上抢着说：“我，我，我的香脂‘雀翎’牌，能香，香，香几条街，就是香，擦在脸上，大，大，大嫂变成大姑娘!”惹得围观的众人开怀大笑，他也跟着呵呵笑，生意在开心的气氛里成交了。

“武大郎”就这样和村里人打成一片，相处融洽，鱼水相依。但人无千日好，花无百日红。终于有一次和大家闹了一场误会。那是因为村子里的大婶们，在挑选做鞋子用的锥子并成交后，“武大郎”发现货物的数量不对，本来就是小本买卖，一下子掉了三根锥子，他那个心痛啊！于是他不依不饶地和大婶们较上了劲，几乎一个下午在村子里发牢骚。说话口吃的他，急得满脸通红，眼睛微闭，嘴唇颤抖，为了让自己吐出话来，竟狠劲地揪着自己的大腿，很无辜地总是重复着一句话：“明明之之（方言，明明白白的意思）三根锥子！怎么会不，不，不见了!”为这事，弄得大家都不愉快，不欢而散。直到事后他再次摇着大鼓进村，刚歇下担子，只见“小害鬼”兵子的父母，领着兵子前来道歉。原来，那是因为“小害鬼”兵子的一次恶作剧。事情是缘起于兵子看上了挑子里的一只弹弓，他心想父母是不会同意他买的，他便动起了歪脑子，几次下手想偷来，谁知这“武大郎”对这帮捣蛋鬼早有防范。无从得手的兵子，竟然在家里瞒着父母，在鸡窝里摸来几只鸡蛋，说和“武大郎”换货交易。“武大郎”是从来不干这种事的，哄着兵子说，回去叫你父母来。当然，这事肯定黄了。兵子也从此对他怀恨在心，某次，趁着几位大婶在玻璃柜台上挑选锥子的时候，竟然浑水摸鱼一口气偷了三根锥子溜走了。

事情也就此水落石出真相大白。兵子的父母说，锥子已经被兵子全部弄坏了，愿意赔钱。谁知，这“武大郎”一挥手，笑着说：“小伢子不懂事，算了！算了!”说着，挑起担子挨家挨户地找上次买锥子的大婶们道歉去了，说他误会了大家，请大家别见怪了。

随着市场经济的快速发展，商品交易的多渠道，下乡卖货的挑子，作为商品经济的摇篮和雏形，在社会发展的过程中，成为一种历史的符号，渐渐淡出了人们的视野，如“武大郎”挑着他那货担子、摇着那“噗咚噗咚”的鼓声、摇晃着离开村庄的背影。

跑　　堂

伍德华

很久很久都未回趟老家，没有用脚板亲自丈量那个唤作铁门口的小村庄，心头便暗藏愁虑不安。曾记得伍氏小宗祠的老堂屋旁的小三娘奶奶常教诲她那些在他乡筑梦的子孙，出门时日不可太久，否则宗祠里的先祖会落泪，老堂屋会在某天正午倒塌的，随后水塘里的那扇铁门会飞上天仙河，再也不能镇压河神水怪，不能保佑一方平安！我不想在今世的某一个中午成为最不幸的人，我要找个正当的理由回家。这时候手机在唱歌，二叔叫我明天回去，给传个菜跑个堂，打算在篱笆院里摆上几桌酒席，邀来远亲近邻叙叙旧尝尝新，也是为了庆贺乔迁新房临水而居。无论践约抑或还愿，明天我都要早点回家。

玫红色巴士把我丢在村口，顺着铺满松针金黄的小路，眼前就是篱笆墙院。一进院门，我仍旧顽皮地送给奶奶、小爷爷、三老太太一人一个拥抱，便立马加入忙碌的摆堂队伍当中。所谓摆堂，就是村头村尾地借来红椿木桌、椅子板凳，八桌两排，四四摆开，再添上香茶瓜子花生奶糖。任务完成后，我人已累得不想动弹。而村里有个老规矩，路近的长辈是要亲自登门催客的。喝下一大海碗拉魂汤，我又开始奔走在青山绿水间。大新屋—梅庄—菜凹—王板—西冲—小新屋，熟记于心的路线，很快催来满堂贵客。

传菜的菜谱得由阮畈一带的名厨启德二爷一一清点过目，方可开席。接过新漆的榆木托盘，我便正式开始跑堂。头道菜是小籽红皮花生米，第二、三道分别是糖拌番茄、绝代双椒（青辣椒炒红辣椒），这些菜象征着向阳人家四季红火、五谷满仓。半支烟的工夫，酒桌上的老酒已次第竞香，杯盏碗勺合奏出一曲甜美喜庆的乡村交响乐。故人相逢千杯少，故土乡音留人心。谈笑间，友善有力的言辞激励着人们奋进。老村长小爷爷是个退伍老兵，每次都会借着十足的酒劲儿，热情豪迈地吐出那份暖藏心底的沉甸甸的信仰："活就活他个船撵浪，活就活他个龙摆尾，活就活他个云生霞，活就活他个地增辉，活他个拼命三郎才有滋味。"在这一方微小的天地里，亲情是永不迟到的，老人们似乎要把一辈子都讲不完的话选择在今日讲完，年轻人觉得纵使晚清的满汉全席，又怎敌得过那一道称作五花肉焖烧豆腐压千张的家乡菜呢？

诚然，在风清景明的日子里，能够回趟老家，为民间酒席传菜跑堂，已成了我血脉里的眷恋。

下一道菜是香葱银鱼炖鸡蛋，浓香纯正老少皆宜。当我穿绕人群来到西头第三桌时，帮我下菜的正是安爷。

待我上好红烧泥鳅，东头四桌已掌声雷动。只见小三娘奶奶立起身子，晃了三晃，身边的老伴拉响了二胡，她便围绕着奶奶端坐着的那把雕花椅，热热闹闹地开唱起了《赞酒歌》：

多谢三姐赏我三分醉，枯黄老脸也有红云飞，当初我把香玉荐，忍着话儿不敢吹；今日乡邻亲眼见呐，累活脏活卖力又守规，人人都夸香玉嫂，是媳妇行里夺了魁；她头上乌云掩羞涩，胖了身子笑开了眉，女红针线赛织女呀，夜夜伴儿把诗文背；嗨地嗨嗬呀，呀地呀嗬嗨，这都是三姐人好心眼好，讨一房好儿媳，也落得满村满街好口碑！

一段花腔折子戏，给酒席增添欢悦的同时，也唱醉了恩情与缘分，唱醒了安宁与祥和，唱尽了男人的一半是女人。

三道圆子摆完后，二叔依次一一敬酒答谢，最后来到第九张桌子跟前。桌上摆放着鲜果糕点、三荤三素，还配放着八套碟筷四把雕花椅，却空无一人入席。只见二叔敬酒过花雕酒，久久方才开口："大大，您过世已整十四年，现如今，大新屋的老姑奶奶、菜凹的老舅爹爹、家门口的织布奶奶、香春大嫂、大哥、三弟也都成了故人，我知道你们在那边亲情依旧，会彼此照应的，儿孙们也放一百二十四个心；我一直没有忘记你们，今天大喜日子，点点薄酒不成敬意，来年春暖花开日，我还请你们来家中做客！"质朴无华的心声誓语，感动得满堂宾客不由自主地默然起身，同二叔一起给有恩于伍姓人家的先人敬酒。这似乎已成为故乡最有力度的一种礼数和一道独特的风俗文化。一方乡土上，演尽悲欢合离，逝者已逝，流水不息，也都无须太多感慨。来时，我接你；走时，我不能相送；陪君醉笑三万场，不用诉离殇。

顿然明白，树在，山在，大地在，岁月在，故乡就在。我迷恋故乡，迷恋回故乡跑堂，就像迷恋一把晚清的雕花椅。返城途中，我偷偷地向那蓝色炊烟借来一支清歌，献给我那肥美丰厚的乡土，那个离故事最近的地方。我也已向那些被绿茶泡开的往事许诺，根正苗红的日子，我一定要多回老家跑跑堂。

打土墼

张振中

20世纪六七十年代，农村一律是土墼房屋。在那贫穷的年代，土墼是农村建房子的主要材料，用砖做楼房是农民的奢欲和梦想。土墼（也称土坯），是用泥土“注塑”而成的长方体，乡村做房子、做猪圈厕所、砌仓修灶都离不开土墼，与农民的生活息息相关。在农村土墼有着上千年的历史，乡村年逾五旬的人们仍然耳熟能详。

踩土墼泥。农历的六月，骄阳似火，烈日炎炎，久旱无雨是打土墼的好时机。选择优质黏土的田块，用耕牛深犁翻过来，反复耙碎成小颗粒状，注入适量的水浸泡几日。让水充分渗透后牵几头大耕牛在浸泡的泥土里反复踩，泥土硬了就加水，淖了就晾几天再踩。经过多次深翻、反复踩，直到听见牛脚踩泥巴有咔嚓的响声为止。撒些草筋（稻草割成的几寸长起粘连作用）再踩一遍，泥巴就踩成了黏手的熟泥巴，这时，这熟透的泥巴就叫土墼泥。踩土墼泥这道工序来不得半点马虎，泥巴没有踩透熟，土墼龟裂不扎实影响质量。泥淖了不成型，泥硬了搬不进土墼模，掌控泥巴软硬的程度是踩土墼泥的关键。

打墼。收听天气预报，选择一周无雨的大晴天，平整场地准备打土墼。打土墼虽然是苦力活但打墼的场面热火朝天，干劲十足。在打土墼那天一般起个大早，在拂晓前就动手，中午休息一两个小时，下午四五点结束。那些挑土墼泥的男女劳力，肩挑一百多斤的担子，你追我赶，脚下生风，穿梭来往，用畚箕把土墼泥一担担挑到场地。中间摆一个盛满水的大木盆，木盆里放一张土墼模（土墼模就是一个没有上下底盖的长方体）。打土墼的一般是年轻力壮手脚灵活的男劳力，上身赤裸只穿一件短裤，身子弯得像一张弓，把土墼模往木盆里湿润一下水，放到平整地上，甩开臂膀张开一双如钳的大手，用力搬一大块土墼泥，使劲往土墼模里揣几下，用两只手四角一筑，右胳膊在木盆湿润一下水，顺势在土墼模上方抹平，用两只手把土墼模往上平起出，一块光滑如玉的土墼脱颖而出。

打土墼可不是一件简单的体力活，不仅要有一定的技巧，而且需要一股蛮劲。会手打土墼像盖大印似直戳不歇，手脚麻利，操作自如，令人眼花缭乱，目不暇接，一天能打几千块土墼。若挑土墼泥的男女劳力怠慢一下，土墼泥就供不应求。打土墼的男劳力就大吼一声“没有土墼泥啰!”挑土墼泥的男女劳力加快运输速度，不到一会儿工夫，打土墼的屁股后就堆积了像两条长龙似的土墼泥。尽管打土墼的男劳力豁出吃奶的劲蛮打，屁股后还是一堆堆泥巴。这时，那些挑土墼泥的男女劳力坐在树荫下，气喘吁吁，摇着草帽风趣地说：“打土墼的泥猴子，泥巴吃饱了没有啦!”前面的土墼泥还没有打完，后面又堆积一堆堆泥巴，那六月天的天气高温笼罩，烈日炎炎，干燥如火，太阳一晒土墼泥就变硬稍有怠慢更难筑模，只得拼命地打。打土墼的男劳力如此得不到歇息，大汗淋漓，鼻涕挂在上嘴唇上也没有手去擤，狼狈不堪的样子令人啼笑皆非，十分尴尬。牛蠓叮在打土墼男劳力光溜溜的背上吸血像护士打针一样，也顾不上驱赶，偶尔甩手一拍背上就是一只泥手印。一番紧张的劳作后，打土墼的男劳力大汗淋漓，浑身沾满泥水，两只眼睛直眨直眨的，简直就是一个泥人。一天劳作下来，筋疲力尽，浑身像散了架似的，腰都直不起来。

晾晒土墼。土墼经过太阳一周的暴晒，开始发白变硬。用菜刀沿着土墼底下四周一划，用力搬起来，充分接受阳光的暴晒。那一场地的土墼纵横交错，整齐划一，既像排列有序的活页印刷铅字块，又像整齐排列的麻将，放眼望去煞是一道亮丽的风景。大土墼重达 15 公斤，轻则 5 公斤。

码土墼。土墼暴晒十几天一般就干透了，就可以堆码起来，用稻草盖好，以防雨水淋湿。俗话说“一日土墼十天淋，十日土墼一日淋”。干土墼最怕暴雨，干土墼一淋雨水就像泡焦面似的，前功尽弃。一旦突遇天气骤变，雷声就是无声的命令，全队男女老少齐上阵抢码土墼。搬的搬，端的端，码的码，又是一派既紧张又热火朝天的劳动场面，大家挥汗如雨不到个把小时，几千块土墼就码好。土墼堆码得整整齐齐，又长又高仿佛一条万里长城。有时土墼还没有收码起来，暴风雨铺天盖地，个个被雨水淋得像落汤鸡都没有一个人临阵开小差的，直至把东家的土墼抢码起来才肯离开。

当时，农村就流传“打土墼不要钱，不亚于过小年”的说法。每逢农户要打土墼，全队男女劳力都自告奋勇无偿地参战。东家则准备上等的伙食，打土墼的男劳力一人两包玉猫的香烟（0.19 元/包），挑土墼泥的一人一包玉猫的香烟，烧肉炖鸡，三顿不离荤。下午休憩打饯吃糯米粥，晚上是最丰富的大餐。干了一天“吃人饭，做牛活”的劳动后，大家围成几大桌满汉全席，男女劳力放开肚皮大块地吃鱼肉，放开酒量大碗地喝酒，推杯换盏，吆喝声不绝，开怀畅饮，酩酊大醉。一些平时“妻管严”的男劳力，今天也趁着酒壮英雄胆，全然不顾老婆的阻拦和极力反对，竟然过桌子挑衅喝酒，欲想一决雌雄，比试酒量呢！那些被人蓄意灌醉的男劳力，眼睛眯成一条线，头重脚轻，还恋恋不舍端着酒杯大呼小叫要酒喝，模糊的语言、丑态百出的憨态立即引起哄堂大笑。劝酒、逗笑、取乐、杯碗碰击声此起彼伏，其乐无穷，把酒席闹得天翻地覆。菜过五味，酒过三巡，那些酒气冲天的男劳力个个酒足饭饱打着酒嗝，唠叨话喋喋不休。那些醉酒的男劳力被妻子骂得狗血淋头无地自容，只好摇摇头、摆摆手，一步一个趔趄往家走。

打土墼的男女劳力一番大吃大喝，酒气熏天，一醉方休，似乎一天的劳动疲劳全被酒精赶到了九霄云外。如今那个落后的年代远离我们而去，土墼早已不是农民建房子的材料。可那热火朝天打土墼的劳动场面和开怀畅饮的情景却令人难忘。

告牛的启迪

张振中

草长莺飞二月天，农民耕种在田间；布谷声声禾苗壮，春播秋收年复年……

大自然仿佛在布谷鸟一声声清脆的叫声中苏醒了，春天莅临乡村拉开了春耕大生产的帷幕。冬眠的土地又沸腾起来，田野里到处洋溢着欢声笑语，劳动的身影川流不息。在这春暖花开的季节，我们徜徉在乡村阡陌的田埂上经常看到老农一手执着牛鞭，一手扶着犁梢嘴里哼着悠扬悦耳的山歌在犁田。耕牛是多么听话，服服帖帖，只要老农一声吆喝，耕牛就会按老农的使唤有条不紊地犁田。然而，你不知道一条小牛在开告时是多么桀骜不驯，常被打得皮开肉绽遍体鳞伤。告牛学犁田可不是一件简单的农活，需要一定的技巧和耐心呢！

告牛（也称：驯牛）。小牛犊一般长到两三龄，就可以开告学犁田（俗称：破肩）。开告之前必须先穿牛鼻子，有经验的老农用铁针把牛鼻穿通，用麻油调锅底烟垢敷在穿通的牛鼻上消炎。几周后，炎症消去可以上牛桊，用绳索拴住牛桊的左端，牛桊上的绳索相当于汽车的方向盘，牵着牛绳可以指挥控制牛的行动，便于牧童牵着牛鼻子走，便于农民犁田时使唤。

俗话说“九九八十一，泥巴家伙都请出”。阳春三月，气温回升，百草吐蕊是告牛的好季节，生产队长选派有经验的老农从事告牛的农活。事先在河滩选择一块沙土地作为告牛的试验田。

东方破晓，天刚麻麻亮，初春的薄雾笼罩着大地，布谷鸟在天上有节奏地啼叫“发棵发棵，割麦插棵……”几位告牛的老农就哼着小调牵着小牛驮着犁向事先确定的河滩沙地走去。到了目的地，一位老农支好犁，架好牛轭套，系好轭套绳。另一位老农用一根长棍子，一端拴在牛桊左边，一端握在手里，牛桊的右边悬挂一个大秤砣，迫使小牛的头下垂。老农用力往下抵，不让小牛行走时随便抬头，约束小牛低着头前行。俗话说“初生的牛犊不畏虎”。一开始小牛根本不听使唤，扶犁的老农一声吆喝“前子”，小牛乱跑乱蹦，老农一声吆喝“撇子”，小牛左右乱跑。尽管老农声嘶力竭地叫嚷，但是小牛还是东跑西蹿，乱叉乱跌，气得两位老农破口大骂：“你这畜生就是不听话，不开窍，我打死你这个剥皮的……”举起牛鞭使劲抽打小牛，小牛被打得活蹦乱跳，屁滚尿流，哞哞嚎叫。“懒牛上床屎尿多，打死你这个剥皮的……推哧、前子走沟里……”几只小鸟从远处飞来凑热闹，落在湖边的柳树上，看到小牛挨打，在一旁叽叽喳喳叫个不停。小鸟好像在说：“牛姐姐为什么不听话呢，挨打了吧……”小牛似乎听懂小鸟的话，抬起头来哞哞地叫唤。在河滩放牛的伢子听到告牛吆喝声也一下子聚拢过来看热闹，也学着老农的叫喊“哇子、撇子……小牛加油，小牛加油……”这时，告牛场上好不热闹，吆喝声、抽鞭打牛声、孩子叫嚷声、鸟雀的啼叫声交织成此起彼伏的大合唱，围观的人们像看马戏团驯猴子表演节目一样，迟迟不愿意归去。

突然，小牛停下来眼睛里喷出两束火花，眼泪汪汪，嚎叫一声拼命摇摆肩上的轭套，企图逃脱这沉重的犁田负荷。这时，另一位老农把拴在牛桊上的棍子用力抵着，不让小牛抬头挣脱，并用棍子约束小牛走直线。顿时，小牛发飙了，拖着犁拼命地跑，把扶犁梢的老农连滚带爬拖了好几丈远，摔得鼻青脸肿。扶犁梢的老农恼羞成怒，跌跌撞撞地爬起来，拽住轭套挥鞭凶猛地抽打小牛，小牛疼得乱蹦乱跳。经过一番吆喝折腾，小牛的野性子渐渐夯了下来，慢慢地走着歪歪扭扭的路线。“前子走沟里”是约束牛前行走直线路，“撇哉”是约束小牛左转弯，“哇子”是吆喝牛停止前行，一般要如此循环训练一两个月的时间，小牛才会慢慢学会行走和犁田。老农说：“告牛首先是要给小牛犊一个下马威，毫不怜惜用鞭子伺候，警示它不能养成任性的坏毛病。其次要培养小牛的好品行，犁田时低着头，眼睛望着前方，不可随意吃旁边的东西，脚步要稳健，不可乱叉乱跌，身子整体向前倾斜行走……”

农村一直流行“善待长工，恶告牛”的说法。也就是说在告牛时，不可随随便便，得用棍棒伺候教训。小牛在开告时如果没有养成好品行，正如老农所言“那牛是坏了坯的啦”！如果小牛有了坏习惯，在犁田时不是抬头仰天笑，就是喜欢开口吃旁边的庄稼（俗称：赖嘴），或是犁田时乱叉乱跌，因此在告牛时一定要训之有道、养之有素，决不能姑息小牛养成任性的坏习惯。

从前，桐城县东乡一对父子告牛，父亲牵着牛鼻绳引导小牛按路线前行，儿子在后面扶犁梢。儿子在后面喊："大大牵着牛走沟里，小牛就走沟里；大大牵着牛撇哉，小牛就左转弯；大大哇子，小牛就原地停下来！"这条小牛在他们父子的吆喝声中慢慢地学会了犁田。可是换了父亲扶犁梢犁田时小牛就不听话了，你叫它"前子"走沟里，可它"撇子"转弯，你叫它"哇子"，它不仅不停止，反而跑得快些呢？根本不听使唤，是什么原因使小牛不听使唤呢？问题就在他们父子告牛过程中，小牛一直在"大大走沟里，大大撇着，大大哇子"的环境中学犁田，听惯了"大大牛走沟里，大大撇着，大大哇子"的吆喝声。只要你吆喝"大大走沟里，大大撇着，大大哇子"，小牛就按吆喝声痛痛快快地犁田。日后换父亲犁田也必须吆喝"大大走沟里，牛就走沟里，大大撇着，牛就右转弯，大大哇子，牛就停止不前"。过路的人们见了就觉得非常奇怪，便调侃道："哎，怪事呢，你家的小牛你不喊它大大它就不犁田呢……"

古时候，桐城县东乡一对老夫妇老来得子，视为掌上明珠。他们只有这么一个独苗心肝宝贝儿子，属牛的，乳名就叫阿牛。从小娇生惯养，在舔犊的氛围中长大，过着饭来张口、衣来伸手的生活。阿牛长大后，什么也不会做，什么也不愿意干，可气坏了老子。他性格又倔又犟，老子叫他上山，他偏偏要下河，老子叫他下河，他偏偏要上山，经常与老子唱对台戏。老子恨铁不成钢，一天把儿子一顿暴打，骂道："老子白养了你，只知道吃，你以为这大米饭是天上掉下来呀，你是一条懒牛！"一气之下阿牛出走了，随后杳无音讯。阿牛四处流浪被一位好心的阿婆收留，并把唯一的女儿许配给他，叫他们往后好好地做人过日子。开始男耕女织日子过得很滋润，可是好景不长，不到三个月好吃懒做的臭毛病复发，整天游手好闲，好逸恶劳，动不动就挥拳头打妻子。古语云"倒插门的女婿，一手招进来，两手推不开"，令母女俩好不后悔呀！

五年后的一天，一位衣衫褴褛身体佝偻的老人到他家门前乞讨。阿牛一眼就认出是自己的父亲，他不动声色吩咐妻子给碗饭然后打发一走了之。阿牛吩咐妻子打发乞丐老人的一举一动被阿婆在后面看得一清二楚。几天后，那位乞丐老人又路过他家门前要饭，而且鬼鬼祟祟窥视房前屋后，阿婆觉得很蹊跷便问老人："您老人家一把年纪了为什么还要沿途乞讨呢，你的儿女呢……"老人长叹一口气，显得一脸的无奈，摇摇头什么也没有说，扭头就走了。阿婆追上去说："这样吧，与其说您在外面乞讨，倒不如留下来给我看看园子，园子里有吃喝住的地方，你就住在那里吧！"第二天，阿婆将乞丐老人领到园子里，指着一棵手电筒粗一米多高的桑树苗说："我不用你做任何事，只要你把这株桑树苗揉弯，让它长成犁圆形的样子。”乞丐老人天天在园子里揉桑树苗，开始还能揉成弓形，可过几天又成了挺拔笔直的苗子。时间不知不觉过去了几个月，尽管乞丐老人天天来揉树苗，就是不见桑树苗有任何变化，反而越长越粗壮，根本奈何不了桑树苗。乞丐老人向阿婆说：“你家这碗饭我吃不成了，桑树苗根本不听使唤，干脆让我走人吧，别耽误你将桑树苗培养成犁圆的计划呀！”阿婆趁机说：“难道您老人家不知道桑树条子要趁早揉的道理吗？那么粗的桑树苗已成形了你能揉成犁圆吗？”接着阿婆又指着乞丐老人的鼻子破口大骂：“子不教父之过，你害人不浅呀……”阿婆的一番话，使乞丐老人汗颜地低下头，连做梦也没有想到眼前的这一家竟然是五年前出走儿子的三口之家。倏地，老人终于彻底地明白了一切。“哎！早知今日何必当初呢……”

从告牛引发的两个耐人寻味的小故事，难道不应引起人们在茶余饭后的深思吗？

“人之初，性本善。性相近，习相远……”桐枞有一句古训：桑树条子趁早揉。俗话说，牛都告会犁田，狗都学会钻圈。这两个意味深长的小故事，足可以说明一个问题，潜移默化、耳濡目染对人对物的成长至关重要呀！古语云：牛要打，马要鞭，小孩子不教自作践。从告牛引发出的这两个小故事似乎能让我们得到一分启迪：人也好，牲畜也罢，他们好的品行与习惯都不是与生俱来的，而是后天养成的。

革绳子搓绳子

张振中

绳索，细的叫绳子，粗的叫索。在我国有几千年悠久的历史，在原始社会还没有出现文字的时代，就有了“结绳记事”。《易·系辞下》有文字记载：“上古结绳而治，后世结绳记事圣人易之以书契。”孔颖达疏曰：“结绳者，郑康成注云，事大大结其绳，事小小结其绳，义或然也。”晋葛洪在《抱朴子·钧世》也有描述：“若舟车之代步涉，文墨之改结绳，诸后作而善于前事。”人们常说“拧成一股绳，心往一处想，劲往一处使”，就是借绳索来形象说明一个深刻的道理。不要小觑绳索，绳索在远古时代与老百姓的生活息息相关。

20世纪五六十年代，生活物资匮乏，生产力不发达，农耕靠老牛拉犁，搬东西主要靠肩挑手拿，绳索大到农业生产、小到农户家庭都离不开它，起着举足轻重的作用。寒冬腊月的农闲时节家家户户普遍革绳子。革绳子分为筋索、单索两种。筋索一般是用于生产队犁、耙、耖上面的缆绳，单索是农户家庭常用，如挑柴草、箩篮的绳子、牛绳子、粪箕绳子、泥兜绳子，还有两头染得红通通挑喜事稻箩的绳子……革绳子的材料主要是麻和稻草，那时农户一般都种苎麻，麻革的叫“麻绳子”，糯稻草革的叫“草绳子”。小时候，早晚我们那些小孩子都帮助大人整搞车革绳子呢!

革绳子，第一步是剔梗草，选择无病虫害、根根一样长的糯稻草，剔掉稻根部分的一节，然后扎成草把，放在厨房水缸地下接受自然潮气，翻动几次好让稻草根根接受潮气，以使稻草潮润润的。

槌梗草，把受潮的梗草放在青石磴上，用草木槌反复来回槌，如果干了，嘴含一口水噗雾滋润粳草受绵，再继续槌。一般槌一次放置一段时间再槌，分多次完成，稻草就能被槌成软绵绵的、熟熟的、稠稠的、清丝丝的，有弹性、有韧性。

放索丕子，将槌好的粳草放索丕子，将几根粳草一头拴在长板凳脚上，然后一次添加三四根做360度旋转捻索丕子，捻成两米长就绕在长板凳上。索丕子添稻草要均匀，用力也要均匀，才能把索丕子像一根几百米长的导火线一样绕在长板凳上。

革绳子，必须两人合作才能完成。一般是小孩或妇女手持搞车（粗铁丝做的工具，像拖拉机的摇手把），将索丕一头拴在搞车上，大人将板凳上的索丕一圈圈放，小孩子牵着走，边走边摇搞车做360度顺时针旋转上劲，大人伸直两胳膊，一般单索需要三尺半（相当于5米左右的长度），量好长度后，剪短双过来，一头固定在树上，小孩用胳窝夹住拴在树上的那一股索丕，大人站在另一头，小孩子绕一圈，大人就革一下，两股索丕就紧紧地绕在一起，拧成一股成了一根根长绳子。革绳子有革两股的、三股的，一般都是两股的，三股的绳子最难革，要用力扭。绳子革好后，往树干一绕用力拽几下抻抻劲，然后拴好晾干备用。

那些年，为了挣工分，生产队分配农户向生产队交犁耙的筋索、牛眼睛索（农村用牛时牛轭架在牛肩上，然后用一根绳索从牛轭的一边牛颈子下面穿到牛轭另一边用来固定牛轭的绳子），一根筋索记两分工，两根牛眼睛索记一分工。父亲是农村基层干部忙于工作，向生产队交筋索、牛眼睛索的任务就自然而然落到我的手上。一个十来岁的孩子，举四五斤重的草木槌槌粳草，一把粳草要槌几百下才能槌熟，槌得手臂发麻，腰酸背痛。筋索像油条那么粗，革索更需要用力气扭，手指常扭出血泡来，皮都掉了一层。由于自己年幼无力，粳草又没有槌熟，生嘎嘎，革又没有气力扭，绳子无筋懒散散、没有“看相”而工分低。

搓绳子是农村常见的一种劳动，可以一个人自行完成。绳子在农村家庭用途广泛。攀泥兜、扎篱笆、牛绳子、捆东西、晾衣服、放埂样子、撩草屋檐口、小孩子跳绳子、学校拔河比赛、农村丈量土地，总之有劳动和活动的地方都离不开绳子。那些年农村水利兴修挑圩堤，生产队队长肩上驮着一个大绳团子准备放埂样用，男女社员肩上的泥兜子上面夹着一把齐刷刷的稻草，那稻草就是以备泥兜绳子断了就地搓绳子更换。搓绳子是最普遍的农活，不论男女，大人小孩都可以搓。在稻草堆上拽一把稻草，剔掉枯叶，拴得齐扎扎，洒点水让稻草受绵变软。坐小凳上屁股压住绳子一头，向手掌心吐口水滋润一下，两手掌合一使劲搓，两股稻草在手掌心自动上劲，那绳子就从屁股后面像抽丝一样，越抽越长。绳子搓好后绕个大团子，日后备用，需要多长就剪多长。那时，生产队搞过妇女搓绳子比赛，在同一时间谁搓的最长而且质量又好就获得不同的奖励。学校劳动课也搞搓绳子大 PK，在劳动课上往往女同学大显身手，遥遥领先，获得老师的表扬。

那个年代，我们小学生书包都放一根一米来长的绳子，一下课，学校操场上男女同学挥动双臂，绳子在头上婆娑起舞。那些女同学精神抖擞，摆动着双臂翩翩起舞，头上的两条小辫子都甩得笔直的，笑容写满一脸。一帮人跳，一帮人数数，有单人跳的，有双人跳的，有多人跳的，有跳花样的，偌大的操场人声鼎沸，人头攒动，喧嚣声不绝，仿佛是小学生“跳绳比赛的运动会”呢！

小时候，我们那些小孩就喜欢整搞车帮助大人革绳子，哪家喊小孩子整搞车革绳子，我就自告奋勇帮忙。随着科技的发达，铁链代替了犁、耙、耖上面的绳索，加之尼龙索的出现，绳索就少见了。后来，土地流转承包给种田大户，实现机械化操作，绳索悄然退出了历史舞台。随着生产力的解放、科技的发达，绳索成了浓浓的思乡之愁。

“岁暮景迈群光绝，安得长绳系白日。”儿时的记忆如一根连绵不断的细绳子，一端拴在记忆上，一头系在电脑的键盘上，灵感轻轻一拽，那童年的记忆便如一串串珍珠熠熠生辉。那些年，槌梗草、放索丕、革绳子仿佛就在昨天；那些女孩子依然在我的眼前有节奏地挥动双翩跹起舞呢……

乡村小卖零

朱芳航

小卖零前身叫摇大鼓的，是我父辈小时候常见的小生意人。我童年时，摇大鼓的已经退出历史舞台，演变成小卖零，这时摇的不是大鼓，而是小鼓了。

挑着担子做生意的人在枞阳乡下有很多，比方说卖豆腐的、卖衣服和鞋子的、卖馒头的等，但我印象最深刻的莫过于小卖零了。在藕山老家几个村子里只有一个小卖零。他有一张圆圆的脸，脖子上还有一小块红斑，个头一米六左右。肩上挑着的两个箩筐无限接近地面，每次看到他摇摇晃晃地走着路，就会想起电视剧里的武大郎卖烧饼来。两个箩筐虽然不是很大，但里面装满了一整个童年的世界。各种各样的小玩意，有针头线脑、头花发夹、零食、玩具，还有一些不知名的小东西，而零食和玩具对还是儿童时代的我充满了致命的诱惑。

小卖零卖东西有着自己的个性，他一只手扶着担子，一只手拿着摇摇鼓边走边摇，在鼓声间隙的期间还吆喝道："卖东西哎，卖东西哎。"孩子们只要听到他这种叫卖声都缠着爷爷奶奶赏个一两毛钱去小卖零那里买"唐僧肉"或辣条吃。那时候钱很值钱，一毛钱就足以喂饱孩子体内的馋虫了。每当听到小卖零手上的鼓声，我就会可怜兮兮地看着正在打牌的奶奶，奶奶会意后便会给我两毛钱让我去买"唐僧肉"吃。我攥紧了钱跟着小卖零后面追赶着要他停下来，然后羞答答地递上两毛钱换来一包"唐僧肉"，我总是强忍着口水把零食拿回家才拆开。小卖零做生意很厚道，从不欺负我们这些孩子，偶尔还会多给一包。所以我们都把他当作"好人"。童年时代，那有节奏的鼓声就是音乐，伴随着阵阵的美食香味，哪怕是睡梦中，都可以感受到远方摇鼓走过来的是小卖零。

你别看小卖零是个地地道道的农村汉子，可他机灵能干还热情大方。农村的女孩子一般上小学时就会穿耳洞。穿耳洞一般由祖母或者母亲用老方法来操作。用两颗相对比较圆的黄豆，作为工具，在耳垂的两边慢慢揉搓，至皮里的肉血散开，呈两皮，对着阳光透亮了就用针轻轻一戳，再将大条把上的细竹枝，用茶水消毒后，随后穿进小孔，这样穿耳朵的工作就结束了。小卖零不知道在哪里看到有打耳洞的枪，于是他抢占先机就买了把。可是他家却没有女同胞，为了试验他的技术，他只能找其他的人来尝试。小卖零跟父亲很熟悉，姐姐和我都是好吃的小鬼。当年小卖零就是拿几包“唐僧肉”来诱惑姐姐打耳洞的，姐姐看在美食的份上将就了他的枪，结果正如我们所料，很不满意，两边耳朵的耳洞不一样高。可是姐姐却自己扬扬得意了，因为从那以后小卖零只要看到姐姐都会扔包“唐僧肉”给她，而我也只能眼巴巴地看着她吃。至今，我都没有勇气去打耳洞，不仅是怕痛，更怕有人把我的耳洞也打得不对称，就像姐姐当年的一样。小卖零做生意跑遍了整个大含村，做好事也是声名远扬。平时谁家里有点水电坏了，看到小卖零，请他修下，他都会很热情地答应。而家里的电路在他的老虎钳子下也神奇地好了，可是他从来不收大家的维修费。于是大家都认识他，知道他是小卖零，却没人知道他的真名，不管男女老少都叫他小卖零。偶尔会有人在他家买东西，大家还是称呼他小卖零，他的儿子都称为小卖零的儿子。“小卖零”成为他一家人的代号。

几年后，小卖零不跑小生意了，听说是到工地做小工了。等我大学毕业后，就听说他已经不在了。每当人谈起他，村里人都在惋惜着这么好的一个人，诚信做生意，诚实做人，还年轻，怎么就会从工地上摔下来了呢，这都是命啊！可是生命就是这样，没有提前的预知，更没有迟到的幸运。小卖零的货郎担也被很多大商店大超市取代了。就这样家乡的小卖零被埋进了逝去的光阴里。再次回到家乡居住，但再没听到过那熟悉的一声吆喝。

这么多年来，每当看到姐姐耳朵上的耳洞我就会想起曾经在我们童年里留下深刻印记的人。他是小卖零，做好事不求回报的实在人；他是小卖零，不管刮风下雨他都会挑着担子摇着小鼓做小生意；他是小卖零，一个我们都知道他做小生意却到最后都不知道真名的人。

捉鳖记

鲍官明

“一尖（劁）猪，二打铁，三麻（抓）黄鳝，四捉鳖。再不赚钱，拦路打劫。”小时候，捉鳖是作为一种职业存在的，而且这种职业赫然排名前四。

六七月份，作天变的天气里，就见乡村阡陌上，几个扛着鳖枪背着鱼篓间或手里还提着一只三齿或五齿鳖叉的行人，他们行色匆匆，奔着大塘、枣水塘或桐冲大泊而去。尽管此时水满塘满堰的，但捉鳖人自有捉鳖人的办法。他们一般两两一起，一个在塘这边，一个在塘那边，调好鳖枪，放置好鱼篓，蹲身塘边，抄水润完手后，就开始打鳖鼓。双掌合击，中间虚空，发出来的声音沉闷如雷。老人们说，行家里手打出来的鳖鼓，如雷声并无二致，而鳖最怕雷声，倘若人不慎被鳖咬了，不打雷它是不松口的。此起彼伏，一阵紧似一阵的“雷声”令生性胆小的鳖再也憋不住了，它们纷纷朝泥里钻去。这一钻不打紧，水面上就会出现涟漪。这时，就见捉鳖人抄起了鳖枪，目光如炬，逡巡水面。“噗”的一声响，旁观者还没来得及做出反应，带着鳖针（钩）的锡团已经从捉鳖人手中的鳖枪上如离弦之箭一般飞出，没入水中。捉鳖人目光坚毅，手脚麻利，摇轮收线，那线已经绷成了一字。线的那头，一只一二斤重的大鳖极不情愿但又无可奈何地被拖出了水面，在水上踉踉跄跄、连滚带爬，拍出了四散的水花。

当然，这种捉鳖的方法，不是一般人所能为的。他们像乡村的传说，多半停留在乡民的口头上，而难得亲见。

我小时候捉鳖的方法，是跟大哥学来的。将一根毛竹剖开，然后制成三四厘米宽、二三十厘米长的竹签。竹签一头削尖，方便插入塘边泥中；另一头两边各刻出零点五厘米左右的凹槽，方便系尼龙线和绕线。尼龙线通常用白色或绿色，在水里利于隐蔽。线长短不一，多半根据塘的深浅远近做出适当调整。线的另一头先穿进中号缝衣针眼里，打个死结之后，再连线于针的中点处系牢。此时，针和尼龙线就成垂直状态了。这是一个极为精巧的活儿，线那么细，针那么小，结打少了系不牢，打多了就有痕迹。鳖比鬼还精，要是让它瞧出端倪，断然不会上当的。这样一个鳖卡就制成了。同样的鳖卡，我们一般会做八九上十个。接下来就是用鳖卡去卡鳖了。空卡当然是卡不到鳖的。听大人们说狗肝最腥，鳖最易上钩。但平常时候很难弄到狗肝，我们大多用猪肝或者泥鳅、鳑鲏鱼代替。穿饵也极为讲究，要将针和尼龙线弄成十字形状穿进饵中，当鳖一口吞食下去，准备退针时，针已横在了鳖的喉管里，鳖越是挣扎针会扎得越牢，直至将鳖的喉管扎通亦无法逃脱。天黑以后，我与二哥一道去放鳖卡。有时去泊塘和大塘，有时去腰泊，有时去枣水塘或桐冲大泊。放鳖卡时不仅要做好记号把鳖卡隐蔽好，方便第二天取鳖卡，还要注意有没有被人看见。所谓“螳螂捕蝉，黄雀在后”，有时你刚把鳖卡放完前脚走了，后脚就被人收了拿走，或放到你找不到的地方，结果自然是“偷鸡不成反蚀一把米”，鳖没卡到，鳖卡反而弄丢了。

记忆里卡得最多的一次鳖是在 1985 年 8 月的最后一天，我当时已经接到了中专学校的录取通知书，第二天就要到学校去报到了。那年大旱，泊塘和大塘里还有最后一点水，家家都排队抢水，差不多到半夜才轮到我家车水（一种能将低处的水提升到高处的工具）。等水车位的时候，我就跟二哥将鳖卡在塘四周放下了。晚上车水一晚车到天亮。天亮的时候，我与二哥一起收鳖卡，或许是水浅的原因，也或许是其他别的原因，那天早上收起来的鳖卡几乎每卡不空，不仅有鳖，还有黄鳝和稻鳅，有一只鳖卡上甚至还有一条乌梗蛇。母亲欢天喜地地将鳖称了，足足九斤四两，后来写信回家，得知母亲在我走后，除了留一只鳖杀了家里人吃外，其余的鳖全部送到麒麟供销社去卖了，卖了二十多元钱，而那年，我一学期只用了五十元钱。

后来，化肥农药的大量使用，犁田时泥鳅黄鳝都难得一见，更遑论鳖了。野生的鳖越来越精贵，一百多块钱一斤还一票难求，取而代之的是无数养殖的鳖充斥市场。鳖卡早已派不上用场，捉鳖人自是难得一见了。我时常幻想，倘若现在的鳖还像 1985 年那样多，我一定会毫不犹豫地回到泊塘村，回到那生我养我的地方，安心地做一个捉鳖人。

然而，这也仅仅是幻想而已。

行将消失的生活用品

蒋乃冰

从前，在我们家里有一些生产生活用品，虽然都是些小物件，但在那个时代起了很大的作用，没有它们还真不行。现在很难见到，想起来有一种怀念之情。现记录下来，留作记忆。

葫芦瓢和蚌蚬壳

家里种的葫芦，嫩的时候可以吃。把老葫芦用锯子纵向锯开，一个就被做成两只葫芦瓢。大葫芦瓢用来盛谷物，中等的用来舀水，小的用来装点心或者喝水，各尽其用。

蚌蚬壳是我们圩乡的特产。蚌壳大而厚，蚬壳相对小而薄。在我离开家乡之前，人们并不养珍珠，蚌壳是水产品的副产品。蚌肉用来果腹，挑选好的蚌蚬壳留作彻东西用（“彻”，方言，用作装盛东西的器物)。这种东西见得最多的，是彻稻彻米彻糠用来喂猪喂鸡，或者用作戽水、划盆。也有极穷的人家临时用来当饭碗。

葫芦瓢和蚌壳不但是盛物，同时还是量器，可以用来计量。左右邻居间要是借个什么米啊糠的，常常就是用葫芦瓢做单位。喂禽畜时也一样，用葫芦瓢或蚌壳做单位计量以控制它们的食量。禽畜们长大了，要相应增加数量，家庭主妇们心中最有数。

洗　把

在铜陵方言里，洗的读音与普通话类似，只是声调不一样，读 xì。但洗把的“洗”字则读成 xiǎn。这是一种刷洗锅、盆、缸、钵之类物品的工具。洗把用竹制成，是把竹子劈成丝，断成五六寸长短，再把竹丝的一头用竹篾捆好。如今清洁球的作用就和洗把差不多，但要是刷洗非常粗糙的物品，还是洗把更实用一些。

锹笏和包锹

我的家乡铜陵在长江南岸，河流湖塘众多，土壤水分重。每年冬春时节，村里人都要做塘泥肥田。做塘泥的方法主要有两种：一是人站在大木盆里，用铁制的泥夹（像巨大的河蚬，上面装两根长竹篙）从河塘里把泥巴夹到盆里，然后再运到岸上。还有一种方法是把河湖塘里的水放浅或者车干，直接把肥沃的泥巴戽到岸上。这两种做塘泥的方法都要用到一种工具：锹笏。这是一种用柏木或柳木挖制的锹，形状像笏，装上锹柄，用起来轻巧又不会碰坏大木盆。锹笏的两边有沿，这样便于兜起烂泥。

湖塘多藕。在烂泥里挖藕锹笏最适用，即使不小心碰到藕也不至于把藕挖碎。我们小时候，家乡团滩湖中是荒滩，滩边沼泽地带的藕，有的长在原生土或者含水较少的土里。挖这些藕用锹笏是不行的，还要用上铧锹。但铧锹也有一个弱点，锹面大不省力，也不太兜土。于是大家发明了一种专门用来挖藕的包锹。包锹的形状更像大臣上朝手里拿的笏。锹的下部是铁打的锹口，上部则是包在厚厚的楝木板上。木板的另一端被削成普通锹柄。包锹因为锹口窄，中部成微微的弧形，可以挖深处的藕，兜土而又省力，非常实用。

这两种锹都不适于挖较硬的土。不过锹笏除了用来做塘泥和在烂泥中挖藕以外，还可以在收堆晾晒的稻谷、清理垃圾、戽水等许多时候派上用场，相当于后来人们使用的“洋锹”。

吊罐、坐罐和泥炊

四十多年前，很多贫穷人家里的柴灶都没烟囱。为了节约柴草，人们在灶门口上方吊一个生铁铸成的罐子，这样在烧菜烧饭时，罐里的水开了可以饮用，温热的水可用来洗脸洗脚或者洗东西。

有烟囱的灶没有火焰从灶门口出来，这样人们就会使用坐罐。坐罐和吊罐一样，都是生铁铸成的，但比吊罐的口面小而深。为了增加热能，一般将罐子镶嵌在两口大锅和烟囱之间的三角区域内，坐罐名称由此而来。有烟囱的灶屋干净，坐罐也比吊罐干净，而且里面的水更加容易加热和保温。

泥炊是一种陶制炊具，一般由黄泥烧成，可以吊在灶门口上方加热水，也可以放在柴炭炉上烧水。价格很便宜，但容易破碎，有热水在里边的时候要特别小心。

木箱和四方柜

木箱在老一辈中还有人使用，年轻人特别是住在城里的，恐怕只能见到皮革箱子。传统式样的木箱，一般都做成长方形，也有把箱子顶面做成弧形的，称为鼓箱。四十年前姑娘出嫁时还都要以木箱作陪嫁，漆成红色，有的画上花果或者祥瑞之物等图案。条件好的把箱角用黄铜或铁皮包好，美观耐用。做木箱的材料可以选用杉、松、枫、楝等不易变形的木料。要是用香樟木和檀香木之类上等木料做衣箱，放在里面的衣服拿出来时就会带有香味。

常常与木箱配套使用的还有四方柜。柜子大致成正方体，也有长方形状的。正面没有门，上方有盖。油漆和绘画都与木箱差不多。除放在床头的小四方柜以外，大一点的柜子就放在木箱下面，所以里面一般存放不常用的衣被鞋袜或贵重物品。这种柜子的好处是比侧开门柜子装的东西多，也不易被人翻动。

踏凳和草踏

踏凳也叫大凳，是一种放在床边的凳子。长度和床一样，宽度约四十厘米，高约二十厘米，两头和中间共有六条腿。踏凳的作用是方便上床，对于小孩子特别实用，也是睡觉时放鞋的地方。踏凳的两头可以放小四方柜，以便于睡觉时放衣服、袜子什么的。

草踏也叫草垫，是用稻草编织而成。先是把草打成辫子，然后把草辫卷成一层一层的圆圈，再用草从中间向周围一层一层连接编好。根据需要，编到直径三十到五十厘米大小不等，厚度四五厘米。手艺好的，会把草踏编成各种图案，如同草制工艺品，美观实用。把草踏放在踏凳上，冬天下床时踩在上面就不觉得冷。不过草踏用得最多的，是放在椅子、石板甚至地面上当坐垫，既柔软又保暖。

时代变迁，往事如流水！这些生产生活用品已基本被新式物品取代，这是社会进步的表现。但我们不应忘记，因为它们是劳动人民智慧的结晶，是非物质文化遗产。写进书册，不单是记忆，还可能在未来发挥新的作用！

铜陵“三灯”

詹敬鹏

铜陵，中国古铜都，位于安徽八百里皖江南岸的中国古铜都，世世代代相传的民俗民风异彩纷呈。铜陵农民素有舞龙灯庆佳节的习俗，尤其是竹马灯、滚龙灯、板龙灯（三灯）表演历史悠久，每逢新春佳节，农民们就自发组织起来，扎龙灯劲舞庆丰年，在乡村巡回表演，期盼来年风调雨顺、五谷丰登。近年来，富裕起来的铜陵农民文化生活日益丰富，特别是每年的新春佳节，“三灯”齐舞闹新春，已成为铜陵现代农村一道亮丽的风景线。

竹马灯

铜陵人爱玩竹马灯。竹马灯流行于沿江江南一带，在铜陵民俗文化活动中，最具特色和神秘的是铜陵市义安区钟鸣镇牡东村白牧岭自然村的竹马灯，它是铜陵乃至沿江一带独具风格的彩灯表演形式。目前，竹马灯已被省政府公布列为安徽省首批省级非物质文化遗产名录。钟鸣镇牡东村白牡岭自然村是竹马灯的主要组织制作表演地，但每年春节期间也会到周边村庄游玩。牡东村白牡岭自然村为何喜爱玩竹马灯？这里还有一个传说：相传明末清初，该村西南方有一座山，在夜里可听到马铃声响，后来又有人发现一个红脸大汉，疑是“关公老爷”现身，经村里掌门先生及族长们商议，以玩灯纪念，于是决定请扎匠师傅用篾扎成竹马，并请一人化妆成关公为活菩萨，以关公解救皇嫂一段故事为基本内容，配以民间乐器道具，四处游玩，接受乡里乡亲们的烧香、朝拜、许愿，逐渐形成了一种集布阵、穿花、跑马等为一体的民间艺术表演形式。

竹马灯又叫“耍马灯”“踩马灯”“跑马灯”“唱马灯”，是一种民间歌舞。竹马灯是由竹子做支骨，扎成马首、马尾形状，糊上纸，内燃烛火，并将前马首后马尾固定在人的身上，类似旱船。铜陵钟鸣竹马灯从人物脸谱、舞蹈动作及队形变化上看，属于表现丰收喜庆迎宾的欢乐场面。全队共 40 多人，八匹马，八人骑，两个小生，一个扮书生手扶扇，另一个执令旗，各骑红马；两个小丑，顽童打扮，各骑白马；其余两对扮村姑和青年，各骑黄马。四盏四角灯，两幅城墙城门布条。由骑红马的小生领头，在广场流动性表演各种队形变化的舞蹈，乐曲有《五更响》《补缸歌》《卖杂细》等。铜陵竹马灯则多表演《三国演义》的故事，表演者脸谱各异，服饰有别，出场时有番兵头、小丑、小生刘状元、番王等，有的还加毛延寿，也是八人八骑。每年的正月十五元宵节，钟鸣竹马灯浩浩荡荡的表演队伍，伴随着龙灯队伍，或走村串户，或进城踩街，或定点演出，热闹非凡，沿途住户家家燃放鞭炮迎接，俗称“接灯”，以祈福迎祥和。竹马灯在钟鸣镇流传已有数百年的历史了。可以说“竹马灯”是集故事情节、民间美术、民间音乐、民间舞蹈、民间手工艺、民俗信仰为一体的民俗表演。

提起铜陵的竹马灯，不得不说一下竹马灯的传人牧怀柱。前不久，笔者在钟鸣镇牡东村白牡岭自然村的农民文化活动中心，拜访了活动中心主任牧怀柱。从牧怀柱老人嘴中了解到，从 20 世纪 80 年代起，他就一直默默地致力于本村的竹马灯制作表演传承工作，现在，他已是年逾古稀的老人了，但始终割舍不掉对竹马灯的深深情感，他对村民们说：“我要做一个守望竹马灯的老人。”提起白牡岭村竹马灯的历史，牧老告诉笔者说，他打小就和长辈们一起表演竹马灯，对竹马灯有着很深的感情。牧老记得，由于历史的原因，20 世纪六七十年代，该村的竹马灯曾一度被停止表演，差点失传。到了 20 世纪 80 年代，随着改革开放的不断推进和农民生活水平的提高，许多传统文化形式得到抢救和保护。正是在这种背景下，牧怀柱老人萌发了恢复竹马灯表演的想法。当时，他是该村的党支部书记，在他的带领下，抢救和保护竹马灯的工作有条不紊地开展起来。1982 年，他前往苏州把制作竹马灯的原材料买了回来，并和另外两个老师傅凭着记忆，花了很长时间画图纸、做模型，从框架结构到花样色彩，一遍遍地修改，终于把整套竹马灯重新做了出来，并对祭拜礼仪、表演戏路等细节进行了整理和完善。20 世纪 90 年代初，牧怀柱老人从村支书的岗位上退下来以后，担任白牡岭自然村农民文化活动中心主任。在他的带领下，本村村民的业余文化生活很有起色，舞龙灯、扭秧歌等传统表演都恢复起来，而白牡岭最有特色的民间文化竹马灯，更是得到了发扬光大。2006 年，他积极配合，将“竹马灯”成功申报为省级非物质文化遗产，让这一古老的民俗文化活动得到系统的保护。十多年来，牧怀柱老人利用一切机会向外界介绍竹马灯，并对竹马灯的制作工艺的改良积极出谋划策。2007 年上半年，为有效地保护好竹马灯道具，镇里拿出专项资金为竹马灯的道具添置了储藏柜，牧怀柱老人就成了这些道具的义务看管人。

滚龙灯

铜陵人喜舞滚龙灯。在 20 世纪 90 年代，钟鸣、天门、东联、西联、五松等乡镇，每逢传统喜庆节日，都开展舞龙灯活动。无论是在集镇上、田埂上，还是在农家的庭院前、广袤的原野上，都腾跃着滚龙灯游弋和翔飞的身姿，人们的眼前便幻化成了龙的世界。关于滚龙灯的来历，民间有这样一个传说：当年明王朝对辰河源征战之时，一条以猪为原型的北方龙溯着辰水翻滚而来。与此同时，久居梵净山的一条以蛇为原型的南方龙也顺着辰水飘飞而下。南北两条龙在上空相会，腾云驾雾，翻云覆雨……随后只见两龙互吞，形成两头一身，最终便在这片天地里飞翔于天，潜行于渊……

2008 年农历正月十五，是传统的元宵节，铜陵市义安区钟鸣镇组织了 400 名当地农民，将传统的“三灯”搬进铜陵市区做了一场精彩的民俗文化进城踩街表演，让铜都市民在传统的元宵佳节里享受了一顿原汁原味的民俗文化大餐。这次进城表演的四条龙灯（一条竹马灯、两条滚龙灯和一条板龙灯）集美术、音乐、舞蹈、民间手工等传统技艺于一体，参加表演的农民年龄最大的已 70 多岁，最小的只有 10 岁左右，其中不少是回乡度假的农民工，这也是铜陵县第二次较大规模组织农民在元宵节进城舞龙灯。在铜都广场上，我一边观赏两条滚龙在对峙狂舞，一边与一位老农聊起滚龙灯。这位老农如数家珍向我介绍滚龙灯的有关知识。滚龙博采众长，其编、绣、剪、画、刻等工艺令人眼花缭乱，其各种难度较高的特技与表演招式让人目不暇接，而滚龙劲舞时穿插花灯表演，更是锦上添花。当然，舞滚龙灯还有许多讲究。一支滚龙灯队 80 人，分工为抬鼓、打鼓、跑龙、跑珠、举牌、指挥。舞龙灯是一种体力活，一般在夜晚耍舞，演出时需要倒班。每条龙有 11～13 个人不等，分耍头、耍尾，两个跑珠的。一条龙 11 节，长 13 米，造型根据传说中龙的形状进行塑造；龙身用长 13 米、围长四尺半宽的一整块白棉布制成，布要越薄越好，这样透光性强；龙头龙尾独立用两块布料制作；龙灯里插的燃蜡是用八寸长的苇秆缠上棉花蘸羊油、牛油多次蘸制而成的，此蜡烛风刮不灭。龙嘴喷的火，也是用谷糠掺入黑火药、薰香酿制，由专用的火纸引燃。舞龙灯所用鼓的制作也很讲究，鼓身直径最小两尺，高为一尺三寸。舞龙灯时，在每条龙头前面有一人手持彩绸扎的“宝珠”，引龙戏舞，舞者必须会左右开弓手持木柄挥舞。舞龙灯过街进行表演，传统以要“二龙戏珠”和“长蛇阵”为主，场地表演要“八门阵”和“四门阵”，所配鼓乐为清代名谱《风搅雪》。传统的打场叫“踩河堰”，然后是“二龙下水”，阵中包含许多故事。“四门阵”套路为：传统三碰头、凤凰展翅、老龙盘珠、卧龙搅珠，最后以二龙出水结束；“八门阵”套路为：二龙戏珠、三不见面（套八宝）、套连环（拉不断），以二龙出水结束。1997 年，正逢钟鸣镇建镇十周年之际，该镇曾组织举办过一次由 1000 余人组成的 10 支龙灯队会演活动，观众多达 30000 多人次。

我们聊着聊着，猛然看见两条滚龙灯随着锣鼓器乐高亢激越的节奏，腾跃翻滚而来，正舞得威猛酣畅之时，打击乐队又突然变得舒缓委婉，两条滚龙，一时间变得柔情似水。时而缠绵，时而嬉戏，情到深处，两条龙头颈相缠，耳鬓厮磨，好一幕情真意切的情爱图。而后，随着人们的喝彩声，两条滚龙灯跟在庞大的板龙灯后面向街心舞去，长长的龙身腾挪跳跃，盘旋翻卷，连绵起伏，犹如波涛翻涌，恰似金龙腾飞。此时，我只好撇下老人慌忙朝着龙灯队伍追去。

2017 年从正月初二到正月十五，钟鸣、顺安、天门、东联等乡镇的农民，都以舞龙灯的形式迎接新的一年到来。

板龙灯

铜陵人爱要板龙灯。板龙灯不像我们平常所见的滚龙灯，板龙灯的头是以钢筋、铁丝网为主骨架、加之彩布、添置灯泡为龙眼，龙头做好了，“龙身”则由一条条长约 1.7 米的厚木板连接而成，俗称“轿桌”，因而在当地把“要板龙”称之为“拖桌”。每条板块上饰有百花灯、彩旗、木雕和泥人等。相传元朝末年，封建统治者残酷剥削，民不聊生，各地农民纷纷揭竿而起。湖南桃源九溪一带以莲花禅寺为聚集点，罗、沙、黄、彭、何氏等族首议定以元宵节玩龙灯为名，称莲花禅祖托梦，日板龙出山，凡男子皆舞龙板。这种龙板合则为龙，拆则为武器，并约定以灯笼、火铳为号。元宵举事，罗鼎公等十余族首殉难。起义虽然失败，但板龙灯由此流传至今，成为我国民间艺术的奇葩。

铜陵人耍板龙灯，是否与湖南人有关，无从考究，但铜陵的板龙灯自古传承，有着久远的历史根源，尤其是钟鸣镇耍板龙灯比较普及，全镇有40多个自然村的农民爱耍板龙灯，以自然村为龙队，一户一板，或两户一板，最长的板龙灯当属钟鸣镇的金凤村钱庄自然村，共有128板200多米长，而泉栏村的板龙灯又称花灯，一板代表一曲戏，在制作上比其他村更是胜人一筹。每逢新春佳节，农户家家张灯结彩，大红灯笼高高挂起，洋溢着喜庆。板龙灯每板差不多有一人高，龙身内可燃点蜡烛，金碧辉煌的龙头，可分可合、灵活自如的龙身，都精致得令人称奇。耍板龙灯的人不是用手舞，而是用肩扛舞。表演时，一人背一条板块，前面摇头，后而摆尾，姗姗而行，过村穿户，过河搭桥，兴师动众，群情沸腾。各家各户，烧香跪拜，祈福讨彩，争先恐后。21世纪初，五松镇耍过50多板一百多米长的板龙灯。这是一次有组织的板龙灯进城踩街活动。耍板龙灯的人，头扎毛巾，身着缀有龙图和寿字的大红背心，在规定的地点列好队，在一阵紧似一阵的鼓声中虔诚地按惯例祈祷新年风调雨顺、五谷丰登。之后，在缓缓的唢呐乐曲中回到自己的位置。“起!”一声号令，刚才还围成一个圆圈静卧着的板龙灯，瞬间变成一条长长的火龙，伴随着激越的锣鼓、震耳的鞭炮声耍起来。在城区的十字街头，这条板龙灯尽情地盘舞着、狂跑着、呼叫着，气势如排山倒海，甚为壮观。

按照铜陵当地传统习俗，板龙灯每到祈福跪拜之家，都要燃放鞭炮迎接，板龙就会昂首张口，跪拜者趁机用自家的红蜡烛，替换下龙口中的蜡烛，捧回自家堂前供奉，称之为讨彩、接福；除给龙口换蜡烛外，还得塞上一个“红包”，俗称“讨吉利”，言外之意，其一是给参与“耍龙灯”者一个“酬劳”，其二就是期盼自己来年“福星高照，事事顺意”。有的还要讨几根龙须系在儿孙身上，传说龙须可壮胆辟邪。盘龙则是耍板龙灯的压轴戏，一般都是在比较大的晒场上，或是城里的十字街口。整个盘龙表演变化莫测，时而转龙门阵，时而变天门阵，时而转五大循环阵，在表演过程中，锣鼓喧天，鼓乐合奏，鞭炮齐鸣，掌声更是此起彼伏，加之旱船、蚌壳精、车上轿等的精彩表演，把传统元宵节闹得热热闹闹、红红火火。尤其是钟鸣、五松两镇和东联乡的耍板龙灯表演活动，别具一格，堪称一绝，真让观众赞不绝口。

铜陵“三灯”不仅具有艺术性和观赏性，且具有铜陵的地方特色。每当新春佳节的喜庆日子里，栩栩如生的竹马灯、滚龙灯和板龙灯，飞舞在田间村头、游弋在大街小巷，不仅给城乡人民带来了浓厚的喜庆氛围，而且使这一古老的民俗活动得以传承，得以弘扬。

牡阳山的“颓尾滚龙”

詹 倩

中国是龙的故乡、龙的家园。腾云驾雾的中国龙，对每一个中国人来说都是一种意念，是一种割不断、舍不掉的情结，龙文化已广泛地渗透到我们社会生活的各个方面，并以盘旋、腾跃、奋飞等多种形式，体现着不可或缺的文化底蕴。

素有“龙灯之乡”之称的铜陵市义安区钟鸣镇，全镇共有30多个自然村有春节舞龙灯的风俗。每逢新春佳节，各自然村都组织本村的青壮年，通过舞龙灯的形式来庆贺新年，祈祷来年的风调雨顺、五谷丰登。钟鸣镇自然村所舞的龙灯也都各具特色，有竹马灯、板龙灯、滚龙灯、花灯、故事灯等。在这些龙灯中，要数牡东村牡阳山自然村的滚龙灯别具特色，是条断了尾巴的滚龙灯。这里的村民将此龙称之为“颓尾滚龙”。

多少年来，牡阳山的“颓尾滚龙”，还流传着一个美妙的传说故事。

相传很久以前，在金榔龙潭肖自然村荷花池边，有一位五十多岁的麻子大娘怀了孕，过了十个月，孩子却没有生下来。又过了一年，还是没有生下来，直到九百九十九天，才生下了一个男孩。这孩子的胸口脊背上长着细细的龙鳞，金光闪闪，耀人眼目。数一数，有九百九十九片。在旁边的接生婆一见，大吃一惊，嚷道：“哎呀，了不得，麻子大娘，你生了个龙神！”

消息传遍整个村子，人人都来道贺。消息惊动了村里的老族长，他听到麻子大娘生下龙种，立刻手持钢刀要来砍杀。乡亲得到消息后，马上给麻子大娘报信，大家细细商量，想出了个办法：将孩子放在菱角盆里，悄悄把他藏到门前的荷花池中。

族长老头儿带人冲进门来找不到龙种，就把麻子大娘抢到家里，逼着她去池塘淘米、洗菜。谁也没有想到，当麻子大娘走到池塘边，轻轻拨动池水，忽然一阵凉风吹来，荷塘深处的荷叶纷纷倒向两边，让出一条水路来，只见自己的儿子坐在菱角盆里，向她漂来。麻子大娘又惊又喜，连忙将儿子抱到怀里，喂饱了奶水，仍然放回菱角盆里。一阵凉风，菱角盆又漂回到了荷花丛中。麻子大娘晓得儿子没有饿死，心里十分高兴。

至此，麻子大娘一日三次到池塘淘米、洗菜，就给儿子喂三次奶水。这样喂了九百九十九天，儿子渐渐长大，满身龙鳞闪亮金光。到了夜里，荷花池中光芒四射。村子里的百姓知道龙种没有灭掉，暗暗高兴。族长老头儿得知龙种竟在荷花池中便又生毒计。一天傍晚，麻子大娘到池边淘米，族长老头儿躲在杨树丛里察看动静，只见碧波荡漾，花叶浮动，一阵凉风吹来，荷塘深处徐徐漂来一只菱角盆，盆中坐着个满身金色的孩子，欢快地举着双手向淘米的麻子大娘扑过去。麻子大娘满心欢喜，正要伸手去抱，族长老头儿从杨树丛中闪出，举起明晃晃的钢刀直向孩子砍去。刹那间，只见孩子从菱角盆里倏地跳起来，化成一条金色小龙，向池中跃去。可是迟了，族长老头儿那一刀砍着了小龙的尾巴。此时的小龙疼痛难忍，一声咆哮，腾空而起，驾云而去。族长老头儿吓得跌进荷花池淹死了，而麻子大娘也吓晕过去，等她醒来，只见前面水池塘已被小龙咆哮出了一个面积很大水深几丈的大潭（后来这个村改为龙潭村，就是现在龙潭肖自然村），一截尾巴还在地下鲜血直淋。于是乎，麻子大娘便抓起尾巴紧随小龙去向追去。

且说这条小龙腾云而去飞过几山几涝，落在现在的牡阳山村的地上，痛得直打滚，全村人都围了上来观看，有位老人急忙安排人员包扎小龙，经过几天调养小龙伤口好转后，又腾云驾雾而去，等麻子大娘提着龙尾追来，小龙已飞远了。后来，这一带每逢干旱季节，小龙就来此地散云播雨，使这个村年年风调雨顺，五谷丰登，人财两旺。

一天夜里，牡阳山村的一位老先生梦中得知，该村年年风调雨顺乃是小龙知恩图报、暗中保护的结果。因此，经村里长辈及老先生商议筹划，请来扎匠师傅用篾扎成小龙形状，用十几个棍子顶着，并用咒语，杀鸡开光，根据小龙打滚的样子形成了一种特别的表演形式，在每年的农历正月初二至农历二月二，一边在本村各家各户接送小龙，一边到周边乡村表演，接收香火，以示纪念。

由于小龙的尾巴被族长老头儿打断了，牡阳山村的这位老先生出了一个主意，请本村一位年长体壮的半老人，化妆成麻子大娘手持龙尾，紧随其后，想接上龙尾，但始终未能接上。所以，牡阳山村现在玩的滚龙，龙尾和龙身是不相连的。后来，牡阳山自然村的村民将这条龙叫“颓尾滚龙”，流传至今。2009 年，牡阳山的“颓尾滚龙”，入选铜陵市第二批市级非物质文化遗产名录。

铜陵市义安区钟鸣镇牡东村牡阳山自然村，是一个由 19 个姓氏组成的小村庄，别看这个自然村姓氏多，但村风淳朴，村民和谐，玩“颓尾滚龙”灯历史久远，上可追溯到北宋年间，世代相传，长盛不衰。每逢国势昌盛、政通人和、风调雨顺之年，他们就自行组织，祈福新年。在历年舞龙灯活动中，通过祭祀祈祷召唤龙的神灵，通过传统节日舞龙灯展现龙的形象，显示龙的神力，焕发龙的精神，以弘扬一种纵横江天浩然宇内的中华民族大气。多年来，牡阳山村民舞“颓尾滚龙”灯，已成为小山村新春佳节一道亮丽的民俗风景，吸引了许多城乡居民驻足观看，为传统春节增添了浓浓的年味。

据钟鸣镇文广站站长缪悟之介绍，牡阳山的“颓尾滚龙”长约 20 米，龙灯表演队伍共有 81 人，其中玩龙球的 1 人，舞龙头的 4 人，舞龙身的 25 人，舞龙尾的 1 人，坐堂锣鼓为 5 人，前场锣鼓为 5 人，后场锣鼓为 3 人，吹手为 4 人，玩云的 9 人，灯会旗手为 8 人，旱船为 5 人，河蚌精为 3 人，放铳的 2 人，灯委会为 6 人。为迎接龙年的到来，牡阳山自然村年前就组建了牡阳山灯会，开始抽调人员，安排好各自的角色，扎好龙灯。尤其是舞龙尾的这个人，必须挑选一个年长体壮的半老人，化妆成麻子大娘，舞着龙尾紧随其后，而玩云的 9 人一律是少年儿童，牡阳山“颓尾滚龙”表演队伍在今年玩云的少年儿童中，最小的只有 4 岁。

锣鼓喧天龙翻腾，欢天喜地庆龙年。曾记得，2012 年 1 月 24 日是龙年的正月初二，这天清晨，我们一行六人驱车来到这个小山村，亲眼看到钟鸣镇牡东村牡阳山自然村的龙灯队成员们，个个按捺不住激动的心情，早早地走出家门，聚集到村里的一块较大的场地上。这块场地，既是“颓尾滚龙”杀鸡开关点睛之后龙灯队伍的出发点，又是龙灯队伍表演结束后的归宿地。顿时，锣鼓喧天，鞭炮齐鸣，人群欢腾，龙灯翻腾。这支 81 人的庆龙年“颓尾滚龙”表演队伍，在上午 8 点开关之后，将“瑞雪兆丰年”写在脸上，踩着积雪走村入户表演民俗节目，把龙年的吉祥送到各家各户。各家各户点上红蜡烛，燃放鞭炮、礼花，将神龙接回家，使这个小山村处处洋溢着中国春节的喜庆气氛。

绿树，蓝天，白雪，五彩的龙灯……这天上午，我们迎着隆冬的寒风，踩着山村的积雪，跟随着“颓尾滚龙”表演队伍后面，一边观灯，一边用手中的相机，去抓拍“颓尾滚龙”在翻腾时，那种洋溢生命活力的气韵。在这里，我感到，再广的镜头，也拍不全蓝天下小山村浓浓的年味；再快的速度，也追不上“颓尾滚龙”那盘旋、腾跃、奋飞的身姿，而定格的只是雪映小山村龙年的张张笑脸……

大通风情三题

詹敬鹏

渔 罾

淮上云垂岸，江中浪拍天。
顺风哪敢望，下水更劳牵。
芦荻偏留缆，渔罾最碍船。
何曾怨川后，鱼蟹不论钱。

南宋学士杨万里在《舟过大通镇》一诗中，以淡雅、凝练的文笔，勾画了一幅水乡古镇渔罾图，描绘出铜陵大通河畔鱼市的兴旺景象。

铜陵古镇大通渔民捕鱼已有600多年的历史了。从明代洪武年开始，古镇大通便有高、张、朱、吴、孙、史、叶等七大姓氏定居在河南嘴从事捕鱼业。这七大姓氏中高姓势力最大，称之为“渔霸”，而渔民们捕鱼的工具多为渔罾。俗话说，农民爱地，工人爱厂，矿工爱灯，战士爱枪，渔民爱罾。大通河畔的渔民爱船，更爱罾，爱他们时刻离不开的渔罾。因为渔罾是大通渔民的亲密伙伴，是渔民勤劳的见证。对渔民来说，没有罾，就没有生活的源泉。这里的渔民往往因为能制作一张称心如意的渔罾，而增添许多生活的勇气。“扳罾得顺手，越扳越有劲”。在20世纪五六十年代，大通河畔的渔民在青通河里曾一罾扳起八百多斤黄姑鱼。20多年前，我在大通镇工作时，曾见到一渔民兄弟俩用船头罾，一罾扳起一百多条鲢鱼。

多少年来，谈论罾，修补罾，爱护罾，一直是大通河畔渔民生活中的一大乐趣，渔民们还深情地把渔罾称之为“生命之罾”。

铜陵大通河畔的渔罾大体说来可分为三大类：岸边罾、船头罾和拦河罾。岸边罾多数有固定地点，大的有一两丈，小的只有一两米；船头罾是安装在小木船上，用4根或2根毛竹支撑起的渔罾，可以划着小木船在河面上来回流动扳罾；拦河罾则是用渔网把整个一段河面拦腰截断，可谓是大通渔民最大的渔罾。

记得孩提时代，我时常来到河边看渔民们扳罾，有时也拿着活动的小渔罾，跟在大人后面学着扳罾，嘴里还不断地念着母亲教给的“扳罾歌”：“扳罾，起罾，扳条大鱼十八斤，大鱼送隔壁，小鱼自家吃……”.在20世纪的80年代初，我从部队转业分配到大通镇工作时，还能看到渔民们扳罾的身影。每当看到大通河上渔罾点点，渔民们扳罾、起罾，忙忙碌碌的情景时，总要唤起我儿时的回忆：西边的天空燃烧着一片橘红色的晚霞。我看见，每当一阵阵微波荡漾的时候，那映照在浪尖上的霞光，就像一片片燃烧的火焰，闪烁着、流动着，消失了，而后面的一排又在闪烁着、流动着，涌了过来。船儿在浪尖上荡悠着，罾儿在霞光中晃动着，鱼儿在罾里蹦跳着，欢乐的渔歌在故乡河畔久久地飘荡着。我因此分外留恋少年时代，大通河畔秋日黄昏的景致，这是一幅渔民们收获喜悦和希望的丰收图景。

如今，随着长江水族资源的枯竭，铜陵大通渔民已由水上漂移居到陆地，再也看不到大通河上“渔罾最碍船”的繁荣景象了，而在20世纪80年代初拍摄的渔民在岸边扳罾的图片，也只能留存在我的记忆里了。

詹氏鱼钩店

在铜陵古镇大通街上，有一个即将消失的民间传统手工艺——詹氏鱼钩店。而詹氏鱼钩店唯一的传承人，是我的堂弟詹金舟。

千百年来，我们的祖先发明了鱼钩，成为沿江渔民从事捕鱼的主要工具之一。我的祖籍是湖北省黄石市大冶市詹家湾。100多年前，我的太祖爷在老家创办了詹氏鱼钩店，詹氏鱼钩店所生产的大小鱼钩有十多种，生产原料是铁丝，不同粗细的铁丝可以做成大小不等的鱼钩。大鱼钩主要有扒钩、挂钩、滚钩、鲶鱼钩、乌鱼钩等；小鱼钩（钓鱼钓）有鸭钩、奔钩、鲳鱼钩、昂丁钩、鲫鱼钩等。而制作鱼钩是一门精细的手工艺，从选材、制作，到用土炉淬火，冷却，退火等多道工序，道道容不得半点马虎，特别是淬火这道工序，要将用铁丝制作成的鱼钩既拉不直，又拉不断，火候是关键，火候不到不行，过了也不行，稍有不慎，做好的鱼钩就会前功尽弃，成为一堆废品。

听我母亲说，20 世纪 40 年代初，我的五祖爷詹顺泰领着他的独生子和我的父亲、二伯父离开詹家湾，来到安徽铜陵大通和悦洲安家落户，也把制作鱼钩技术和詹氏鱼钩店带到了大通和悦洲，经过多年的奋斗，詹氏鱼钩手艺成为皖江一带独一无二的传统老手艺，很受当地渔民的青睐。由于我的父亲患病不幸在新中国成立前夕去世了，詹氏鱼钩手艺就由我的二伯父和五祖爷的儿子继承下来。新中国成立后，詹氏鱼钩手艺又由二伯父的独子詹金舟继承。曾记得，在 20 世纪 60 年代初，五祖爷詹顺泰的独生子（我叫小叔），因膝下只有一女，想收我为徒，跟随他学做詹氏鱼钩手艺。谁知，我这个人不是不聪明，就是坐不住，无心学做詹氏鱼钩手艺，不到一个月我就回到乡下种田去了。而我的堂弟却带着他的詹氏鱼钩手艺加入了合作社。随着长江水族资源逐渐枯竭，詹氏鱼钩生意也随之萧条。虽说迫于生计，我的堂弟詹金舟只得改行学了制作木秤的手艺，但他一个人仍坚守着这一民间传统手艺至今。如今，堂弟詹金舟有时还为少数渔民制作大小鱼钩，不过，只是按需制作。在铜陵古镇大通和悦洲大关口附近的残壁上，现在仍留有詹顺泰小鱼钩字样的痕迹。

为了保存我们詹氏鱼钩手艺的传统制作技术，从 2013 年开始，我与詹氏鱼钩手艺唯一传承人詹金舟商量，要用相机将詹氏鱼钩手艺的制作过程拍摄下来，作为一个非物质文化遗产保存在人间。于是，我先后三次来到古镇大通，跟踪拍摄堂弟詹金舟制作大小鱼钩的全过程。2013 年 10 月 19 日，我首先将堂弟詹金舟制作大鱼钩的工序记录在案，即：下钩料、制钩坯、锉钩尖、锤钩把，将 12 号铁丝做成扒钩半成品；时隔一年后，2014 年 10 月 16 日下午，我又来到大通镇，将詹金舟制作小鱼钩的工序拍摄下来。这次的小鱼钩是用 18 号铁丝制作的鸭钩和奔钩两种，主要工序有：先将 18 号铁丝梳理成辫子状，接着通过锉、粗磨、细磨、锤倒刺，用模型做成鱼钩半成品。前不久，我再次按照预约准时赶到大通，拍摄詹氏鱼钩最后一道淬炉工序。此时，我的堂弟詹金舟和老伴已经将淬炉火烧好，正准备下罐淬火。淬火的工序有：装罐、下罐、淬火、起罐、冷却、锅炒（退火）等。最终，我用了两年多的时间，将我们詹氏鱼钩三道制作工序的全过程定格在相机里。

如今，随着科学技术的不断进步，詹氏鱼钩这一民间传统工艺也会随之消失，被先进的制作技术所代替。然而，我认为，詹氏传统的制作鱼钩手工艺，对我们后人研究具有民间文化内涵的工艺品，还是有一定积极意义的。

木榨油坊

用木榨榨油，是在我国已流传千年的一项古老传统的榨油工艺。如今，随着现代科技的飞跃发展，这一古老传统的榨油工艺已渐渐远去了。然而，在铜陵市义安区钟鸣镇水龙村境内，仍留存着一个百年历史的传统木榨油坊，这是铜陵最后一个木榨油坊，可以看作是我国手工制作工艺的一个缩影。近日，我和几个影友饶有兴趣地专程探访了这个传统木榨油坊，与它做了一次“亲密接触”，并用手中的相机记录下木榨油坊榨油的全过程。

走进这座极为平常的木榨油坊，主人叫张家宏，今年 54 岁，是钟鸣镇水龙村闻家山人。他从 18 岁开始在乡办企业油厂学习木榨手艺，到如今已有 30 多年了，乡办油厂倒闭后，他就在自己的老屋办起了家庭木榨油坊，至今已有 20 多年，始终坚守着中国农业文明中千年的小农经济作坊。他的油坊形式是古老原始的夫妻小作坊，夫妻俩的通力劳作，让浓郁的乡愁依然飘散在铜陵城乡。

在木榨油坊里，我看到了木榨机的主要结构是：用四根粗大的杂木横梁头尾固定，左下方横放油菜籽、芝麻等油料作物饼，右下方安置两排木楔。上榨是个细致活，需要两人默契配合，竖立粉饼，校正铁箍。木楔分为两排，打榨时，一排胀紧则另一排松掉，再松、再胀，挤饼榨油。

在我国长江江南一带，至今流传着木榨榨油关于“木龙”的神奇传说。相传，东海的一龙太子犯了天规，天帝把龙太子贬到人间，古皇伏羲便把龙太子做成“木龙”（木榨）给民间百姓打油食用。如果三年木榨不打油，“木龙”就会发洪水“走龙”，只有伏羲才能镇住它。所以，古代劳动人民每天在木榨油坊开榨前，都要面对伏羲神像，摆好水果等供品，焚香祷告，祈求镇住“木龙”，防止“木龙”逃走。无疑，用木榨榨油是我国古代劳动人民智慧的结晶，而赋予其伏羲、“木龙”的神话色彩，则寄托了劳动人民美好的愿望和理想。

我从张家宏师傅口中了解到，木榨榨油从筛籽、车籽、炒籽、磨粉、蒸粉、踩饼、上榨、插楔、撞榨到接油有十多道工序，除炒籽、磨粉是用机械操作外，其他全部靠手工完成。张家宏师傅介绍说，用木槌榨油是木榨榨油工序中劳动强度最大的，没有一定的力量和技术，那是甩不起来的，这道工序对木榨师傅的身体素质要求极高。榨油的木槌是一根长4至5米、直径为5至6寸粗的檀木，重量大约在80公斤左右。木槌的前端用铁包好，再用一根粗绳拴紧木槌的中部，绳子的另一头拴在空中的木柱上，木槌离地面大约在80厘米左右，主要是便于榨油师傅在操作时，用双手推着80公斤左右重的木槌，一槌一槌将木楔子打进去，把油给榨挤出来。

出油前的最后一步，是最精彩，也是最艰辛的关键环节，那就是榨油。在油坊里，我们目睹着张师傅在酷热的操作间里，穿着短裤，上身打着赤膊，赤着双脚，站在木榨的末端，先是用双手推着木槌前端对着木楔子轻轻碰撞一下，然后用力将木槌向前上方推去，接着，一个后退步，双手又将木槌向后上方推去，这时的木槌离所撞击的木楔子形成斜50度的左右，此时此刻，只见张师傅运用木槌前后上下推动的惯性，随着砰的一声，木槌稳、准、狠地撞击在木楔上。就这样，木槌轮番使劲地撞击着木楔子，对榨榿中的坯饼施加巨大的压力，依靠这种物理压迫使菜籽、芝麻油脂渗出。看着张师傅熟练流畅的操作过程，我们不得不被他在劳作过程中所展现出的力与美所震撼，同时也被他的阳刚、优雅、直爽、纯朴的精神所深深感染着。于是乎，我们用镜头记录下他在操作时最美的瞬间。

“砰——嘭、嘭——砰”，一声声金属与木质的碰撞，一声声悠扬古朴的吟唱，激荡在铜陵水龙仁孝故里，回响在古铜都九榔太阳冲山谷。木榨榨油，至今已有千年历史，是一门传统手工技艺，蕴含着丰富的食油文化，既是一种物质生活的需要，更是一笔宝贵的精神财富。劳动工具，除了粉碎机、炒料锅和蒸料底锅外，纯一色的木具。而工艺、严格流程，全部是手工操作，浓郁乡愁，情趣盎然。也许，传统的木榨工艺，在当今机械化生产流行的今天，注定要接受一次前所未有的“生死历练”吧。不过在这其中，我却坚信，古老的木榨文化应该永远不会被湮灭的。

风貌篇（地域）

枞阳胜迹十一题

欧阳松风

庙巷里与通天里

在枞阳老城的正大街靠近十字路口的地方有一条街巷叫庙巷里，在庙巷里弄口外的正大街上沿街旧时的建筑是整齐地连在一起的木楼梯，青砖二层楼木楼板顶上有半层阁楼开天窗的建筑。这里聚集了枞阳五金交电化工、日用百货、食品和供销合作社等众多商业店铺。记得小时候，我们经常从五交化这边上楼，爬上阁楼沿着黑暗的通道一直走到供销社的楼梯下来，有时候中间的门锁了，就返回原来的楼梯。庙巷里的街道很窄，巷子的中间分有十字道，南北通正大街和凤凰山路，东西通凤凰岭和老城射蛟台。庙巷里有三口水井很是古老，如今还在用的只有王家大屋旁的一口水井了。很久很久以前，庙巷里也是一个繁华的街市，每逢城隍庙会的时候都会人山人海。沿着庙巷里的街道走过，麻石条铺就的街道会响起虚空的足音。下雨的时候，那雨水顺着街道两旁明清建筑的屋檐滴下，在路面的麻石条上会溅起美丽的雨花。

庙巷里的名字缘于达观山下陶公祠旁的城隍庙。20 世纪 50 年代中叶的时候，因 1954 年的长江大洪水淹没了湖东县在枞阳汤沟的县政府所在地而迁往枞阳重建县政府。城隍庙址的所有残存建筑因建县委大院而被完全拆除，仅剩城隍庙前的一个大铁香炉孤零零地遗落在建好的楼房旁边，到 80 年代中叶在盛世收藏的热浪中被不法之徒所获。城隍庙是建于何年何月在枞阳县志上没有记载，而记事的老年人也说不清楚城隍庙的规模，只是说城隍庙很大很大。

百度搜索铁香炉盛于明清，那么枞阳的城隍庙应早于明清。而城隍庙是一城之守护，则为县衙所属。陶公祠曾是枞阳县令陶侃的府衙，后来的历史中是否也以陶公祠为府衙呢？古制城隍是自然神，凡有城池者必有城隍庙。而古枞阳本就是蒲城，南临达观山，北接枞川河，东西设城门。城隍老爷是冥界的地方官，县老爷是阳间的地方官，所以有县治以上的城市才能设有官方的城隍庙，即左城隍右县衙。

观现今世上之遗存的城隍庙，省城合肥的城隍庙始建于北宋皇祐三年（1051），后重建于光绪五年（1879），大殿高五丈余，殿顶有锡葫芦，戏楼高约三米，庙前旗杆矗立，山门口有石狮相对。山门三间，左右耳房配殿，大殿前有铁香炉一座。城隍正殿之中祀奉城隍大神，厢房有城隍夫人。两旁配殿分列八大将、判官、牛头、马面、黑白无常、钟鼓神、十殿阎王、十八司并有阴司刑狱等等。

明朝初年的时候，由于皇帝明太祖朱元璋曾出生在土地庙里，对寺庙有一种如亲人般的情感，所以对土地菩萨和城隍菩萨极为崇敬。洪武元年（1368）太祖下旨封开封、临濠、東和、平滁四城的城隍为王，职位正一品，与人间的太师、太傅、太保“三公”和左、右丞相平级，又封各府、州、县城隍为公、侯、伯，即府城隍为监察司氏城隍威灵公，职位正二品；州城隍为监察司氏城隍显佑侯，职位正三品；县城隍为监察司氏城隍显佑伯，职位正四品，并且重建各地城隍庙，规模高广与当地官署衙门完全一样，还按级别配制冕旒衰服。洪武三年（1370）正祀典，诏去封号，只称“某府或某县城隍之神”，又令各地城隍庙不得杂祀其他神。

我们没有见过枞阳城隍庙的辉煌，但从庙巷里街的残存记忆和老年人的叙说中也能领略到一些那时的繁华。每逢正月十五日的元宵、五月十九日的城隍寿诞、六月初八日的城隍夫人的生辰以及清明节、七月十五日、十月十五日的祭祀，城隍庙都要举行庙会活动。那年那月那日的每一次城隍庙会的锣鼓喧嚣和县衙升堂时的威武庄严。所以枞阳的居民都记得城隍庙前的街巷叫庙巷里。而后来，在清朝的时候一直到 20 世纪 40 年代，另一个名字渐渐替代了庙巷里，虽然城隍庙还在，城隍庙的庙会还继续着，这个名字叫通天里。

通天的名词解释为：“上通于天的本领，比喻本领极大。”问了许多人都不知道通天里的意思，我也只能靠臆想去领会通天里。在达观山射蛟台畔曾经有外国人的天主教堂，是否通天里意为通往天主教堂的小巷呢？和城隍庙一样，人们把通往城隍庙的街巷叫作庙巷里。没有人能解释清楚这些，直到有一天，一位在庙巷里水井边住的王姓的老爹和我谈起了通天里的大概故事。

还是在枞阳县政府从汤沟迁来枞阳，枞阳县大规模地拆建的时候，在庙巷里街中段靠西的建筑中有个童家大院，著名的抗联英雄童长荣的祖居就在那里。还有王家大屋、张家祖宅……后都被县里征用拆建成了枞阳县五金百货公司。在今天五交化的楼址上有一幢张家的祖屋，在祖屋的门楣上写着通天里三个大字。至于为什么在张家的祖屋门楣上写着通天里，王老爹也说不出所以然来，时过境迁，而张家祖屋的后人也不知迁往何地了。

据资料显示，枞阳在唐以后至清末和民国县属桐城。在桐城张姓的历史上能上达通天的人有许多，如明时的张淳，以诉讼上达通天，人称张一包；明时的梅琳，即后来的梅琳张氏，梅琳之父梅继祖，明开国之臣，亦可上达通天。只是这些张姓都是明朝逸事。而只有张淳之后，清朝父子宰相张英、张廷玉，三朝宰辅，三代行走南书房，得尽荣华尊誉，可以上达通天。

往事如烟，我们不能再次回归历史去探索那些曾经，而有记忆的老年人也渐渐地少了。对于一段历史，一段曾经留下的痕迹记忆，我们也只能在叹息和无奈里零零落落地写几行道听途说罢了。

辅仁会馆

沿着古铜色的麻石拼砌的路望向远方，古老和苍凉在回眸里，叩动心弦。

那古宅的青砖、灰瓦、女儿墙，古铜色的麻石门框，古铜色的麻石窗棂，向世人述说着曾经的沧桑。瓦松在秋风里凄凄地摇曳，月季在秋风里孤伫，海棠在秋风里残红。桂花的淡香遮挡不住轻轻忧伤。古老的街巷里不时传来笃笃的足音，仿佛历史的倾诉。

小城，我的家乡！你走过两千多年的风雨悠悠，走过四季、走过汉唐、走过宋元、走过明清，有多少美丽的故事流传？今天，我从你的心窗走进千古枞阳。“轻帆挂与白云来，棹击中流天倒开。五月江声千里客，夜深同到射蛟台。”

桐城派文学三祖之一姚鼐的《夜抵枞阳》拉开历史的序幕。两千多年前，《史记·武帝本纪》载：“元封五年冬，汉武帝登礼潜之天柱山，号曰南岳。浮江，自浔阳出枞阳，过彭蠡，祀其名山川。”明《一统志》载：“射蛟台在枞阳镇，汉武帝亲射蛟在此处。”

巍巍神州，华夏千古。我的家乡小城第一次因汉武帝的传奇而有了它的小城之歌——《盛唐枞阳之歌》：

赤蛟绥，黄华盖，露夜零，昼晻濭。
百君礼，六龙位，勺椒浆，灵已醉。
灵既享，锡吉祥，芒芒极，降嘉觞。
灵殷殷，烂扬光，延寿命，永未央。
杳冥冥，塞六合，泽汪濊，辑万国。
灵禗禗，象舆轙，票然逝，旗逶蛇。
礼乐成，灵将归，托玄德，长无衰。

不论枞阳之名是因汉武帝作《盛唐枞阳之歌》而名，还是因枞阳居枞水之北、群山之南，而又在达观山上长满枞树。总之这美丽的名字对小城家乡就是一种美誉，而小城的山水之美也赋予了枞阳千古灵秀。

站在洗墨池旁我静静地沉默，历史的烟云无数次重复，但历史的故事却无数次更新。“采菊东篱下，悠然见南山。”洗墨池犹在，惜阴亭呢？我仿佛听见枞阳令陶侃在对着枞阳的百姓说：“大禹圣者，乃惜寸阴，至于众人，当惜分阴。”

真的想借一支风烟的狼毫，在这千古的洗墨池里洗尽沧桑，然后挥毫泼墨，一抒胸中的激昂。

大明万历年初，在枞阳镇的永利寺的古道巷，童自澄以“良知”为宗结社讲学，前后历二十余年。至万历二十一年集资筹款于达观山下、射蛟台畔建筑学馆，取名：“辅仁会馆”。童先生说：“余唯孔子之教，以仁为选，会子广求仁以友，为辅仁者，人也。合天下为一人而后可语仁，故君子之当仁与天下共当之。”走出辅仁会馆不远，一代名儒方学渐的“铜川会馆”与之遥遥相望，共同孕育着家乡的文化之源，让小城的百姓人家皆以书为贵，以“贫不弃书”为宝训。

那年那月，父子双宰相的张英、张廷玉曾祖张淳题匾辅仁会馆：“江滨邹鲁”。文化之风昌盛家乡文明，礼义之心贤达小城向往。求学之名扬山川万里。

那年那月，童先生的弟子钱至立在童先生之后继续讲学二十余年，博学风范书香家传，惠及子孙。钱澄之也称童老先生为“一代学宗”。

那年那月，方学渐、童自澄、赵鸿赐是家乡小城的骄傲。而他们的后代晚辈方以智、钱澄之更是家乡小城的自豪。

那年那月，张英、何如宠、吴应宾、方大镇、吴用先、阮自华、方孔炤、张廷玉，那些灿烂的文化在家乡小城一代又一代地交相辉映，引领桐城派文学名扬全国、影响世界。

天下文章在桐城，桐城文化在枞阳。

我的家乡小城，枞水之北，蛟台之南。方苞从这里走来，刘大櫆从这里走来，姚鼐从这里走来。当道光、咸丰年间的曾国藩在他的《欧阳生文集序》中称方苞、刘大櫆、姚鼐皆善为古文辞，并说："姚先生治其术滋精，历城周永年书昌为之语曰'天下之文章，其在桐城乎?'由是学者多归向桐城，号桐城派。"

我为我生活的小城骄傲！因为我的家乡是方苞的故里枞阳！是刘大櫆的故里枞阳！是姚鼐的故里枞阳！莲花湖的荷花记得，陈家洲的芦苇记得，杨树湾的柳絮记得。

一条大江从我的家乡流过，这条江叫长江，我的家乡叫枞阳。八百里皖江四分之一的温柔江水环绕着我的家乡。于是刘大櫆说："我家门前长江水，江水之南山万重。今日却从图画里，青天遥望九芙蓉。"

一条小河从我的家乡流过，这条河叫长河，又叫枞川河。长河岸边，达观山静静地屹立。两千年风烟，汉武帝的皇船不再，射蛟台的古迹苍凉。那千古的楚中祠，早已是荒芜的秋野。寻寻觅觅，早已经没有了方以智的《还庵》和钱田间的北山楼……

只有这深秋的雨，在明清的屋檐下淅淅沥沥、滴滴答答地从夜晚落到天明。我撑着一把雨伞，踟蹰在家乡小城的远古和现代，从戴望舒的《雨巷》里寻找一扇心窗，从这心窗望千古的枞阳……

那"山浮水面水浮山"的美丽浮山，她不仅是千古火山的遗存，不仅是世纪地质公园。她还是文山，有许许多多的历史文化名人的石刻和诗词歌赋作证。她还是佛山，中国的佛教名山之一，有欧阳修和远禄大师的《因棋说法》留存。她还是道教的三十六洞天之一。她还是革命的摇篮，共产党人王步文、周新明、朱缊山、黄镇、任锐等先后在这里为中国的近代革命史留下了光辉的一笔。房秩五创办的浮山中学更是为中国的建设培育了许多英才。

看那重峦叠翠的岱鳌山，她的日月精华孕育了一代美学大师朱光潜。看那天巧如工的大青山，她培育了一代名相、大明相国何如宠。还有那青鸟百啭而鸣的白云岩，人间圣境小九华，青鸟赐福长吉祥。

不说那秦皇汉武，也不说唐宗宋祖，从你的心窗走进千古枞阳，假若你还不认识枞阳，我只能为你惋惜而长叹了。在我的家乡小城有一个地方叫上码头，在上码头的达观山下、射蛟台畔有两个华夏的骄子，他们在初中的306班时是同班同学，一个是让炮弹长出千里眼的钱立志将军！一个是让天宫二号飞上天的朱枞鹏总设计师！

你们知道吗？枞阳就是他们土生土长的故乡。

记忆的牌坊

在我家四楼的北窗，拉开窗帘，射蛟台静静地沉睡在对面的山岗上。天上的月亮是一弯残月，微光下夜晚叹息着。就这样在我的视线里射蛟台荒凉了一年又一年。没有花开，没有春花秋月的日子里，真的渴望有一天射蛟台能恢复它那旧日的荣光。

两千年前的一个早晨，天上的雨淅淅沥沥地下着，旷野里狂风阵阵，在枞川河上从远天接云处浩浩荡荡驶来一片船帆。狂风劲舞着风帆，船上旌旗猎猎迎风招展。船靠岸，马声嘶鸣，旌旗华盖，人声沸腾，锣声、鼓声、鞭炮声。那浩荡的排场啊，从枞川河边，穿过长长的小巷，转过一条塘埂走上达观山顶。

风在狂吼，雨在倾盆，电闪雷鸣。天黑沉沉，地黑沉沉，仿佛是世界的末日来临。从那天边遥远的白浪滔天而来，翻江倒海间就到了山脚下。地在动，山在摇。夹着乌云，一条白色的巨蛟张牙舞爪，涌动着硕大的蛟尾从龙门倾泻着怒涛而来，那血盆大口吞云吐雾般狰狞。

迎着闪电，武士的剑在鸣响，士兵的枪在闪光。汉武帝潇洒地站立在山岗上，迎着狂风，迎着聚雨。他看着远处的巨浪和巨浪中翻腾的白蛟笑了。“我是天之骄子，何惧这妖魔的横行……”随从递上弯月的弓和射月的箭。只见天子刘彻立于天地，脚踏山川，弯弓搭箭，弓如满月。心观眼，眼观箭，箭入云天。

第一箭风停雨歇，第二箭蛟亡浪退，第三箭日出光辉。只见那风随雨，浪随风，风随黑云消沉，一轮红日升上天空。这时漫山遍野鼓乐齐鸣，战士和百姓欢呼万岁。欢乐之情荡漾在枞川之南久久地、久久地好似万山的松涛阵阵……

岁月的烟云磨去许许多多历史的痕迹，只留下一些美丽的故事让我们一代一代地传说着。为了纪念和见证枞阳的曾经辉煌，不知是哪一个朝代，在汉武帝登临过的达观山前，在枞阳老街的上码头、临水靠山的地方面向枞川河、面向龙山的方向建起了一座巨大的牌坊。牌坊的基座是古砖砌就的，三门四柱，在门楣的上方以内凹的形式衔着匾额，雕梁画栋。我不知道那匾额上的字是什么？在走访老街的记忆里有人叫它龙贾牌坊。

那是缘于端午龙舟的时候，在枞川河上有很多支家族的龙舟竞赛。傍晚歇息吃饭，他们会去老街的一个饭店用餐。互相地招呼着去龙贾饭店，有不知道龙贾饭店的便会有人说着在龙贾牌坊的旁边。对于牌坊，老街的人和附近的人都是有记忆的。在牌坊的旁边，龙贾饭店开得红红火火。二层的木结构明清建筑，提供吃喝住的服务。那时的枞川河的上码头上，五湖四海的船来人往。文人墨客慕仰《枞川夜雨》如诗如画的美景，便让龙贾饭店和龙贾牌坊留进了记忆。

在百度上查了一下龙贾的名字，龙贾和龙舒古国的历史便浮现眼前。当然此龙贾非彼龙贾，老人们说龙贾饭店是租了舒姓人家的祖屋开的。而龙舒古国的历史却与枞阳息息相依着。那御龙的故事不知留下了多少遗迹。在枞阳的下枞阳长河口有龙窝，在天峰寺旁有龙门，而天峰寺古名就是龙门禅寺。枞阳古居巢之地，黄连山和花山（小龙山）上有古龙隐寺。枞阳望龙庵远望有大龙山，而远溯重山有龙潭，有龙溪，有龙眠河，有龙眠山……

一座古老的牌坊，在枞阳老人的记忆里不断地重复着。根据它的构造描述，不是近代明清的建筑。在汉武帝置枞阳县以后，古枞阳一步步向我们走来。两千多年的历史里，又演变了多少故事？有一位九十多岁的张姓老人思考了好多天以后肯定地对我说：“叫古枞阳牌坊！”无论对与错，无论真与假，我为老人的记忆感慨和高兴着，因为我从那些老人的记忆里感受到一种爱枞阳的情结。

记得小时候，父亲说他们兄妹从安庆来枞阳就住在枞阳老街上码头的广场那儿。当时那儿是枞阳的菜市场，牌坊已经拆了，而牌坊旁的一块古石碑还在，石碑上的字正是繁体的古枞阳。记起 20 世纪 80 年代在今天的连城西路的路口见过一块界碑，上面写着“棕陽”二字，知道那应是民国时的界碑。而有一次我去谢老谢清泉家，谢老那时已去安庆，他枞阳的家在凤凰山老工会后面的文化馆宿舍。经过工会围墙边的时候见墙边靠着一块石碑，长约两米宽约一米，上面雄宏而刚健地刻着横写的“古樅陽”三个字，旁边是小字的落款。由于时代久远，记不起是阳刻还是阴刻了。可惜，在后来想起时再去寻访，已经找不到了。

太子矶

多少年，我不知道。那首词是宋代词人李之仪用自己的曾经写下了这千古的相思。一首《卜算子》将那真挚的恋情从心口捧出：“我住长江头，君住长江尾。日日思君不见君，共饮长江水。此水几时休，此恨何时已。只愿君心似我心，定不负相思意。”那么，你住在长江的江心呢？“在枞阳县东南约一里的长江上，在烟波浩渺的长江江心屹立着一片绿洲，远看宛若一颗‘绿宝石’镶嵌于雄浑的江面，这就是我的故乡小城，美丽枞阳的铁板洲……”

那年和朋友上铁铜乡去收古董。铁铜乡就是铁板洲、铜板洲、玉板洲现在的地名。在桐城鲟鱼镇的杨棚江岸上船，渡江到对岸，顺江堤右转就进刀铁铜乡的地界了。很远很远的古时候，江心巨石自然成矶（古称罗刹矶或罗刹洲），后来由于往来船只触礁而沉，泥沙淤积，大约在明代中叶的时候铁板洲出水，清代铜板洲、玉板洲相继出水。铁铜乡属枞阳县，但又好似枞阳母亲遗落的一颗玉石。中间隔了桐城的鲟鱼镇，而桐城的鲟鱼镇又好似桐乡放养的一尾游鱼，孤零零地游进长江，游进枞阳的枞川河里。也许是枞阳的灵山秀水、日月精华让它流连忘返吧？这尾游鱼不愿回归桐乡，你看它那美丽的鲟鱼嘴正美滋滋地在枞川河和长江里觅食呢。

沿着洲上的乡村路走着，乡村的风情在那旧色和灰白的居房墙上映衬着房前屋后的杨树、果树等各种的花木。鸡鸭的欢腾和着猪羊的叫声，在几声犬吠声后，有几家院门轻轻地打开，我们走进农家，看着他们和她们从柜子里、从床底下捧出一件件明清的瓶、坛、筒、罐。看着那淡白的、釉红的、青花的、五彩的瓷面上历史的沉淀，伸手轻轻触摸那温润的过往，心底里恰如梦般的甜蜜。在铁铜乡靠近夹江的另一边，洲上的居民告诉我们，临近江面的地方是曾经的太子矶。当年有太子庙、岳飞庙、龙王庙建在江边。驻足江边，江浪一遍又一遍地拍击着沙岸。几点残石，星星点点的沙砾，在江风里早没有了曾经的回忆。路旁杂草里一座小小的土地庙似山野初一十五的常见。几处鞭炮炸后的残红在江风里摇曳着。一个亭亭的女子站在江边，我用眼角的余光回眸着那长发飘逸的背影。她正用手机流连着什么，也许是红尘的许诺和相思吧！

“相思无终极，长夜起叹息。徒见貌婵娟，宁知心有忆。寸心无以因，原附归飞翼。”昭明太子踏歌而来，一曲长相思，掀开了红尘的纤纤帷幔。万水千山，四百八十座寺院，多少楼台烟雨中。也许，太子矶的太子庙也应是那四百八十座寺院之一吧？那庙旁的楼台亭阁，不知又演绎了多少故事。“太子矶又名罗刹矶，江中有铁板洲，铜板洲，玉板洲三洲是今天的铁铜乡。很远很远的时候，在太子矶上有三座庙，最大的一座叫太子庙。人们说那是哪吒三太子在此擒打龙王三太子的地方。”翻开《封神演义》，“只见那龙王三太子敖丙骄横跋扈，凡有江海水域所到之处肆意妄为，欺压善良。一天敖丙来到长江中下游，见江水之中有一巨大奇石突兀水面，便跃上奇石，望着往来江中船只迎风拒浪，船筏摇摇晃晃。觉得有趣，便唤来虾兵蟹将在水底作乱，又呼风唤雨，一时间风雨大作，电闪雷鸣，白浪滔天。许多船只翻沉，船员落水。敖丙站在石上哈哈大笑。这时恰逢哪吒来此，生性疾恶如仇的哪吒脚踏风火轮，手握混天凌，揪住敖丙劈头盖脸一顿暴打，将龙王三太子打死。”后来当地百姓为纪念哪吒，就将那巨大奇石称作太子矶，并在太子矶上建了太子庙。

史书记载：“宋端平三年（1236）蒙古元兵犯淮西，安庆府被迫南迁入长江绝岛太子矶办公，太子矶故名罗刹洲。传古时罗刹有一庙为南朝梁代昭明太子庙。宋《太平寰宇记》记载：‘贵池县有六孤石，生于江中，谓之罗刹矶’。”望过往云烟，我相信这太子矶上的太子庙应是南朝梁武帝修建的那四百八十座寺院中的一座。只不过当昭明太子在此读书和编辑《文选》以后，人们为了纪念昭明太子和那美丽的诗词歌赋而以太子矶和太子庙来命名了。太子矶，李白来过，陆游来过，都是为昭明而来。明朝钦点状元黄观，时人称：“三元天下有，六首世间无。”他为明朱允文亲用，燕王举兵，奉诏安庆募兵，旋闻京变，在长江太子矶自溺。一片丹心化无数珠玉，后人称其为黄公玉。

唐代诗人王维有一首诗：“红豆生南国，春来发几枝。劝君多采撷，此物最相思。”不知这相思的红豆是否最后种在了那无锡顾山的香山观音禅寺不远的草庵门前，那庵叫红豆庵。红豆树还在，年年结相思，红豆庵何处？风烟续爱情。“昭明太子姓萧名统，字德施，小字维摩。是南朝梁武帝萧衍长子，天监中立为皇太子。太子勤勉厚孝，博学多才，为编《文选》召集一班文学才俊往来于父王所建的全国四百八十寺院亭台楼阁，历时数载编成《文选》。”太子在无锡顾山的香山观音禅寺编辑《文选》的时候。在山下古塘集市遇见了一位秀丽的江南女子。那女子便是带发修行的慧如，他们一见钟情。“那是一个明媚的莺啼柳浪、桃花衔露含春的清晨。在顾山的香山观音禅寺文选楼休息之余，太子步出禅寺，骑上他心爱的白马下山去集市古塘游玩。他策马从集市中缓缓走过，哒、哒、哒的马蹄声踏着古塘的青石板路格外清亮。那是一个美丽的错误，在江南美丽的烟雨里，那美丽的蹄痕溅起水花。一位江南女子云鬓高挽，一袭素雅的青花，手挎青竹编就的菜篮。恰好经过身旁，那转身回眸的温柔，那顾盼流波的美目。她面若桃花，秋波含黛，春情洋溢，温婉而清丽。江南的女子出尘脱俗，不带半点人间烟火。那一瞬间，正如太子所编的《文选》那诗，那词，那歌赋；那山，那水，那风月。都不及这女子的美丽。一见倾城，再见倾国。太子轻握缰绳侧身下马，牵着马远远地跟着女子，忘记了道歉。就这样远远地跟着。回到了顾山，在离香山观音禅寺不远的山坡上，一间精致的草堂，庵门微掩。他情不自禁地推门，当那微掩的门儿推开，只见那女子静坐桌旁微笑，一炉沉香在古铜的香炉里飘着清香，一卷佛经轻盈地握在手中，恍如观世音重现。他静静地坐下来，凝神听她说着佛经的精义，禅心如慧，百般纤巧。他问她的名字，她轻轻地说着：慧如。世上一切敏慧如她的天姿。他们倾心地谈着、说着，谈经论佛，吟诗作赋，演绎着人生最美好的红尘。”

时间匆匆，一天又一天，一月又一月。“山月不知心底事，水风空落眼前花。”“梧桐树，三更雨，不道离情正苦，一叶叶，一声声，空阶滴落到天明。”《文选》编好了，太子要回京城了。此时的太子多么希望自己不曾是太子。临别的时候，他握着慧如的双手放在胸前深情地许愿：“等着我，不日我会用紫盖香车来迎娶你回京。”慧如站在白马的旁边，凄凄地望着太子，望着她深爱的萧郎无语凝噎。半晌从怀中取出一物放在太子的掌心，紧紧地握着太子的手说：“从前有妇人为情滴泪成血，化作相思豆。如今我用一双相思豆送君，如果君能早日归来，我应当不会有这样的厄运。不然，日后望萧郎见红豆如见慧如吧。”

“千万恨，恨极在天涯。”温庭筠一阕《新添声杨柳枝》词“玲珑骰子安红豆，入骨相思知不知。琉璃梳子抚青丝，画心牵肠痴不痴”，写出了慧如的等待。春去秋来，风华易老，几年后，太子重回顾山，下马后直奔慧如的草堂。也是群山春正浓，也是桃红柳初绿。草堂还在，庵门微掩，推开门，那炉香依旧清香，那卷佛经静静地放在桌上，物是人非。慧如早已化作相思泪，沉寂在无尽的期盼里。太子悲伤欲绝，含泪将那双红豆种在草堂门外、慧如的墓旁，将草堂题名“红豆庵”，带着对慧如的思念和依依不舍离开顾山回京。几年后，太子忧郁而终。那年他 31 岁，不知在天上可与慧如相聚？

望江水浩渺，千古烟云仅剩那时的清风明月。太子矶因挡长江航道早已湮灭在无情的历史炮声里。我真的想转身问那美丽的女子：“你认识慧如吗？你知道相思红豆吗？”也许那女子正是慧如的后代，今天来这里替远古的爱情凭吊这一江春水而梦逝的太子矶。

吕蒙城

泉潮天万里，一镇屹天中。
筮宅龙钟地，承恩燕翼宫。
环堂巍岳秀，带砺大江雄。
轮奂云霄望，晶华日月通。
凌烟乔木茂，献宝介圭崇。
昆俊歌常棣，民和教即戎。
盘庚迁美土，陶侃效兼庸。
设醴延张老，开轩礼吕蒙。
无孤南国仰，庶补圣皇功。

——陈元光

在白鹤峰顶，清晨东望，远江连天处一轮红日喷薄而出，如清水洗涤的玉盘柔和而晶莹。那从水面跃入云空的一瞬似大地睁开梦的眼睛，从深红到浅红到云霞万朵。江面上的船只、岸边的柳林、青山绿树、红砖青瓦，那高楼、那桥、那路、那田野也在瞬间醒了。风在轻轻地吹拂，浪在轻轻地摇曳，鸟儿唱起了红尘欢乐的奏鸣曲。

极目远眺，江水绕过白鹤峰前，沿着铁板洲的护堤东去，在开阔处汇入碧空。左手边摩旗山脉绵延断续在白鹤峰山脚下，星星点点的房屋连缀着沿江岸向前。一座小城，街巷十字纵横。靠摩旗山坡，那古老的苔痕、残碎的砖瓦演绎着历史的风云。耳际听满山的树在风中告诉我这里曾经的繁荣。是风烟？是笙歌？还是我的吕蒙城？

那年大约是建安二十年（215），在长江中下游的某一段靠北的江岸上，一座高山挺拔巍峨地屹立在江边。那时候，江面一望无际的开阔，铁板洲、铜板洲、玉板洲还没有形成。一天早晨，几骑战马的嘶鸣打破群山的宁静。林鸟惊飞，山兽回避，一路上战马奔驰，马蹄急急，不一会就上了山顶。放眼四望，群山起伏，绵延纵横，山外青山环绕着长江。南面长江浩荡，江水汹涌澎湃地环抱着高山。从白鹤峰西去，枞川河绕着古老的枞阳城一路向西，过双河口入菜子湖。吕蒙大将军手挥鞭策马沿着山脊顺着长江东西纵横驰骋。从白鹤峰到金山峰、从摩旗岭到青山巅、从石矶头又回白鹤峰，几个来回后站在摩旗山顶望长江浩浩东流，放声大笑："在此筑城乃扼长江咽喉也。进可攻，退可守。内河湖泊练兵，更壮军威也。"将军一声令，吕蒙城环山依水，雄峙长江。北依摩旗山，南临扬子江，东入青山石矶，西连白鹤峰。城内大兴土木，屯粮、招兵、秣马。

沧海桑田，茫茫云烟弹指间。"滚滚长江东逝水，浪花淘尽英雄。是非成败转头空。青山依旧在，几度夕阳红。白发渔樵江渚上，惯看秋月春风。一壶浊酒喜相逢。古今多少事，都付笑谈中。"两千年风云，吕蒙城早已不复往昔的峥嵘，仅在每年的枯水季节，江边的城墙下依稀能看见那残存的碎砖。城内在摩旗山坡上，尚能寻觅到那远古的城府、城隍、大戏楼、吕蒙粮仓、铁凝坝、孝子牌坊、祇园庵的残存。走在小城的街道上，回想着童年的时候，这里曾经是造船厂的厂房。那宏大的规模，那下水的舰船，我想也不止于当年的吕蒙城吧？江水萦绕，西别白鹤峰，溯枞川河而上。环落箭墩，经天峰寺，过双河口便是菜子湖了。吕蒙将军在没有战事的时候一定会在菜子湖上操练水军。菜子湖接龙眠河、孔城河，那孔城镇就天经地义地成了吕蒙城的后方大本营了。

每天，于晨练中踏级登上摩旗山，登上汉武阁。万里长江如练，在那满怀豪情里沐浴着江风。我闭目沉思，千古伟业如风吹过耳际的嘶吼。放眼许许多多远古的山脉如今是一幢幢高楼崛起。在我的以后的红尘里，可还会有人如我的执着，寻觅着一个个记忆的梦！让那不变的明月和清风告诉你吧："这是我的吕蒙城。"

蛟台里

在你的记忆里，还记得童年吗？在你的记忆里，还记得《雨巷》吗？当我一步一步点击这历史的沉淀，那过往的炊烟和着晚云在我的古城如诗般柔和着两千多年的风尘轻唱……

很多年以后，母亲告诉我，我就在其中的一张图画里走进红尘。那幽幽的古老，磨刻着远古苍凉的石板路，如音乐般一级一级从蒹葭苍苍、白露为霜的诗经里走来，沿途是汉唐的风月，沿途是宋元明清的硝烟和繁华，苍苔记忆着兴亡。那大运河是否也曾带着隋朝的历史从长江流过枞川呢？我的梦里，隋炀帝正坐着皇船龙舟去看琼花呢。

梦醒时分，我回首达观山时已是黄昏。汉武帝的旌旗猎猎在万里长江上乘帆破浪而来。哦，射蛟台，蛟台里，《枞阳之歌》……我一步步走着，一步步数着历史的年轮，出生、成长、成熟，少年、青年、晚年。我的历史，我的记忆，我的古城哦。这里有惜阴亭，这里有洗墨池，这里有北山楼，这里有钓鱼台、读书亭……从秦皇汉武到今天，我爱的小城天天随我做着一个如诗的梦，清风明月，悠悠枞川。醒来吧，天亮了……

“（元封）五年冬，行南巡狩，至于盛唐，望祀虞舜于九嶷。登潜天柱山，自浔阳浮江，亲射蛟江中，获之。舳舻千里，薄枞阳而出，作《盛唐枞阳之歌》。”西汉元封五年（公元前106）的冬天，汉武帝出驾南巡，他沿江而下，抵达枞阳时，忽见江水泛滥成灾，波涛汹涌。汉武帝登上枞阳江岸边达观山，他怀疑江中有蛟龙在兴风作浪，于是捻弓搭箭，射向江中，顿时风平浪止。汉武帝非常兴奋，即兴《盛唐枞阳之歌》记载此事。

很小的时候，我的家也是住在蛟台里，那是靠近长河边上的地方。我家的对面是一栋工厂的仓库。青砖青瓦，仓库很大很大。在仓库的前面也是一排住房，那一排住房的门前就是长河了。

那时候还不知道长河还有一个美丽的名字叫枞川河呢！河岸密密的杨柳一望无际地沿着河岸伸向远方，河水清澈明亮，在清波里许多鱼儿游来游去。冬天的时候，天空飞着雪花，鹭鸶在长河的空中盘旋上下，一会儿鸣叫着振翅飞翔，一会儿闪电般冲击水面，溅起美丽的水花。长河上的船儿来往如梭，有带篷的小渔船，有架着大铲网的铲筝船，有运货的帆船，还有突突响的机帆船。芦花渡口的木渡船不停地来往于两岸，早出晚归地忙着。在长河的对岸杨柳密密地沿岸生长着，春暖花开的时候，岸草青青，百鸟齐鸣。

沿着河岸，从大仓库旁边有一条不大宽的路通往街上，路的两边住着人家。长河边的一处木跳板，每天都会有一个挑水的人来这儿挑水，他那风霜的脸上写满小城的历史。我几次好奇地沿着他的沉重一直走到那烧水的水炉。一条古色古香的街道横断去路，街上苍凉而繁华的叫卖声此起彼伏好似音乐的合奏在演绎着平凡的生活。走过街道，路的两旁还留存着些许历史的记忆。那木结构的古建筑颤颤巍巍地看着未来，苍老的灰瓦上长满瓦松，落满衰草和秋叶。一口古井在古老的巷旁哼着古老的歌谣。那斑驳的苍苔是一页又一页的沧海桑田的变化，它还在继续地生长着，生长着，把今天、明天长进历史。

听蛟台里的老人讲着过去，走过明朝的扬子升井，沿着山脚的一条塘埂左拐大约一百米，那里是一座古老的寺庙。寺庙一开三进地依山坐落在山脚边上。在远古的时候，寺庙就存在了。老人说着历史，他的脸上慈祥和蔼充满开心的微笑。他是土生土长的家乡人啊，他深爱着生养他的家乡。听一股清风响过心灵，那是两千多年前的某一天的某一个时辰。长河上，旌旗猎猎，锣鼓震天。一望无际的远方有船驶来，一艘，两艘，三艘，过尽千帆，还有千帆影，无数的汉宫皇船彩旗迎风招展。黄幡盖天，人山人海。沿着长河在小城的河边上岸。沿着那不大宽的路，走过繁华的街道，一直绕过那塘埂，登上一座不高的小山，那山的名字叫达观山。汉皇一箭蛟患平，小城从此有扬名，千古枞阳迎旭日，长河碧波歌无穷。那山的高处就有了汉武射蛟的遗迹，那山脚下就建起了一座寺庙。起初，寺庙里供养的应该是汉武大帝吧？日月轮转，那庙里供奉了关帝，供奉了屈子，供奉了观音。达观山下，当年汉皇走过的路就叫蛟台里了，它因汉武帝的射蛟台而得名。

射蛟台一直是枞阳历史一个独特的人文景观，历代文人于此留下了大量诗章。姚鼐的《夜抵枞阳》："轻帆挂与白云来，棹击中流天倒开。五月江声千里客，夜深同到射蛟台。"清顺治四年，铁骨御史左光斗公的女婿、明末清初著名的反清复明人士方文曾筑庐于射蛟台下。他痛哀国破，浪迹江湖，终身不仕，隐居于江滨古镇枞阳。他在《初度书怀》一诗中写道："流落江湖岁晚回，卜居预指射蛟台。独怜江上鲸波恶，万古还思汉武才。"诗外之意很多，故国之恋和流离人生的种种况味，如江水东流，言之不尽。

《史记》《资治通鉴》都有相同的文字记载，《明一统志》表述更为具体：射蛟台在桐城县（明枞阳隶属桐城）枞阳镇，汉武帝"亲射蛟"于此地。宋代学者苏辙引述张文潜的诗作，其中也有"龙惊汉武英雄射，山笑秦皇烂漫游"的句子，"龙惊汉武英雄射"说的就是汉武帝在枞阳射蛟的英雄气概。后来明代欧大任有《泊枞阳眺览遂忆汉武之游》诗："行役届皖城，放舟下枞阳。原隰郁膴膴，江波浩荡荡。忆在元封中，君王狩朱方。大江深且广，及兹一苇航。弯弧射蛟台，皇武何可当。宸游事既往，六合无回光。不见楼船还，空余蕙兰香。"明邑人、佥都御史方孔炤还曾有一首咏《射蛟台》诗："南狩元封汉五年，舳舻千里薄枞川。浔阳日照朱旗动，天柱云开翠盖悬。远望楚中祠古帝，作歌海上返甘泉。射蛟惟有空台在，秋色东来起暮烟。"类似的诗词歌赋千百年来不计其数，四海传扬。不难想象当时的场面是何等壮观，也不难想象当时的汉武帝是怎样的意气风发、豪情万丈，引起后人无数感叹。

在小街的出口，一座雄伟的古牌坊高高地耸立着，那牌坊上的匾额写着"蛟台里"三个大字。在小街的里面从拐九弯过去，有一处广场，那儿有一座巨大的石碑屹立着，上面苍劲地刻着"古枞阳"。

我家住在蛟台里，拉开我家四楼的北窗，对面射蛟台正在清风里沐浴着朝阳。蓝天白云，一片希望。听说古老的上码头就要改造了，不管是真是假，这都是希望。毕竟历史沉睡得太久太久了。那射蛟台，那楚中祠，那钓鱼浦，那银洲街，那都是小城枞阳的骄傲啊！

明月上中天，我在蛟台里枕着历史入梦。

天峰寺

古寺神工石凿梯，天峰深处白云低。
烟波浩瀚天涯水，车马铃箫一局棋。
万类欣荣舒画轴，三阳开泰入诗题。
佛即是心心是佛，松风山月证菩提。

——许志熹《天峰寺》

新公路从枞阳县城一路可以至小缸窑转向义小路。枞阳的义津经雨坛到小缸窑，路口右转通宜城，左转到枞阳。那往昔的晴天灰尘蔽日，雨时脚淌黄泥的景象已是昨日云烟。环路两旁，连城湖，岱冲湖，连城山，杨家山，兔儿山，鲤鱼岭，山清水秀，春光明媚。天峰寺坐落在杨家山上，古时候叫麻山。杨家山的天峰寺千年梵音，木鱼声声悠远，岱冲湖如世外仙源，春来杨柳绿，三月菜花黄，四月紫云英花海，那如云霞的岱冲湖岸不知引来了多少慕名的向往和诗词文章。

浅夏的傍晚，当夕阳的余晖拂过我住房的阳台，远山进入红云的初梦。炊烟起时，眺望城西的山岭，宜城的花山、与花山相依的黄连山、隔连城湖相望的连城山尽在暮色里沉醉着。站在阳台上我静静地眺望，待夕阳西下，转身书案，捧一本书静静地读着。书的名字是《话说天峰寺》，枞阳县志办的陈松郭编著。

“道光七年《桐城县志》山川篇记述，‘柴林之左过峡西，行起花山，县南百里一名黄连山，怪石苍崖，奇峰峭壁，林箐深蔚。与连城山相对，舒桐怀潜四邑之水俱会于山麓，以趋枞阳而入江焉。（菜子湖下有峡山，山之南为连城山）连城山连山如城，层岭数重，危峰耸叠，最高者曰莲花峰，峰顶有金牛宕，雨后瀑布朝阳射之若霞，绮然。’”《舆地纪胜》官吏下：“南唐徐骑省，注云，桐城南百里地名连城，四面不壁，居湖中，古木参天。有徐常侍庙，居人谓即骑省也。骑省字鼎臣，名铉，在南唐以直贬在舒三年，其作龙门寺记。有叙云：‘予倾岁谪居此地，思过三载。今山下有徐及二张公合祠，西南为连城湖，湖西道旁有大石，上镌字曰四水汇同此山关。'"

枞川长河静静地流淌，也许，在那汉武的皇船旌旗华盖，龙舟飞舸的浪涛拍打河岸的时候，也许那汉皇武帝离船登岸，沿着柳荫的小路走进古老原著民的街巷，再沿着那淳朴民风的街巷走进后街，沿着那达观山脚的塘埂转上达观山时，那长河里的蛟便兴风作浪了。那蛟应该是给汉皇武帝一个下马威吧？管你大汉的天下，老子便是一条不听话的蛟，老子偏要岸上的人民来一次惊慌和家园被毁。而汉皇武帝也是狂妄骄横，老子是天之子，怎么会怕你小小的蛟虫，所以便左踏青龙，右踩白虎，弯弓搭箭，给了枞阳一个千古的美名。

我不经意地从书中走回现实，又从现实融进书里。我知道那蛟不是龙，它还没有升阶成龙便在狂妄里碰上了一个更狂妄的刘彻。蛟死了。我却觉得达观山之南、枞江之北的故乡不应是元封五年置县的名字，她的名字应该更远古，更富有传说。岁月幽远，古宗子国，不知古苗的原著民是怎样的在这片热土上繁衍生息。相信他们和她们不会是哑巴吧？不会连结绳记事都不会吧？“山之南为阳，水之北为阳。”山之南为阳是因为太阳的光环照在了山之南。水之北为阳是因为有太阳的光芒照在了水之北。枞阳就在达观山之南、枞水之北，它理应被称为枞水之阳的枞阳。只不过汉武皇帝经过枞阳时踏上了枞阳的热土，又留下了射蛟台的传说。还有那千年传说的《枞阳之歌》，那时便是枞阳置县之始。

在连城山连山如城的岁月里。有一个美丽的传说，天峰寺后有一座小山叫鲤鱼岭，也叫鲤鱼山，远远望去似一条活蹦乱跳的鲤鱼。因鲤鱼跳跃山涧，那落下的鱼鳞便成了鱼鳞石，那鱼卵变化成了鱼卵石。在远古，那年的天峰寺静静地坐落在麻山上，东南是连城湖，门前远眺是花山，正和麻山对峙，麻山的西边是菜子湖。水环山绕，山水相依。汛期时桐怀舒潜众县之水都直涌麻山，聚汇枞阳河水而出，浩浩荡荡，绕小城东流经过白鹤峰入江。其时，虾蟹万千也顺流而归江海，年复一年江海不堪拥挤和生存。海龙王上奏朝廷请求玉帝帮忙解决鱼满为患。玉帝看了“凡间山里万千河山”后下旨一道，在麻山和花山之间设了一道门槛，其高三千六百丈，名曰龙门口。从那以后便有了鲤鱼跃龙门的故事了。那蛟是一定不能跃过龙门的。

小时候，下雨过后，叮咚的山泉一路欢歌流下小溪。你会看见许许多多的鱼儿向着流水的地方往高处跳跃，村里的老人说这叫鱼上水，也是跃龙门的一种现象吧！龙门禅寺便坐落在龙门口的麻山上。登山的石阶青苔苍苍，山径森林疏密的枝叶间阳光温柔地泻洒着，风吹过时舞影婆娑。“天峰寺在枞阳之西连城湖小缸窑村的杨家山，古称麻山。自唐建寺以来古称龙门禅院，后因兵毁，由宋代游僧清远禅师重建。宋太平兴国元年（976）南唐散骑常待徐铉因直言被贬枞阳连城，就住在麻山的龙门禅寺里。徐铉（916－991）南唐、北宋初年文学家、书法家，字鼎臣，广陵（今江苏扬州）人。历官五代吴校书郎、南唐知制诰、翰林学士、吏部尚书，后随李煜归宋，官至散骑常待，世称徐骑省。淳化初因事贬静难军行军司马，曾受诏与句中正等校定《说文解字》。工于书，好李斯小篆，与弟徐锴有文名，号称二徐。又与韩熙载齐名，江东谓之韩徐。”

山寺庄严，坐东朝西南，门前两旁双狮雄踞，宜城迎江寺方丈皖峰大师亲题天峰寺，中进大雄宝殿赵朴初的墨迹如新。站在寺门前远望龙山如黛，花山碧翠，黄连山树木崖壁峻秀。连城湖波，渔舟点点，波光粼粼。绕过寺后，一片翠竹幽径婉转通向山上。寺右之上不远处高崖巨石挺拔，天柱石如上天峰，大印石庄严威武，令牌石肃穆敬仰，青蛙石如真似幻。各种巍峨峻峭，巧夺天工。“陋室铭曰：山不在高，有仙则名。”天峰寺所在的山并不高，但山上的这一块巨石如笋直指天心，仿佛是佛祖如来的一柄长剑，庄严地插在红尘的仙山，在杀伐里沉静着深奥的禅意。我想，天峰寺的寺名是否是这天峰之石的寓意呢？不管是天峰庵还是天峰寺，远望巨石插云霄，禅心静入天峰。

那一年，徐铉贬谪连城，故友舒州知州陈洪寿与徐铉二人踏马而来，正是冬寒飞雪的时候。在连城山边的一块巨石坡前，徐铉的马儿突然四蹄踏石长嘶，抓起缰绳时马儿前蹄高扬驻足不前。两人坐在马上，望着前方连城湖水滔滔，汪洋一片。远山松涛阵阵，狼声低吼。天上雪花飘落，寒风侵冷人心。徐铉叹道：“陈兄，此马踏石不前，应是让我在此下马了。”陈知州望着汪洋似的湖水和天上的雪花，听着山中的松涛狼嚎，笑道：“真是雪拥连城马不前啊。”想当年，韩湘子成仙，韩愈谏迎佛骨谪贬，也正是雪拥蓝关的时候。二人如是下马来到麻山龙门禅寺，方丈迎二人入寺，知是陈知州和徐尚书，便高兴地奉茶备斋。席间陈知州便将徐铉安顿与禅师为伴住在龙门禅寺。徐铉送陈洪寿知州出山门下山到马踏石不远的石坡边，挥手送别，高声吟道：“一腔直言九重天，朝奏夕贬陌路间。欲为南国兴邦事，宁洒热血玉阶前。云横白鹤家何在？雪拥连城马不前。陈兄远送殷殷意，惜别依依云水边。”

知州走后，徐铉在龙门禅寺留住，编写他的文集，探研和搜集当地的风土人情，访遍连城诸山，和当地的乡间百姓相互交流，深得连城百姓敬爱。当时枞阳古镇上的一个姓张的秀才慕徐铉之名，便携美酒和厚礼登龙门禅寺访徐铉，求写龙门禅寺碑记。徐铉慨然应允，泼墨挥毫而就，一篇《龙门寺记》字字珠玑，句句凝霞。张秀才万般高兴，携书回城，古枞阳的乡绅富贾纷纷捐银将《龙门寺记》刻碑送往龙门禅寺恭立以供游人欣赏。后因岁月风雨和游人拓碑者众，碑刻的字迹被磨掉了，仅剩一方磨光的无字《龙门寺记》碑，徐铉的《龙门寺记》手稿也消逝在历史的长河中。

当思绪回到现实，合上《话说天峰寺》，对天峰寺的印象还是模糊的。虽重建天峰寺碑叙有望潜天柱峰而得名天峰寺，那只是近年的碑刻。想历史上的龙门禅寺，那唐时的寺院又叫什么名字呢？宋初清远禅师重建寺时应该沿用的古名，叫龙门禅寺。因为徐铉谪贬连城时山寺正在，而《龙门寺记》应该是事实。历史的炊烟袅袅，也挡不住太阳的东升西落。从宋初的龙门禅寺到明崇祯七年(1643)的天峰菴，岁月沧海桑田，到顺治十一年(1654)智湘大师重兴山寺，再到乾隆年间张廷玉次子、进士张若澄题写“天峰寺”，又是百年烟雨。从天峰寺遥望潜天柱山，俯察山川大地，令人遐想无限。我想或许是两千多年前，汉武帝从浔阳浮江拜南岳天柱山，后来到枞阳达观山射蛟，并写《盛唐枞阳之歌》，由此对枞阳这方土地产生丰厚影响。

多少次经过天峰寺，多少次登上天峰寺，流连于寺后的天柱石仰望那一柱擎天的雄伟，心中默诵枞阳镇夏翼丞和清光绪年间举人柏松如为天峰寺写的对联：“天在上头，心地空灵神自在；峰来对面，仙云缥缈佛如来。”“天际白云，有卷有舒迎古佛；峰前碧水，无波无痕渡慈航。”

凤凰寺

凭良心讲，北山的凤凰寺被建得不成寺。

善缘之起，建一座善意的非寺，使得北山风景差了许多。从南面上山九十步石阶，从西面上山沿凤凰山路转向菜市场，由北坡拾级而上，然后绕居民小路屋角拐巷向西上山，四十九步石阶，不论南北东西终归于两条路上北山凤凰寺。

据住寺旁的百姓说初一、十五、佛斋日可得进凤凰寺，平时寺内有狗比较凶狠。我不知一个信善缘的师傅何故养两条凶狗于寺院。

那天，天微阴，偕朋友上北山凤凰寺，从南面大街上山，拾级而上。寺门上锁铁栓，适逢一老人下山，叩问中知可开门进寺。便伸手开门，不及拨栓，便见两条凶狗出佛堂迎面扑来。惊悸中，寺里出一妇女。楼上开窗处也有一妇女伸头。朋友想寺中妇女约束凶狗，以便进寺。奈妇女不肯，心悸之余便想沿寺绕过上北山顶，而凤凰寺恰其中断了上山顶之路。不似一般寺庙而沿山体建筑，留有上山小路可以与人方便。无奈下山，只在石阶处拍了几张照片。

北山，居古枞阳镇，以达观山脉沿西向东蜿蜒，凤凰山起伏向东，地势崛起而可远眺四方，故名四方岭。明以前，北山无名，仅以岭称之。北山之名缘于钱澄之《北山楼记》。西岭下永利寺雄峙，山坡辅仁馆曾经书声琅琅。岭东北依山脚有莲花湖波光涟漪，荷香清远。横向望枞阳长河而去商铺鳞次栉比，万商云集，亦枞阳镇古万商集也。从桐乡鲟鱼嘴渡柳林渡（今天的万商集渡口），过枞阳长河沿河阶上岸，便可入集市游玩。

北山隔万商集与龟山相望，龟山龟背耸屹，龟头伸向莲花湖，龟尾游弋枞阳长河。从龟山过去向东便是枞阳长河的水流涌向江口。一座孤山耸起，便是白鹤峰。龟鹤守城，益寿延年，雾锁江河。

枞阳便是一座宜城，山水锦绣，岁月匆匆，岭南一座石舫，如航船靠岸。石舫上沿绕过一处陡崖便见平坦，平坦处一洞天然，百姓呼之为老虎洞。岭西有小路翻过凤凰山向达观山可见陶公祠、惜阴亭、洗墨池。再沿达观山岭向西可见射蛟台、钓鱼台。凤凰山与达观山间有宋黄山谷读书亭，今名达观亭。古时遗迹，都只成今天的文字记忆了。

清时乡贤刘大櫆建藏书楼于北山，其时山名四方岭。刘大櫆在山顶建亭，名四方亭（又名四望亭），并教学于四方岭上。后来藏书楼与四方亭被毁，清末民国初，四方岭上建有清音寺。一代抗联英雄童长荣的妻子何坤芝就在清音寺带发修行，并靠化斋求缘的施舍奉养着英雄的母亲。

北山的西面，每天的夕阳余晖里山色红云。在山边的一片居民区里住着一户童姓居民，父亲叫童祚甫，他的儿子就出生在这里，名字叫童长荣。后来，童长荣长大后东渡日本求学归来，抗日战争爆发，为了祖国他勇敢地赴抗日前沿的白山黑水加入抗联。走的时候，他青梅竹马的未婚妻何坤芝送他到枞阳长江边的轮船码头，望着那江轮远去，很久很久伫立江边挥手。

后来，童长荣在抗联牺牲，年仅 38 岁。何坤芝自那江边分手离别后再也没有见过自己最亲最爱的人，她以妻子的身份自己走进了童长荣的家，奉养着爱人孤苦的母亲。

清音寺应该也如凤凰寺一样建在北山上，在山的半山腰，竹林掩映着小溪，水光山色，幽静而迷人。阳光照来，雪白的寺墙光色幻影着光芒。寺院的门朝着东南方向，站在寺门便可望龟山起伏，莲花湖波澜，白鹤峰翩翩。

何坤芝入佛门后改名何佛清。一天傍晚，化得两条小鱼、几个鸡蛋，便想着明天清晨回家暖暖母亲的心。不想被清音寺主持发现，为了孝母，便毅然违背寺规而被逐出寺门。1948 年 11 月，何佛清送走了思念儿子二十多年的母亲。她用几十年化斋的钱请来道士超度，棺椁用整根的对心杉木雕刻了两条金灿灿的长龙。八个壮汉抬棺，一体的白色孝帽，沿着大街缓慢地走着，在棺椁上的丹顶鹤随着棺椁的摇晃一步一步地点着头。

那时节，枞阳镇上的人们全都聚集在街道两旁流着眼泪看着这个没有拜堂的何佛清送别爱人的母亲。那时谁人知道她的母亲是英雄的母亲，而何佛清便是抗联英雄童长荣的妻子！望着凤凰寺，我想如若在这里建一座朴素的园林，铸起英雄的塑像，让北山和英雄和民族文化长存该有多好。

舒家祠堂

第一次走进舒家祠堂，缘于舒家祠堂里面的两家食品加工作坊。

一家是制作面包的，每天面包出烤箱的时候，附近都会闻到那面包的麦香，浓浓的香味在枞阳镇上码头的后街上久久地飘溢。

另一家是制作糕点的，精制各种糕点——端午节的绿豆糕，八月节的月饼，春节的时候有芝麻切、花生切、酥糖和墨子酥。生产最多的便是那用雪白晶莹的糯米精制的方片糕和云片糕，成形后装在大红的步步糕盒子里更显出节日的喜庆。

舒家祠堂坐落在枞阳县枞阳镇上码头的后街。按门牌号寻找，在前进街的 6 号、8 号、10 号的居民屋后，而 6 号、8 号、10 号的住房便是原来舒家祠堂的前进厅房和厢房拆毁后重建的民房。

沿着正大街向凤凰山路走，左手第一个巷口，从前进街的 6 号和 8 号住屋夹巷进去便能看见舒家祠堂如今的样貌了。

很早的时候，舒家祠堂的建筑规模是很宏大的，三进的大厅，两边厢房。厅间的跨院天井有石塘，天井的水流在下雨的时候沿着瓦脊“四水归堂”落下天井。最后一进的厅中供奉着舒家列祖列宗的牌位。

古老的明清建筑，雕梁穿斗，青砖白墙小瓦，大厅里的廊柱是整段的杉木坐在青石雕花的石台上。从后进的天井里曾经能看见二进大厅后檐柱之上镂空雕花的盘龙和飞凤，可惜失落在喜爱盛世收藏的宵小们的盗窃中了！

听附近的老年人说，在舒家祠堂旁边，靠街住的曾经有两家。一家姓姚，以经营烟草为业。另一家姓韩，以开私塾教书育人为业。舒家祠堂后面曾是拔茅山张家的旧居，往里走靠达观山边曾经有一座外国人的教堂。

舒家祠堂的对面，曾是旧时地方武装头目刘东雄的花园别墅，以后是枞阳东风理发店和东风饭店的所在地，现在成了东风商寓了。

在花园别墅的后门墙外，靠街口住着另一个韩姓的几家兄弟。花园别墅的另一边，则是曾经捐银修建达观山百步梯和构建小憩亭的龙桥王东升迁徙。枞阳镇上码头的居屋。而在韩姓几兄弟的屋旁，有一座小庙坐落在民居中间，俗称“夹屋庙”。

舒家祠堂，一座平凡百姓家的祠堂，本来可能无缘记入枞阳县志的一页。然而，翻开历史的记忆，它又有许多可歌可泣的故事和历史的屈辱惨痛让枞阳人民记住了它。

1938 年到 1939 年，日本鬼子的飞机轰炸和扫射了枞阳镇上的舒家祠堂和祠堂外姚家的房屋。至今，在舒家祠堂外面巷道的古墙上还能看到当年日本飞机机枪扫射的弹痕。所以无论何时，有血性的枞阳人民都应该记住这一段屈辱的历史，记住舒家祠堂。

枞阳县志记载：“民国十六年（1927），北伐军攻克武汉，共产党人方兰轩等回家乡桐城闹革命，当时枞阳黄华人许雄球从吴述伯学习法律，每遇不平事便挺身而出，据理力争。喜为平民百姓排忧解难。”

许雄球（1898—1933），一名纯缪，原黄羹乡（今枞阳镇）藜葛冲人，少孤贫好读书。生活俭朴，作风正派，为群众理讼从不索取报酬，因此百姓称之为义务律师，或呼之为“雄大叫花子”，但也有少数人对他诽谤，说他不务正业。方兰轩看中了许雄球的正义，开导他从小圈子里解放出来，投身到大革命的洪流中去。

从此，许雄球走上了革命的道路。民国十七年春，许雄球在枞阳镇与上码头的江英杰等人成立了反日组织，借舒家祠堂作会址，挂起了“枞阳反日会”的牌子，宣传反日救国。号召广大农民、商人抵制日货，提倡国货。并通街检查，发现日货予以没收销毁。

同年秋，在枞阳长河查处一孔城商人的过境日货，要按章销毁。孔城商会则从孔城雇来打手，将许雄球绑架后趁黑夜以轿抬往孔城欲将其处死。幸被轿夫识破，在枞阳的七里头附近密告行人，顿时锣鼓声四起，众乡亲将许雄球救下，见雄球遍体是伤便安慰留宿。雄球却笑道：“许雄球是条铁汉子，既要感谢众乡亲的救命之恩，还要继续抵制日货。”回到舒家祠堂，他仍然坚持反日斗争。当时百姓称赞他是“打不死的铁罗汉”。

“民国十八年（1929）8月新谷上市的时候，桐城米商趁百姓经济困难急等用钱的时机，大量收购粮食贩运到芜湖再转手卖给英日买办和广帮粮商，造成枞阳市场粮食紧缺，甚至有钱无市。当时桐南财政局召集南乡绅士和一些热心禁米人士商议，成立禁米委员会。推选许雄球等40余人为委员，从此，许雄球等人的禁米和扣船行动保证了枞阳镇市场的粮食需求，稳定了粮价。后来，米商暗中串通豪绅收买禁米委员会，许雄球便和枞阳镇的青年倪玉林、孙庆、姚飞、江英杰、童正鼎等人组织‘禁米宣传团’，地址便选在离舒家祠堂不远处的清真寺。”

历史的烟云随着日月春秋流逝，那些可歌可泣的故事随着舒家祠堂的凋零和破败也许会渐渐被人们淡忘。如今枞阳的老上码头要重新拆建，根据规划，舒家祠堂被拆的日子越来越近了。

在那些破败和凋零的残存里，那高高的墙头，那檐板，那青砖灰瓦，那天井和井塘，那瓦上的瓦松，都好似渐秋的风，挥手与行人、与上码头告别。

我站在远处，用手机定格着舒家祠堂那苍老的外墙，定格着记忆。那灰白的高墙和檐瓦也好似无奈地望着我，用无声的语言传递着：“朋友，一定要记住我哟，在枞阳县枞阳镇上码头的后街，曾经有一座舒家祠堂！”

猴王庙

走在历史烟云的残迹里，你会想象不到许许多多的五千年的文明昨天还在，只是一刹那间在我们触手可及的年代里毁灭了。

很小很小的时候，我是在枞阳镇上老上码头的枞川小学里读书的。上学的路上要通过一条小街，小街的名字叫银洲街，也叫河上街，或者叫和尚洲……街的两边是老式的明清建筑：青砖，白墙，小瓦，木板门。窗户是麻石的窗框。朝街的民房几乎一色的木板门面，下了门户板便可开门做生意了。

小街临河，河的名字叫枞川河。在小街北面居房的后檐下临水有一方小小的水塘，似一方明镜叠映在环绕的百姓民居间。很远很远的古时候，小街的名字有很多，而其中火神洲的名字带给小街的记忆却是伤心和无奈。那方水塘的名字叫杨家塘，而在离杨家塘偏北不远的地方有一个古巷叫蛟台里。在蛟台里往后街的巷口右边有一口古井，听老年人传说叫杨子升井，是从明初就有的。观摩古井四方的井台，麻石的井沿，在井沿的石壁上果真阴刻有杨子升的名字。

曾记得达观山东麓陶公祠里的洗墨池碑刻也是明朝杨子升写的，而记忆里的历史明初三杨的杨士奇的孙辈便有杨子升。是否这杨子升井和井边的遗存与那方名叫杨家塘的水塘便是杨子升家的祖业呢？

古老的枞阳古镇，从两千多年前走来许许多多的历史。秦皇汉武，唐宗宋祖。此起彼伏的更替，但不变的是枞川古镇的风情和灵魂文化的传承。

火神洲从远古开始，在枞川河的流域便天然地生长着一种芦苇。长河边，柳林外，芦苇丛丛簇簇在宽广的水岸蜿蜒。深秋，在冬来的风中，扬花的芦苇在寒风里摇曳，那风儿吹动芦花和芦苇沙沙的声音似千军万马过境，似密密的雨线淅淅沥沥，沙沙沙地响着。

特别是夜深的时候，万籁俱静，唯听枞川河岸的芦苇沙沙，似如诗如歌的夜雨入梦，给古老的枞阳镇的上码头添了一幅绝美的画卷。后来，在文人墨客的吟诵里，在诗词歌赋的文章里，便成了枞阳古镇的名胜了。在火神洲的渡口，那遥远的古芦花渡，引来了五湖四海的游客，驻足或留宿古镇以领略那“枞川夜雨”的诗情之美。

在这美丽的诗意名胜里，火神洲的居民却不堪愁苦。洲上的人们以捕鱼、织网、编芦席为生。那时的住房是用编好的芦席在毛竹扎起的框架周围遮风挡雨，糊上从河岸挑来的河泥加入碎稻草的泥巴，在屋顶压上稻草便可以住人了。怎奈天干物燥，总是禁不起火灾的侵袭。每当遇见火灾，便一条街化为火海，似火龙的狂舞而烧毁民房。所以，火神洲的名字一直沿袭很久很久。

在杨家塘的塘埂上，一条小埂隔着枞川河和杨家塘。每一年的汛期，若是枞川河发大水，水便会涨上小埂，漫过杨家塘，将杨家塘与离杨家塘不远的王家塘连在一起成一片广阔的水面。

那一年，太平天国的英王陈玉成便利用了王家塘和杨家塘的地势将清军芜湖团练曹继业的水军一千多人引向杨家塘，全歼在杨家塘里，以致杨家塘尸横遍野，臭气冲天。所以直到今天那杨家塘都在枞阳镇人们的口中传为“臭塘”。

从火神洲向南，在杨家塘的塘埂上有一座古庙。古庙的历史很远很远，古庙的传说很多很多。我们小时候在枞川小学读书时，古庙的庙基还在。附近的人有的说它是“水府庙”，有的说它是“龙王庙”，因为它坐落在枞阳古镇的水岸。

更为大家接受的是叫“猴王庙”，一个美丽的传说将这座庙和枞川的美丽紧紧地联系着。在明朝的时候，枞阳乡里有一个叫吴承恩的秀才考试得中，外出做官。这个吴承恩是枞阳名人、“桐川会馆”桐川三老之一的方学渐的外公。而方学渐又是枞阳一代名儒，一代名僧无可大师的曾祖。吴承恩在外做官晚年归来，顺着长江坐船到枞川河在火神洲上岸。因天色已晚，回乡里还有些路途，便在杨家塘埂上的大庙里住了下来。本来是第二天准备起早回家的，哪知身体昏昏沉沉，无奈又住了一晚，仍然没有好转，如此三天方好。

吴承恩归乡后，许多有趣的神话故事便在乡间坊里流传开了。那孙悟空、猪八戒、唐僧、沙和尚，那观音菩萨、如来佛、王母娘娘、太上老君，那妖魔鬼怪和各路神仙、土地等，无一不是街头巷尾茶余饭后歇晚乘凉的好故事。渐渐的，火神洲的居民，上码头的住户百姓便将那杨家塘埂上的大庙叫作猴王庙了。

猴王庙分前后两进，坐落在杨家塘塘埂和著名的“枞川夜雨”的芦花飘飞的枞川河岸。岁月更迭，在岁月的烟云里，猴王庙被毁了一次又一次，而枞川的商贾和百姓捐资又一次次地修复了猴王庙。每一年每一月的初一和十五，人们便上猴王庙敬香。节日的时候便在猴王庙的大殿前扎好龙灯，点亮蜡烛，从庙前开始舞向火神洲，舞向上码头的中街和后街的大街小巷。

水府庙

“南朝四百八十寺，多少楼台烟雨中”，楚中祠是我长大以后偶尔听过的关于枞阳水府庙的名字。在书中没有找到记载，只是在关于枞阳文史的几个枞阳名胜古迹的名字中出现过“楚中祠”三字，没有解释为什么叫楚中祠。后来有网络百度了，在网络百度上键入“楚中祠”三个字，依然没有楚中祠词条解释。但在现实的枞阳县老街的老上码头，有文化的人和老上码头的居民的答案是两个。前者说是“楚中祠”，后者说是“水府庙”。楚中祠依然没有解释，而水府庙是可以百度的。

无论是“楚中祠”还是“水府庙”，它们共同祭祀的是一样的，都是三闾大夫屈原。很喜欢屈原的文章，那《离骚》，那《九歌》，那《九章》和《天问》。一首《橘颂》，那荡气回肠的歌者节拍和侠客行侠的苍茫感，每每在我的朗诵里久久触动心弦。“后皇嘉树，橘徕服兮。受命不迁，生南国兮。深固难徙，更壹志兮。绿叶素荣，纷其可喜兮。曾枝剡棘，圆果抟兮。青黄杂糅，文章烂兮。精色内白，类可任兮。纷缊宜修，姱而不丑兮。嗟尔幼志，有以异兮。独立不迁，岂不可喜兮？深固难徙，廓其无求兮。苏世独立，横而不流兮。闭心自慎，终不失过兮。秉德无私，参天地兮。愿岁并谢，与长友兮。淑离不淫，梗其有理兮。年岁虽少，可师长兮。行比伯夷，置以为象兮……”

屈原的形象不仅是他的文章，在我的记忆里，端午节的艾草、菖蒲、雄黄酒和粽香都是故事，那枞川河上的龙舟更响起咚咚咚的鼓声。而我对屈原的崇敬则是缘于我的幼年。我出生的地方，是一个有着两千多年历史文明，或许更长时间的小城。从我的家里出门，跨过很窄的古铜色麻石条铺就的街巷，从对面的木板门铺进去，穿过小小的巷道，走过两个小小的天井院，后门外的山边有一座庙宇。庙宇不大，走进一个小小的月洞门，印象里月洞门连着低矮的灰砖小瓦的花墙。小小的院里一方古朴的灰砖白墙的庙门映入眼帘。在庙门上方的门楣上，在古旧的灰尘掩埋里，古体的“水府庙”三个字显得很是凄凉。听年长的人说，那年的庙门一边是庙里原来的古门，一边是后进庙上的大雄宝殿牌匾。

“古庙荒山暗水云，岁时歌舞感乡民。几伤谗口方离国，欲悟君心岂爱身。惨惨飞魂号帝阙，冥冥赍志托江神。千年自有遗文在，光焰长如日月新。”（《屈原庙》宋朝李复）我的家乡坐落在美丽的枞川河北岸，她有一个美丽的名字叫枞阳。枞水之阳，一座有着许多美丽传说的山脉拥着美丽的枞川河蜿蜒。恰如那山是年轻的后生，那水是柔情的少女。如是几千年来，我的家乡在美丽的传说里如诗般地浪漫着。刘大櫆说：“我家门外长江水，江水之南山万重。今日却在图画里，青天遥看九芙蓉。”在雨后天晴的时候，天青如洗，站在家乡的枞川河边，或登上达观山顶，真的能望见江南的万重青山，看见江南九华青峰和佛光。

据历史记载，汉武帝刘彻南巡，至枞阳，登临达观山，忽见江中阴风怒吼，群蛟涌动，汉武帝见状弯弓射箭于江中，并写下《盛唐枞阳之歌》。汉武帝的豪情诗篇犹然在耳，明代湖广巡抚方孔炤在射蛟台，面对浩荡长江感慨道：“南狩元封汉五年，舳舻千里薄枞川。浔阳日照朱旗动，天柱云开翠盖悬。远望楚中祠古帝，作歌海上返甘泉。射蛟唯有空台在，秋色东来起暮烟。”我想“楚中祠”三字可能源于方孔炤的诗《射蛟台》。从枞川河岸沿着古老的蛟台里路走过街市，走过杨子升井的明朝风烟，在后街通向达观山射蛟台的小山岗旁，水府庙就坐落在这里。假若你现在想去寻觅水府庙，一定找不到它的存在了。在一片废墟中残存着一堵庙墙，残存着我幼年记忆的月洞门。

枞阳县志办的陈松郭老考证：枞阳镇水府庙位于汉武帝射蛟台南侧，前临枞川河，后依射蛟台山脚，始建于晋梁时期，浮山高僧法远禅师在浮山讲禅，完成了《浮山九带》禅佛著作。枞阳镇有福元禅师主持水府庙，传播禅佛文化。“水府”一词，源于晋书，晋《天文志》有二十八宿外星，“东北西南四星曰水府，主水之官也”。传说水府是水神所管辖的区域，在古代水府泛指“海底”，远古时期，枞阳地处东海梢，因海域水面缩退，流入大海的河面宽阔，后人称为长江，水府又泛指长江江底。唐代韩愈《昌黎集》三贞女峡诗有“悬流轰轰射水府，一泻百里翻云涛”，足见古时期江洪泛滥的可怕景象。

古枞阳江湖相连，“菜子湖”又名菜子海，水旱灾害频发，广大人民因水旱灾害苦不堪言，人们急迫地希望水神为广大百姓避凶化吉，保佑平安。枞阳水府庙就是人们祈祷水神庇护的香火之地。自晋梁时期以来，水府庙香火时断时续，到了康熙初年，朝廷大毁淫祠古庙，康熙十二年《桐城县志》将寺庙列为古迹类，志书只记载已存的寺庙地点和名称，已毁的寺庙基本上不记叙。只有道光七年的《桐城续修县志》卷四《营建》篇载有水府殿，“殿内有福元禅师肉身金像”。

听水府庙附近的老人记忆，水府庙有两进，靠庙旁有僧房。从月洞门进去，第一进大殿迎门是三闾大夫屈原的塑像。信客从两边绕过屈原的塑像，后面门外几级石阶通向第二进的大雄宝殿。在石阶的两边是狭长的天井。大雄宝殿的正中是佛祖如来的座像，两旁佛案上十八罗汉分列，一派庄严肃穆。每逢庙会、佛祖道场、观音诞日、端午忌日，水府庙里都会备有斋席，四乡八镇的善男信女便各自带着佛烛、香油等供佛用品早早来到庙里焚香叩首，献上佛烛香油，捐出许愿的银钱。庙里便在旁边的僧房摆上桌凳，乡绅和长者落座，一般信众便各自随便地端着碗或蹲或站地吃着斋饭。

自水府庙的最后一位主持黄大姑走后，水府庙便荒废了。后来有街上居民移住庙内，搬走佛像，直到水府庙最终在岁月里荒成废墟。然而，在枞阳的文化记忆里，无论是楚中祠，还是水府庙，今天写下这些，相信文字不会湮灭。也许千年后，人们还会记得在射蛟台的南面，小城的历史上有一个“水府庙”或“楚中祠”。

沧桑大通

鲍安顺

站立熟悉的渡口，看滔滔江水在无声地流动，那汹涌的浑厚与沉勇，让我想象长江之水的天然灵性，想起故乡大通沧桑兴衰的百年时光。

溯源大通镇史，已经有近千年了。对于古镇的文化记忆，最早是宋代诗人杨万里《舟过大通镇》一诗，后来了解到与戏剧家汤显祖齐名的佘翘，在大通写出了著名的《量江记》剧本，在历史上产生过较大影响。可见大通最早因水而兴是不争的事实。无论诗人的佳句，还是戏剧家的作品，都是与水息息相关的，让我们看到古镇千年风雨中的人情沧桑，体会到奔涌江水里的繁衍生息，还有久远年代寻根思考的生命回味。

与水有关，这是个令人玩味的话题。大通有一个江心洲，它叫和悦洲，原名荷叶洲。传说，当年暹罗国太子金乔觉朝圣佛教圣地九华山，途经江北不慎踩断一枝藕梗，这藕梗随同江水漂至大通江面，渐渐形成一块绿色沙洲，人们称之“荷叶洲”。后来，清朝的长江水师提督彭玉麟驻守大通时，为取“和颜悦色迎商客”之意，将其改名为“和悦洲”。这是古镇与水有关的美好故事，充满了神话色彩和人情之美，也弥漫着波光粼粼的人文记忆。大通，曾是长江南岸的一座小镇，和悦洲也是这个小镇上的一个荒凉的沙洲，在清朝初年发展为安徽“四大重镇”之一的商业巨埠，这与大通地理优势突出的天然水路交通有关，也与这里风景优美的山水风光不无联系——其中江水港口的兴盛和发展，是不可或缺的重要因素，可以说，大通的兴衰在长江奔涌的情思中一路走来，把曾经的繁华和今天的失落一同写进了波浪滔天的云卷云舒，也在我对于江水的感悟和思考中，喧哗又沉寂，沉寂又喧哗！

大通背负长龙山，直面长江的夹江鹊江，抵达九华圣地的青通河与鹊江合流，将大通天然塑造成一个大的避风港。在大通江水的下游，羊山矶连绵的山丘又成为绝妙的屏障阻风口，为大通创造了绝佳的港口自然环境。过去许多人说，在大通停泊船只，安全而又闲适，南来北往的船都在这儿汇聚，也汇成了世事繁华的沧桑烟云。

大通古镇，早在六朝时名为澜溪，唐代就设置了水路驿站，名之大通驿。大通之名，取水路交通四通八达之内涵。明洪武三年，在大通设有巡检司、递运所、水泊所等经济检查机构。与此同时，还在大通设有“水驿”，与铜陵县内另一古镇顺安的“临津驿”，同为当时朝廷在全国各地设置的1600多处水陆邮驿中的两处。到了民国时期，近代史上的大通更为声名显赫，它被称为长江沿岸唯一的“小上海”。后来逐渐衰落的大通，仍然有着丰富的古镇文化内涵。1996年被安徽省政府批准为第二批省级历史文化保护区，2004年荣获联合国迪拜全球107个最佳环境国际奖、中国人居环境范例奖，2005年又成功入围央视魅力名镇。为此我想，大通在江水流动的素朴淡定中升腾烟云繁华，也在江水奔涌不息中，让我感觉到时光的沉重与文化的艰辛。

因水而兴在大通是有许多佐证的，和悦洲曾经繁华的三街十三巷，几乎都是以三点水旁的字命名的，江、汉、澄、清、浩、泳、潆、洄、汇、洙……意在于水，实为避火消灾。20世纪末，我的一位同学拍摄了电视新闻纪录片《渡口》，将大通兴衰通过小小渡口表现得真实而充满意味，因而在全国获得殊荣，这是借水而思的收获，也是因水而相得益彰的创意。

大通因水而兴也因水而衰，早年的陆路交通极为不便为水运繁华的大通提供了飞速发展的历史机遇，当时佛教文化在全国盛行，纷纷而来的善男信女心怀虔诚敬仰之心奔赴九华圣地，大通就是他们的必经之地。大通作为九华圣地的入口处，有著名的庙宇大士阁号称“九华头天门”。当时长江流域的朝圣者，来自韩国、泰国、我国香港和东南亚一带，途经大通时他们都要朝拜大士阁，大通的声名因此而远传海内外。可以想象，佛教文化与经济腾飞交织在一起的古镇大通，不想崛起也是不可能的事情了。可是随着陆路交通兴起，还有佛教文化的逐渐衰落，大通也就失去了生存和繁华的重要条件，这是大通发展不可逃避的宿命，也是它兴衰沧桑必然命运的无奈与可悲。

站立渡口，我对同行的文友说，大通曾经有过辉煌的发展史，却不曾拥有灿烂的文化记忆。他望着我表示疑惑，而且告诉我，安徽最早的白话文报纸《鹊江日报》就诞生在大通，那个时候大通就因此而蜚声海内外。我理解文友的意思，其实我与他的想法并不矛盾，他说的是没有广泛影响的“小文化”，说得更确切点，就是自我满足的庆幸与骄傲，那是故步自封的坐井观天，并不是我理解的可以产生广泛而悠久影响的“大文化”，那是更高意义上的文化渴望，是一种深入民族文化血液中的经典记忆，比如莎士比亚笔下的威尼斯，比如鲁迅笔下的鲁镇，比如沈雁冰笔下的乌镇，还比如冼星海歌中的黄河……为此我更深入地想象，在中国长江文化的文明史中，有过屈原的《离骚》，有过苏东坡的《赤壁怀古》，再很少找出更有经典意义上的文化巨著了。更多的文化典范远离了母亲河长江，这是长江文明的失落，也是小镇大通不能摆脱的疼痛。

面对江水，我想象着，哺育我成长的记忆在江风习习中羽化成许多历史的碎片，一点点随江水东流远逝，也一点点如影随形地留在了我的心里。我是在大通长大的，在几十年寻觅古镇文化基因的思考中，总逃脱不了悲凉的生命觉醒和沧桑感觉，古镇没有出现过惊世骇俗的文化巨著，就无法留给后人芳香流连的文学回味，也不能将古镇丰富万象的人情风雨写进人类永恒的记忆。为此我想，记录大通兴衰史上的那些文字，大都是浮在历史表面的文字记忆，是失去了大通烟云繁华中丰富万象的人文精华的附庸之述。我是多么地感到迷茫，大通的辉煌远远超出了鲁镇和乌镇，长江与黄河也是一脉相承的。更令人难以想象，大通失落的并不只是没有出现一个文化巨匠，而是在仅存的民居文物的保存上也散失许多肩负的责任。当我走过破败的和悦街的遗址，走过没有教堂的钟楼，走过曾经记忆中失去的老屋与祠堂……这些许多都已经失不复得了。我在一种疼痛感中泪流满面，我甚至可怕地想象，大通最后一栋老房子就要轰然倒塌了，那是古镇最后的一片瓦砾，也是一个曾经悄然崛起的土地上文化风情的最后呼唤。

大通因水而兴是不争的事实，可是大通曾是长江流域最大的食盐集散地，盐业的兴衰也伴随着古镇的兴衰，走过了一段风雨坎坷的心路历程。

说起大通因盐而兴，这与中国近代史上一位名人有关，那就是曾国藩。当时他以两江总督兼清廷盐政大臣的身份，由南京西上巡视途经大通时，仔细看了大通的江岸、泊位、水深、流速，还有大通与和悦洲之间天然形成的鹊江港湾，可停泊千艘大船。曾国藩情不自禁地惊呼：“此乃天赐吾一盐仓也！”于是他当即决定，将大通作为长江流域开办盐务营运的最大最佳的口岸。他将清廷在这里已经设立的“楚西掣验局”更名为“盐务招商局”，在和悦洲大关口投资建造了一幢坐西朝东的 13 进盐仓，委派朝廷大臣荣信担任盐务官员，专门管理大通的盐业事务，凡盐船溯江而上，都得由“盐务招商局”发给水陆执照才可转运。由于储盐和中转运输的日益扩大，大通港也得以不断扩大和完善，大通盐运业很快跃上了一个新台阶，港口食盐吞吐量与中转量名列长江沿岸各大城市之首。时隔仅一年多，另一位名人李鸿章，遵照清廷旨意，为进一步发展盐务营运，强化盐务监督，改“大通盐务招商局”为“大通盐务督销局”，设为总局，另设“皖岸督销局”为分局，总局设道员，直接管辖皖岸、芜湖两个分局，规定销往湘、鄂、赣、皖四省的食盐均需通过大通口岸查验，据记载平均年盐运量达3740547.6担。

大通和悦洲自从设立盐务机构以后，驻扎了清军“水师大通营”，还设有水上关卡，专门检查江上来往船只，防范越关逃税。总卡设在和悦洲大关口，全洲设上中下三道卡，每卡配有炮船，日夜在江面巡逻检查，发现越关偷逃盐税的船只，立刻追赶迫使其停泊靠岸。当时，清廷的盐税又称盐课，这是清政府的主要收入，在同治年间，大胜、金柱、荻港、大通四卡的厘金，每月税收高达五千两白银。因此可以说，大通是当时食盐集散的“聚宝盆”，也是清政府和一些贪官污吏的生财之地。

我走出渡口，在大通老街上流连忘返，一块块花岗岩铺成的街面，一幢幢沿街而立的老房子，它让我想象当年因盐而兴的繁华，也体察到因盐而没落的沧桑。我走在老街，只能在风中寻觅朝圣者的步伐，踩着一个风情之地的恍然缥缈，追赶着我童年记忆中的往事如烟……我能说什么呢？曾经喧哗的和悦老街几乎不复存在，仅存的大通古镇的澜溪街，是我的出生地和成长之地，可是已经没有了我儿时记忆里人影晃动的悠闲与热闹。我想，许多的运输是由陆路代替了水路，佛教文化不再那么红火，还有盐业的辉煌残留在风生水起中……大通确实已经衰落了，那是经济的衰落，也是文化的衰落，这种衰落是淹没性的，大通在衰落中丧失了城镇的本色——欣欣向荣的繁华标志，也是人声鼎沸的社会气象。

在晚清和民国初期，大通的繁华是令人瞠目结舌的。

大通最多时聚集了10万人，那是一个多么令人难以想象的庞大数字，也折射出一个城镇丰富多彩的万千气象。鸦片战争之后，大通自给自足型的自然经济逐渐解体，工商业和手工业飞速发展，随之必然聚集了众多的人口。在大通两岸，各种酒楼、茶社、旅馆就有一百余家，服务场所到处是客流盈门，常年爆满。在民国初期和抗日战争前夕，大通的发展势头更猛，商品流通量不断加大，仅弹丸之地和悦洲，市镇建设就出现了三街十三巷的密集建筑群。国民党政府一年要从大通地区拿走厘金税一亿一千多万银圆，大通总商会每月收取两岸各商店的费用款达一万二千多银圆。税费如此之高，其商品销售额与货币流通量之巨大是可想而知的。这个时期，一大批拥有巨额资金的商号、银楼、钱庄，以及经销各类中外商品的公司，相继在大通和悦洲涌现。辛亥革命胜利后，中国银行、中央银行、交通银行、中国农民银行、中国实业银行，都先后在大通设有分行。另外大通还有九家钱庄，各种作坊有爆竹坊、酱园坊、织布坊各十家，从清末至抗战前，两岸米行多达二十多家，水果行八家，大型轿行四家，木行三家，柴炭行数十家。分布在大通池塘河畔蛤蟆宕一带的织布坊群，织布机声日夜隆隆不绝于耳。那时的大通，各种烟、赌、娼，以及黑社会团伙和帮派林立，构成了让人眼花缭乱的花花世界。

繁华带给大通如日中天的社会气象，也因此而吸引了无数人的关注目光，于是许多政治事件在这儿相继登场，让弹丸之地的大通掀起了一波三折的风云变幻，也蒙上了中国近代史上浓彩厚重的记忆光芒。

首先是太平军进驻大通。1853 年 3 月 7 日，太平军与清军展开激战取胜后，有四百多人进入大通，驻扎在中街的瑞和茧行。太平军纪律严明，对群众秋毫无犯。当时有歌谣唱道："男丁北去运米粮，妇女煮饭喷喷香，年少孩童喂牲畜，同祝天军日月长!"太平军驻大通一个多月就挥师西进，转战于长江中下游一带。

其次是唐才常领导的大通自立军起义。戊戌变法失败后，一部分知识分子逐渐觉醒过来，逐步走上了资产阶级民主革命的道路。当时，力主变法的唐才常，经人介绍与孙中山先生相见于日本横滨。唐才常将在湘鄂、长江一带的起兵计划，向孙中山汇报后得到认可。唐才常由日本返回上海，立即成立了"正气会"，后改名为"自立会"。唐才常等人还在上海张园召开"中国国会"，随后赴汉口组织自立军第五军，自任总司令。唐才常任命秦力山、吴禄真为大通前军统领，预定 1900 年农历七月十五日于汉阳、安庆、大通、赣湘等地同时起义。14 日上午，秦力山率数百人，打响了进攻大通的第一枪。清廷驻扎大通的水师有四艘炮船首先反戈，掉转炮口猛轰清政府的盐务、厘金、药械三局和一些库房及衙门。随后，自立军占领了整个大通。15 日，安徽巡抚王之春和两江总督刘坤一派兵围攻自立军，因兵力不济，自立军退出大通后与清军在横港、杨家山、汀家洲、南陵境内等地发生激战，前后共相持七昼夜，终因孤军奋战全部殉难，仅秦力山一人流亡日本，起义最后失败。唐才常、秦力山领导的大通自立军起义虽然失败了，但这次介于戊戌变法和辛亥革命之间的一次全国性起义，对此后的中国革命有着特殊的影响。正如近代著名革命党人章炳麟所说，唐才常是近代中国曾起进步作用之人物，自立军起义亦应视为一次重要的起义。

其三是安徽省的军政府在大通成立，大通也是当时安徽省的省府所在地。辛亥革命胜利后，江西九江的浔军东进先锋队在将领黎宗岳的带领下，占领了江东重镇大通后，黎宗岳即着手组建大通军政分府，还在原大通军政分府的基础上，成立安徽军政府，定大通为省政府的所在地。随后，黎宗岳派参谋长胡孝龄率兵两营，日夜兼程，收复了徽州屯溪镇，建立军政分处，掌握全部皖南地区茶叶征税权。黎宗岳的大通军政府，基本上掌握了安徽省江南地区的税收大权，成为一个财政雄厚的地方政府。黎宗岳之后加入黎元洪为首的立宪派的共和党，并和袁世凯暗里串通，进行分裂革命阵营的活动。为此，南京留守黄兴，命令陆军第一军军长柏文蔚，武力解决了黎宗岳，撤销大通军政府，维护了安徽的军政统一。黎宗岳只身逃往武汉，大通军政府便宣告结束。

踏着历史的扑朔迷离，我在大通四处寻访，走过童年生活的老屋，瞻仰高大钟楼的参天气势，流连龙井古亭的悠悠岁月……在和悦洲头的荒郊野地，我突然产生一种忧郁情绪，我想那些消失的繁华街市，曾经生活了多少快乐的百姓，他们在那儿幸福地谋生，平静如江水一样流淌的岁月，已经一去不复返了。

那天，与我同行的文友就在那片我们伫立的野地上生活过。他说，看不到过去的老屋，甚至连一点遗迹也无从寻踪了。他说他内心惆怅，因为他的家族两次离开了那片土地。第一次是抗日战争爆发，日本人的飞机轰炸，还有当时驻守大通的国民党四川军的头头们，早已对这里的万吨食盐和如山般的黄金白银垂涎三尺。他们迫不及待地借"焦土抗战"之名毁灭大通，一把大火将和悦洲的三街十三巷化为灰烬，之后掠夺了全部的库存食盐、抢走了大批的金银财宝。当时，文友家是开布匹商行的，逃难时将所有的银圆藏在房屋的烟囱里，可是回来后才发现，冲天大火整整燃烧了一月有余，一枚银圆也没有找到，连家里的墙壁也被推倒，所藏的成堆铜钱也不翼而飞。那时，和悦洲仅剩下"圣公会""卍字会""法华庵"和三家洋人房舍，其余皆成一片瓦砾。曾经名噪国内外的千年江岸古镇大通，随之一落千丈地衰落下去。

文友说，当时许多人再也没有回来，一些有准备的富商去了蚌埠，也有一些人去了芜湖、重庆等地，可是文友的先辈还是回归了故里，在废墟上重建了家园。他们家第二次离开大通，确实是迫于无法谋生了，就像树倒猢狲散一样，他感觉到自己的兄弟姐妹在四散中远离了家园。后来，大通新镇改造时又将最后的一些居民移居了出去，和悦老街真正意义上成了空壳，变成了一片奄奄一息的瓦砾残垣，仅存的一条老街上的几幢老屋，在风雨飘摇中摇摇欲坠。

文友的话更加刺痛了我，我想大通的另一种衰落是自己的良知所致。无论是川军的贪得无厌，还是移民建镇中漠视了古老遗迹的沧桑珍贵，这不仅是大通经济和文化的衰落，也是大通更本质命运的衰落，是更加可怕的。在古镇大通的繁华烟云中，南来北往的人流在络绎不绝中消失了。曾经的湖北商会，曾经的徽州商行，曾经的风烟起伏的人声鼎沸，让我的目光如豆般眺望远方。其实，我的祖先是从徽州走出来，在百年前来到大通。可是今天，我们在古镇繁华失去之后过早地远走他乡，然而，我爱大通是透过骨髓的爱。记得有一年我去徽州的棠樾，看了那儿我祖居鲍氏家族的牌坊和民居，我的心灵深处产生了强烈震撼。我想，大通的繁华绝对不逊色于古徽州的棠樾，可是历史遗迹的失落再也无法找回曾经的辉煌。这正如大通在“四大重镇”的角色退出来的时候，其他三大重镇却依然壮大了起来，这究竟是大通衰落的悲哀，还是大通人的悲哀？我想或许后者也是有一定责任的，或者说起决定性作用的，正是我们自我意识的毁灭，一种良知失落的沧桑与疼痛。

金乔觉与九华山头天门“大士阁”

吴 华

在印度佛教界，四大菩萨是指观音、弥勒、文殊、普贤，地藏菩萨的地位和作用在僧侣的心目中微乎其微，这种状况至今也没改变。与此相反，地藏菩萨及其信仰传入中国后不仅获得重生，还成为中国大乘佛教推崇的四大菩萨之一，这一切要归功一位名叫金乔觉的新罗国（今韩国）僧人。

由于佛教文化的影响巨大，金乔觉和九华山在中国几乎是家喻户晓。人们都知道金乔觉是我国唐代近邻新罗国的王子，因其远道中国寻求佛法修成正果成为“地藏菩萨”，让九华山成为中国四大佛教名山之一，以“莲花佛国”而名闻天下。对于国人来说，上九华山能看到过山脚下五溪镇上的“二天门”、半山腰上的“三天门”，却没看到“头天门”。究竟“九华山头天门”在哪儿？为什么会在铜陵的大通古镇？不妨听我细说缘由。

相传，新罗国王子金乔觉生于公元676年，早年（据考证为公元714年）曾来大唐留学，其汉学修养颇深，所著的诗作还曾被收入《全唐诗》中。在此期间，他对佛教产生了浓厚兴趣，曾自诲说：“世上儒家六经、道家三清法术之内，只有佛门第一义与我心相合。”于是，他在回国后不久即毅然抛弃王族生活，削发为僧。唐开元七年（719），24岁的金乔觉回国待了几个月，便带着神犬谛听西渡来华，重回大唐弘扬佛法。他卸舟登陆，初抵江南，几经辗转，卓锡九华。位于九华山麓的“九华行祠”为其当初上山的栖身之处。现九华山上的金仙洞、地藏泉、神光岭，都曾留下过他的足迹。

当时，中国正值盛唐，长安城内寺院林立，社会风尚礼僧敬佛，佛教大规模的经典翻译基本结束，大小乘理论均扎根中土，佛教发展正处于繁盛时期，特别重视国际商贸文化交流：不仅向佛教发源地派遣留学僧，延请印度高僧来华讲经布道；还向朝鲜、日本等国传播佛教（如鉴真和尚等），吸引众多的异国僧伽来华修行求法，新罗国的金乔觉和日本的阿倍仲麻吕等就是其中的典型代表。据九华山当地隐士费冠卿在《九华山化城寺记》中介绍：公元719年，九华山下走来一位风尘仆仆的行脚僧，样貌奇特，身长七尺，力大无穷，他就是新罗僧人金乔觉，法号地藏，是新罗国王子。24岁落发出家，航海来到中国求法。其时他举目眺望，发现这里峰峦挺拔，连绵百里，云雾缭绕，四季清凉，是个修行的好场所，于是留驻九华山修行。虽然此时唐朝佛事兴盛，但九华山尚处原始状态，荆棘遍布。现九华山四大丛林之一的东崖禅寺旁边，那块被称为“东崖”的巨石，即是金乔觉初到九华山的依止之处。传说当年他每天爬上这块巨大而平坦的岩石，坐禅诵经，息止妄念。

当时九华山上有个老员外名叫闵公，布斋好善，经常供僧。有次见金乔觉来说盖庙需要地方。闵公问他要多大地方？他说一个袈裟之地，闵公笑说行。没想到他将袈裟向空中一撒化作一团红云将九华山99个山头全覆盖了。闵公见他佛法无边，便把整个九华山献给他，父子俩也随他出家了。我们现在所见地藏菩萨像两旁站立的老者及少年比丘，即是闵公父子升坐的地藏护法、地藏侍者（法号道明）。

唐至德初年，青阳县的一班乡绅在诸葛节率领下上九华山赏秋时，路过东崖石室，见一位老僧在石室闭目打坐，身旁支着一只断足之鼎，里面是夹杂少量米食的白土（此土色白而细腻，俗称观音土）。诸葛节等人见此场景忙投地号泣，说和尚如此苦行，是我等过错。于是号集众人为已在九华修行36年的金乔觉新建禅居——化城寺。金乔觉入住化城寺后，开始收徒纳众，广施教化，寺名远播，遂成九华山开山祖寺。金乔觉驻锡九华，苦心修炼数十载。唐贞元十年(794)，大师99岁，忽召众徒告别，趺跏圆寂。相传其时“山鸣石陨，扣钏嘶嘎，群鸟哀啼，地出火光”。其肉身置函中经三年，仍“颜色如生，兜罗手软，罗节有声，如撼金锁”。众佛徒根据《大乘大集地藏十轮经》语：菩萨“安忍如大地，静虑可秘藏”，认定他即地藏菩萨示现，遂建一石塔，将肉身供于石塔中，尊为“金地藏”，嗣后配以殿宇，称肉身殿。九华山从此名声远播，逐渐形成与五台山文殊菩萨、峨眉山普贤菩萨、普陀山观世音菩萨相并称的地藏王菩萨应化道场。

相传，金乔觉重回中国寻求佛法时可谓历经艰辛，自浙江台州海边上岸后，先后到江南、江北各处寻找弘法之地。在到大通之前，他曾到江南多地寻访，因此江南现今留下多处“小九华”。在对江北桐城的藻青山等地踏访，觉得均不理想后，他便决定从桐城藕山（现为枞阳）乘“小板划子”（为当地俗称，即当时的渡船）过江，不想将上渡船时无意中踩断江堤边一支绿荷，当看到踩断的荷叶顺江水下漂时，慈悲为怀的他不想因自己的过错而让那片荷叶漂至东洋大海，遂随手从江堤上捡起一块小铁板，扔向漂浮的荷叶，正好盖住荷叶沉入江中。没想到那铁板与荷叶后来竟分别长成了铁板洲、荷叶洲两座江心洲，这便是长江沿线广泛流传至今的美丽传说。

大通是个有着两千五百多年辉煌历史的江南古镇，周景王八年（公元前537年），吴楚两国春秋争霸曾在这里打过著名的“鹊岸之战”，这是古镇载入史册的最早记录。它临扬子江，接青通河，依长龙山，傍天目湖，地理位置独特。唐始，朝廷在此开设“大通水驿”；据北宋修撰的中国地理总志《元丰九域志》记载，大通早在北宋开宝八年（975）前就已正式建镇，其时“日出而市，日午而散”的商贸活动兴起，水驿由镇所替代；南宋著名诗人杨万里为此曾写下名诗《舟过大通镇》。明初，针对大通的通衢要地地位，朝廷在此增设巡检司、递运所、水泊所等经济巡查检验机构；清中叶，朝廷在此设立大通水师营，“辖枞阳以下东至荻港江面”；同治初年，兴建大通参将衙，统帅水陆清军一千余人，并设置“纳厘助饷”的厘金局及楚西检验局，为两湖、江西、安徽的盐税征收机构。加上大通本地水产丰富，一直以长江上的“鱼盐城市”而闻名天下，明清时期就已与安庆、芜湖、蚌埠齐名，跻身安徽“四大商埠”之列，名噪一时。

话说那日坐船过江赶到青通河口时，金乔觉看到距河口不远的河边，风光旖旎的祠堂河（即现祠堂湖北湖）、光荣圩（祠堂湖南湖）簇拥着驴子岭（现称小岭）、神椅山、竹墩山与青通河堤相连，山光水色美丽养眼。竹墩山下沿青通河堤而建的“大通水驿”（即现“大通老镇遗址”处）已渐成繁华市镇模样，出于旅途劳累和有利弘法的考虑，他决定弃舟登岸，暂在驴子岭与竹墩山之间的神椅山上结庐稍歇。应该说，金乔觉真是个很有毅力、能吃苦的人，他在神椅山上亲自砍树搭造了茅草蓬屋，在此晨钟暮鼓、讲经布道、弘扬佛法。令他想不到的是，在此修行、弘法大半年后，他在一次暴风雨后伫立神椅山上，竟然看到位于其西南面不远处的陵阳山（也叫九子山，因唐代李白写下“天河挂绿水，秀出九芙蓉”诗句被后人更名为九华山），风停雨霁之后形成的云海奇观格外秀美，犹如仙境一般，时而奔放豪迈，时而含蓄秀美，呈现出一片烟水迷离之景，充满诗情画意，让人迷恋、沉醉。他认定这就是他来大唐找寻许久、梦寐以求的弘法圣地，于是立即怀着虔诚之心沿青通河堤（当时的徽池古道）直奔九华山而去。过后，他在九华山悟道修炼 75 个年头，终成地藏菩萨。

唐宋时期，九华山在中国佛教界的影响力并不是很大。倒是明代天启三年（1623）124 岁的高僧无暇禅师在九华山坐化，天启六年成为九华山自金乔觉后第二尊肉身菩萨（现供奉于九华山“百岁宫”），被明思宗朱由俭尊称为“应身菩萨”后，让九华山轰动天下。因开国皇帝朱元璋曾当过和尚，故明代对佛教极为推崇。当无暇禅师成为百岁肉身菩萨，皇帝亲自加封当是自然；而其时正是徽商兴盛之际，他们走南闯北的广泛宣传，便让九华山“莲花佛国”的美名从此享誉海内外。

随着“莲花佛国”的声名远播，到九华山朝圣地藏菩萨的香客逐年增多，辐射范围也越来越广。明清时期，人们出行全靠步行、骑马（驴）或水路坐船，因此在当时人们朝圣九华山无论走陆路和水路，无论是海外还是国内的香客，都要经过大通这个必经之地。青通河像一条链子，九华山像一把锁，把大通和九华山紧紧连在一起。由于青通河是徽商向北、向西做长江上游生意的经商通道（另两条徽商经商通道是向南的新安江、向东做长江下游生意的青弋江），大量的海内外香客与各地商帮长期云集大通，促其明清时成为安徽著名的“四大商埠”之一。鉴于此，九华山那些高僧认为有必要在大通神椅山上建座庙宇，一是纪念地藏菩萨曾在此修行弘法；二是让众多朝圣的香客有个中转休息的落脚地；三是九华山上众多寺庙为招引香客可在此设立接引站（类似我们现在的接待站）。于是，九华山僧人于明末时便在神椅山上修建了一座庙宇，取名“相水寺”，亦名“普济寺”，后来改称为“大士阁”。相传历代九华僧人在此修心悟道者甚多，“大士阁”也因此声名鹊起。因其是九华僧人所建，有史以来又一直与九华山佛教一脉相承，因此便被九华僧人在清代手绘的“大九华山胜景全图”给纳入其中了。鉴于其在佛教界的影响，清顺治皇帝于顺治七年（1650）亲赐“九华山头天门”称号。此后，因太平天国农民起义军与江南大营的清军及湘军、淮军在此多次激战，大士阁于咸丰年间被毁。

同治年间，九华山无相寺住持圣传禅师路过大通，见大士阁已颓废，遂发愿重兴。在居士和乡民的募助下，扩充殿宇，相继建了法堂、大雄宝殿、观音堂、长禅堂等，寺院建筑规模宏大，终又成为九华佛教一大丛林。

在清代至民国时期，大通仍一直是湘、鄂、赣、皖、江浙一带及朝鲜、日本与东南亚信徒朝拜佛教圣地九华山的咽喉之地和重要驿站。每年的一二月与七八月份，大通的十里老街上会有来自各方的朝山者川流不息，大士阁内更是整天香火缭绕，成为当时名噪国内外的一大风景。规模盛大、名头极响的“大士阁香会”因此在佛教徒中广为流传，从此“礼佛九华山，先拜大士阁”成了虔诚的佛教徒唯一的选择。此后，圣传禅师重建的“大士阁”大部分建筑又再次毁于抗日战争时期的战火，日军将寺庙改建为高大的碉堡，上面架设着重机枪，封锁着青通河口及长江航道。中华人民共和国成立后，大士阁残存建筑经 1954 年特大洪水及“文革”中的人为破坏等遭严重毁损，不复存在。

党的十一届三中全会以后，随着我国宗教政策的进一步落实，“文革”后草草复建的大通“慈林精舍”已远不能满足广大信众的宗教需求，为此铜陵县政府于 1998 年 11 月 5 日正式批准大通镇（2005 年区划调整改归郊区管辖）将慈林精舍迁往原大士阁旧址重建。在释大定住持多方奔走和募捐下，大士阁自 1998 年后经多次修缮建设，陆续建成天王殿、大雄宝殿、三圣殿、大愿殿、伽蓝殿、祖师殿和功德堂、大慈殿、阿罗汉书画院及五百罗汉堂等庙宇。2000 年，中国佛教协会副会长、安徽省佛教协会会长、九华山祇园寺仁德方丈为重修后的“大士阁”题写了“大九华山头天门”匾额。2003 年农历七月三十日，重建的“大士阁”为 49 尊贴金佛像举行了隆重的佛像开光典礼，并正式全面迎接各方香客和游客。近十几年来，“大士阁”的继续扩建，让昔日“九华山七大丛林之一”的“大士阁”再度辉煌，形成历史之盛。

如今，九华山佛教协会针对释大定住持已七十多岁高龄的实际情况，委派年轻的果严法师为大士阁住持，在他的努力和主持下，对大雄宝殿进行了改扩建，新建了藏经阁、书画院、停车场、围墙等建筑，经常举办各种佛事活动，让“九华山头天门”大士阁的知名度得到很大提升，现已成为铜陵乃至皖南的一处知名景点。随着大通古镇 2014 年成为“中国历史文化名镇”，大通澜溪老街于 2014 年 9 月正式启动修缮改造工程建设，我们有理由相信：位于国务院批准的“皖南国际文化旅游示范区”和“长江经济发展带”交汇点上的大通古镇，一定会融合“九华山头天门”大士阁、国家级长江淡水豚自然保护区、祠堂湖、天主教堂钟楼、澜溪老街、和悦老街、羊山矶、天目湖、永兴岛（江心洲）等丰富的自然资源与悠久的历史文化，打造出中国一流的大通古镇风景区，提升“中国优秀旅游城市”铜陵的城市形象，让美丽大通梦为中国梦锦上添花，绽放出自身独特的风采！

临津史话

疏玉春

东晋义熙年间（405—418），因战祸山西回民南迁，见地处沿江江南的顺安土地肥沃、雨量充沛，极宜农耕，且处处采矿冶铜，一派生机。于是，便落脚、定居、建镇，且侨置定陵县，这是铜陵境内历史上最早的县级行政中心。

顺安在历史发展中尤以“驿”的特色最为明显，作为一个顺安人、又是“驿”的后人，对“驿”的了解，就是对这片土地的了解，就是对它的过去、现在和将来的了解。

唐初贞观年间（638 年左右），朝廷就在今天的安徽铜陵顺安镇设立了专供传送公文的使者换马、就餐和过往官员憩息、住宿的驿站。这种古代的驿站相当于现在的政府招待所，兼具交通和邮递的功能。驿站有一定的资产设备，如房屋车马和住宿设施等。驿站设有驿丞一人。

当时为什么把驿站设置在顺安呢？

主要原因有三条：一是古镇有基础。由于中国的早期发展主要是在黄河流域，是在北方。长江沿江江南较具规模的集镇不多，顺安古镇建镇于东晋，至唐已有 200 多年，且原是定陵县县治所在地，基础较好。二是交通较方便。顺安镇地处南（京）浔（九江）古道中段，沿江江南通衢，且有顺安河上连内地山区，下通荻港长江，顺安镇正是顺安河通江的“水口”，所以驿站取名“临津”，水陆交通均得天独厚。三是矿冶正兴旺。唐初是古铜都矿冶兴盛时期，顺安这一大片遗址的矿冶工业，当时正兴旺发达。矿冶经济的发展，无疑也是设置驿站的原因之一。

顺安临津驿，历史上曾经接待过许多历史名流，留下了许多很有价值的人文遗迹。

唐天宝十三年（754）李白自南陵来铜陵游览“五松山”。顺安是南（京）浔（九江）古道的中站，临津驿是唯一官办的驿站，造成顺安处此时聚居人颇多，李白自应流连在此。这是第一次。第二次，是上元二年（761），李白流放遇赦，又回到宣城、金陵旧游之地，辗转于宣城、当涂、铜官山（五松山）时，多次经过顺安，驻足于顺安。

北宋宝元二年（1039）宋相王安石，幼时在大明寺（逢原堂）读书，常与友人来临津驿游玩，后来熙宁九年至元祐元年（1076—1086）王安石辞相后，多次来铜陵讲学，仍寓居于大明寺、临津驿，并写下许多诗文。特别是《题顺安临津驿》这首脍炙人口的七言绝句：

临津艳艳花千树，夹径斜斜柳数行。
却忆金明池上路，红裙争看绿衣郎。

这首诗的前两句主要是描绘顺安的景色。阳春三月，细柳含烟，盛装男女，嬉逐花前。后两句诗人却把古镇与当时的北宋京都汴梁（今开封市）最繁华的“金明池”大街相媲美。说看到了顺安的繁华，就想到了京都“金明池”大街，红男绿女、熙熙攘攘的情景。可是当时的顺安镇，仍只不过是户不上千、人不过万的沿江小镇，诗人因何如此作比呢？从全诗所描绘的时间、地点和情景中，不难看出，诗人是面对人群欢快、买卖兴隆的“三月三”集市庙会，触景生情，有感而发所作的艺术比喻。不仅合情合理，抑且史有依据。这首千古绝唱，正好历史地证明了早在北宋时期，古庙会即已相当辉煌。它是顺安“三月三”古庙会早期繁华的唯一文字见证。

宋宝元二年（1039）铜陵石洞耆人，北宋“知枢密院事”（宰相）盛度，告老还乡，由南京返回石洞耆（天门镇）路过顺安，全镇百姓隆重迎送，盛度在此下轿，向乡亲致谢。对此，民间传说至今仍津津乐道。

另外，古时其他众多贤达如东晋道教理论家、医学家、炼丹术家葛洪，宋时林学家陈翥和翰林院著作郎胡舜元等，都曾经小憩于此。

相传，当时顺安临津驿有一种专供传送公文使者吃的“倚马餐”，使者一边换马，一边很快就能吃完，这相当于现在的节省时间的快餐。有一年冬天突发天灾，大雪封门，老百姓绝粮断炊，各路官府都派使者前往当时的江宁府（南京）告急求救。可是因为天气太冷，不是人伤，便是马病，使者多难以准时到达，只有铜陵这一路没出问题。由于及时得到了朝廷拨来的赈灾粮银，铜陵人民幸运地度过灾荒。江宁府官员问使者：别的地方“送报子”都不能及时来，你们为什么能顺利到达？使者回答说：在顺安临津驿换马时吃了“倚马餐”。“倚马餐”是药膳，秘方不得而知。但从味道辛辣芬香上可以品味出，主味是铜陵的老姜。老姜温中逐寒，回阳救逆，正好对症，战胜了严寒，所以使者能够把求救文书按时送到。

顺安临津驿遗址“临津街”，一千四百多年，至今仍未改名，溜光的青石板街道、先进的古老排水系统、历经战火的雕花石桥等等，有关它们的故事和传说，民间流传颇多。

临津街古名又叫溪溪街，为明代所建。街道两边高高的马头墙，现存的纵横两百米的青石板路面，古朴而沧桑，它与时下的建筑风格形成鲜明的对比。穿过丁字街的老顺安河依然流水潺潺。横卧在老顺安河上的石拱桥，工艺精湛，令人不得不惊叹先人的聪明智慧。

临津街现属顺安镇东正街道，这条濒临顺安老河水码头的街道，下起顺安古桥，上到顺安中学，长约四百米，北宽南窄，部分街道宽度不超过 10 米。20 世纪 70 年代以前，这里一直是顺安镇主要的商业街。街两边店铺林立。日用杂货店、布兴店、照相馆、理发店、缝纫店、陶瓷店、铁匠铺、铜匠铺、农具店、渔具店、饭店旅馆、书店茶楼等等，应有尽有。当时有不少房子都是新中国成立前留下来的，不乏上百年的老房子。前店后居，基本保持传统街道特色。和许多古色古香的街道一样，一条青石板路从北部下街头开始，贯穿菜市场、小吃摊、农用和家用土特产品市场一直拖到上街头。从早到晚，一派繁荣景象。即使是“文革”时期，农历三月三前后，临津街仍是热闹非凡，农用、家用土特产品交易一直没有中断过。过去逛“三月三”庙会，也就是逛顺安的临津街，现在周边的人还习惯称去顺安镇叫上街，就是因为这个历史传承。

顺安楼是古镇顺安的另一著名古迹。原址在顺安镇内回龙山上（今顺安粮站内）。顺安楼始建于元代，以后历代地方史志均有记载。如明嘉靖《铜陵县志》载：“元有楼”。清乾隆《铜陵县志》载：“顺安楼，在凤凰耆顺安镇即旧临津驿也。”该楼为三层砖木结构，檐角飞翘，琉璃瓦顶，四面嵌窗，居顺安镇内高处。登楼游览，远山近水，尽入眼底，成为古镇顺安的一大人文景观，文人学士常聚于此楼吟诗作赋。元代进士房芝兰作《有题引顺安楼》一诗：

窗含野色入平吞，极目渔樵江上村。

流入异香花堰水，放开老翠叶山云。
竹边僧寺鸥沙逸，柳外人家驿路分。
挂月参天蟠地脉，门外双树几斜曛。

明代以后，顺安楼因年久失修，渐趋荒废。当地人曾先后改建为“五显庙”“关圣庙”。清乾隆年间，重建顺安楼，并迁址到西街。寓资王文礼步房芝兰原韵，作有《重建顺安楼》一诗：

极目遥迢野色吞，东村胜致入西村，
高低陇枝宜疏月，断续山岚杂暮云。
万派泉流溪口合，千郊烟火望中分。
旧楼何在新楼作，古柏依然寄夕曛。

顺安楼历经数百年，几经变迁，后终毁于战乱，今遗址尚在。

因驿而兴，临津驿故事颇多，因年久多已失传，但临津驿是确凿的，作为临津驿的后人，焉能不多一份情怀呢。

铜陵胜迹三题

俞俊年

铜官庙

铜官庙，又称铜官山保胜侯庙、灵祐王庙，古时“铜陵八景”之一的“铜阜栖灵”指的就是这里。据明嘉靖《铜陵县志》记载：铜官山麓有水，名曰：“惠溪”，保胜侯庙即坐落在溪水边。

据史料记载，铜官庙始建于南朝萧齐年间（479—502），相传晋朝浔阳（今江西九江）太守张宽死后成神，人们建庙予以奉祀。据《铜陵县志·古迹篇》记载：下传晋阳太守张宽，一夕乘铁船至铜陵县南五里（即铜官山脚下），为人所见，乃以船溺而露其首尾，后土人（即当地人）视其为神，而立神庙。唐朝贞元年间（785—805），因张宽之神“阴有助战功”，江东观察使裴肃奏封其为保胜侯；天成四年（929）加爵；宋朝绍兴九年（1139）赐“昭惠庙”额；咸淳八年（1272）封其为灵祐王，所以到后来人们便称铜官庙为“灵祐王庙”。

铜官庙里供奉的是“张宽之神”，因为这个庙宇就修建在铜官山的脚下，所以人们又称为“铜官神”，将这座庙宇称其为“铜官庙”。

自唐代以来，历朝历代都在铜官山下采矿冶铜。由于古代矿工的劳动条件险恶，人民生活艰难，备受盘剥，铜陵人民特别是矿工们以及矿工的亲属们，为了祈求铜官之神的保佑，每逢农历的六月初十都要到铜官庙里来烧香拜祭；铜官庙每年农历九月初九都要举行盛大的“龙烛会”。龙烛会一般要举行三天，吸引本地及周边各县无数的游人香客到这里来叩头、烧香、祭拜。

铜官庙从修建到毁灭，历经了1500多年几个朝代的历史变迁，庙宇屡毁屡建。有史料记载，元代时邑人陈振捐资修建；元代至正年间（1341—1368）有卢赞碑、陈友谅、项伯祥捐资重建；明朝洪武四年（1371）铜陵人氏俞时捐资修建；明成化年间（1465—1487）铜陵人氏袁思琼再次捐资修建，并立有石碑坊、上刻有古今题咏。

铜官庙是铜陵地区修建较早的、规模也是较大的一座庙宇，香火历来鼎盛，不但本地的信奉者众多，就连江北、无为、枞阳等地的进香朝拜者也络绎不绝。唐朝中和年间大诗人裴休来铜陵，游玩了铜官庙后，作了一首《铜官山保胜侯庙》诗：“浔阳贤太守、遗庙古溪边、树影入流水，石门当洞天，幡花迎宝座，香案俨炉烟，若到千年后，重修事宛然。”由此，可见铜官庙在当时的香火是何等的兴旺鼎盛，直到20世纪的1956年前，铜官庙里的香火依然十分旺盛。

据现在居住在罗家村的一位姓卢的八旬老大爷述说，20世纪50年代时，他的家就住在铜官庙旁边。铜官庙与众多的佛教庙宇别无二致，庙里供奉的除了中间的那个较大的铜官神的菩萨像外，其余的就是一些诸如观世音、亨哈二将、八大金刚等菩萨塑像。他还说，铜官庙共有两部分组成，一个就是铜官庙，是个大庙；还有一个建在500米以外的宝山上（即铜官山铜矿五区附近）的小庙，叫宝山庙，这个小庙属大庙管理。因宝山庙规模较小，前往进香的人就非常少，在50年代初期，宝山庙就被毁掉了。铜官庙有大殿和禅房两部分，庙的后边就是小铜官山。1954年起铜官山露天铜矿四区进行露天开采作业，就在小铜官山上开山炸石，经常会有飞石落到庙宇的屋面上，从那以后香火便逐渐地萎缩了下来。到了1958年时庙宇的房屋由铜港人民公社接收进行管理。1958年的冬天，全国人民都在“大办钢铁”，铜港人民公社里的领导就觉得此庙宇没有多大的用武之地了，就派人将庙宇前面的大殿部分拆除，将砖、石、木材运走拿去修建大办钢铁的设施，将庙宇里的大型塑像搬至庙宇后面的禅房里摆放；将那些小的菩萨塑像就扔在附近的山坡上、水沟边。后来禅房处于无人管理的状态，一些无家可归的乞丐们便在那庙宇中住了下来；再到1962年前后，一些无房居住的矿工们又将那些乞丐们都赶了出去，将里面的菩萨塑像统统都搬了出来，就放在露天下任凭那风雨侵袭。而那个小小的庙宇里一下子就住进了七八户矿工人家，里面用毛竹、芦席分隔成了若干的小空间。电灯、电线乱拉乱接，烧火做饭也都在里边进行。到了1965年的下半年，由于一户矿工人家用火不慎，一场大火将整个禅房烧得干干净净，片甲不留。至此，这座已经有着一千多年的历史、承载着浓郁的地方文化的铜官庙便从铜陵的大地上彻底地消失了。

玉带河

“一泓清水百重湾，带似形兮玉似颜。江上沙晴圆有日，好留勋誉媲河山。”这是清朝铜陵大诗人赵三德作的一首描写玉带河的诗。

据清朝乾隆年间的《铜陵县志》记载：“县城原有旧河，玉带河。汇铜官山诸溪水流入长江。”

要说玉带河，人们总认为玉带河只是一条绕着铜陵县城转的小河，其实不然，从以往的记载中我们不难发现，玉带河不只是一条小河，而是“汇铜官山诸溪水流入长江”的几条小河流的总称。

玉带河有三股水源：一股来自铜官山与天鹅抱蛋山中间的山冲，从天鹅抱蛋山脚下汇集成河，由东向西，一路上再接纳从螺丝山、五松山流淌下来的小溪水；还有一股来自铜官山的西面，也就是铜官山与宝山间的山冲里流出来的水，在罗家村那里汇集成河，一路西行，经现在的杨家山布衣市场，到原钢铁厂一直往西。这两股小溪是汇集几条小溪水而成的，因此它们都拥有一个共同的名字叫：汇溪河。后来的文人墨客又觉得“汇溪河”中的“汇”字不好，便改成了“惠溪河”，更具有诗情画意些。还有一股来自县城东边小山下来的小溪流，就是从现在的有色二天桥处（通往二冶去的铁路桥），也就是现在的北斗星城一带，那里原来都是一些丘陵山地，地势较高，这些山地的小溪小河汇集成了一条小河流，一路向南。这三股河水在县城东门一带汇集到了一起，形成了一条较宽的大河，这条大河就是铜陵历史上的铜陵河。因这三条河水弯弯曲曲，在阳光的照耀下闪闪地发出银白色的光，犹如一条玉带，所以被人们称之为玉带河。玉带河的两岸绿树成荫，鸟语花香，河水清澈见底，水中各种鱼虾游来游去，景色十分美丽。清朝浙江诗人蒋应仔来到铜陵看到玉带河如此的美丽，作诗一首赞美：

河名玉带绕城来，潮自圆沙喷雪开。
捷业云峰堪作砺，应知地脉本天栽。

关于玉带河有一个故事十分有趣：相传明时铜陵县没有玉带河，那紧靠江边的山也不叫笠帽山，而是叫纱帽山。纱帽可是县官大老爷戴的帽子。当时任铜陵县令的刘绮想到，这铜陵县城只有官帽而没有玉带，这明明是说我这个县令的“玉袍”穿不长久，于是就想到一定要为自己的“玉袍”上增添一道玉带，便下令从城南的一个叫“马寨矶”（也就是现在的铜陵市自来水厂取水口附近）的地方人工凿河，引江水十余里，秀水环城，并为此河取名：玉带河。由于河床凿得不深，河高江下，不能引江入河，反而变成引泻诸溪入江的一条河流。

汇集了铜官山诸溪水的玉带河绕城而过，河水清澈见底，周边的老百姓都到这河里来淘米洗菜，浣衣取水。玉带河通江的一端河面开阔，形成了一条较为宽阔的河面，就是上面说到的铜陵河。铜陵河，即县河，据乾隆《铜陵县志》记载：县河，距县城南仅百余步，汇天井湖、刘家港、周家桥、玉带河诸水注入长江。铜陵河的长度约为500米，每到夕阳西下时，外出的各种船只全都收帆归港，汇集于此，形成了铜陵在古时“晚市”的一大特色，这时鱼货交易就在条条船上进行，一片繁忙的景象，待鱼货交易完成后，条条船上又炊烟袅袅，歌声飘扬，河岸边又走来了一群群洗涤浣衣的老妪少妇，捶衣声和嬉笑声还有孩子们的喊叫声汇成一片，形成一道非常美丽的风景。这就是古时“铜陵八景”中的“县河晚泊”一景。

古时赞美县河晚泊的诗词就太多了。明朝大诗人杨泰首写描绘“县河晚泊”的一首诗：

烟螟江天夕照残，舟帆上下泊河岸。
微茫渔火依星灿，迤里征帆带月还。
两岸潮平波浪息，一川风静水云闲。
更无犬吠惊乡梦，稳卧船窗夜不关。

明朝铜陵诗人何一葵也为县河晚泊的美景写下了一首诗《县河晚泊》：

玉带横流日正西，扁舟礴砌竞归栖。
斜曛乱点千樯合，落照遥分万浆齐。
款乃声随更韵彻，参差帆挂夕阳低。
问君何事收航晚，为何江头钓世鲵。

如今的玉带河已不复存在。从铜官山上下来的那股溪水，因为后来变成了一条“龙须沟”，又因为它变成了一条排放由铜官山选矿厂排放的黑砂的废水，后来被人们称之为：黑砂河。因为这条黑砂河穿城而过，严重地影响了城市的市容美观，早在30多年前就被引入到了地下，上面盖上了盖板，河的东段上面盖上了座座大楼，西段上面种上了各种树木花草，改造成了长江西路的绿化带；那条从铜陵县城东边小山上下来的溪流也都统统地被安置到了地面下，通过地下管道流入长江。取而代之的是新建成的宽广的公路和美丽如画的观湖广场，在昔日的玉带河上，也就是如今的观湖广场上，分别安放着李白、苏东坡、王安石这三个世界级大文豪的青铜雕像，让人们在欣赏这美丽的风光时，还能欣赏到这三个大文豪的风采。

如今，环天井湖的建设改造工程还在热火朝天地进行着，虽然玉带河的美景我们再也看不到了，但如今对天井湖周边的设计更是独具特色，要比古时的玉带河更加地美丽、壮观。

盛氏宗祠

盛氏宗祠坐落在铜陵县风景秀丽的天门山脚下，双龙洞之南约两公里的地方，是北宋时期铜陵人——盛度在京城做官告老还乡后居住的地方，宗祠是他的后人修建起来的，至今约有900多年的历史。

盛氏宗祠占地面积约为1600平方米，三进两院，宏伟高大，气势非凡，是铜陵地区规模最大、最为雄伟的一座宗祠。

盛氏宗祠，坐北朝南，建造在一块前低后高的斜坡地形上，门前不远处一条清澈的小河终年流淌不息，河水冬暖夏凉，甘甜可口。因小河源自于不远处的双龙洞，所以小河名叫龙溪河。祠后就是一座不高的小山，蜿蜒曲折，因山形似一条长龙，且这条长龙的走向又与门前的小河走向完全一致，故而得名长龙山。据说在建造这座祠堂前，请来的风水先生说这里的风水好，前有龙溪河看门，后有长龙山护院，这里是双龙宝地，大吉大利，所以才出了一个能在京城做官的盛度，今后这里还能出达官贵人。

盛氏宗祠白墙黑瓦，飞檐翘角，是典型的徽派风格建筑。宗祠的大门为到顶式双开朱漆大门，门头上方悬挂着一块面积为3米×1.5米的大型牌匾，牌匾为三寸厚的白果树木制成，上面刻有“盛氏宗祠”四个正楷大字，字体开合大气，苍劲有力；黑色匾底，描金字体，显得十分气派，据说是盛度在京城做官时请有名气的书法家所书。大门的立柱、门框以及门槛全系用大青石雕制而成。门槛石约两尺高，朱红色的双扇大门上悬挂着一对黄铜制成的大门环，门环鼓圈为虎头图案；大门外两旁各置有一座一米多高的门鼓石，上面的龙虎图案雕刻得栩栩如生。门鼓石的前方约三米处，还有一对大狮子，雌雄各一，雌狮呈单爪抱球状，雄狮呈仰天吼状。宗祠的大门前是一块面积约为300平方米的小广场，全部采用长条状的大青石铺就。广场的中心位置上还有插旗杆用的旗鼓石，两旁还有上下马碑石和拴马石。在宗祠正前方的村口处，还建有一座高大的拱形门，也为青砖青石结构，精雕细琢而成，造型犹如法国的凯旋门，凡是迎送客人或车马通行都要从拱形门通过……

从宗祠的外形以及广场的一些配套设施来看，这座宗祠的主人非等闲之辈，是一个具有一定的身份和地位，且财力十分显赫的重量级人物。

盛氏宗祠的主人，系北宋时期我国著名的政治家、军事家、文学家——盛度。盛度是铜陵县石洞耆（今天门镇盛家村）人。天圣元年（1023）盛度以超人盖世的才华被召入京城，在翰林院做大学士。由于他知识渊博、思维敏捷，深得当朝皇帝宋仁宗的赏识。盛度曾奉使西夏，获得西夏地域的珍稀牡丹品种——状元红入贡。告老还乡时，皇帝赐宴宠赠，赐给盛度西夏所贡牡丹一株，归以奉亲。盛度在京城做官时深得皇帝的赏识，本来就是旷世殊荣，衣锦还乡时还得到皇帝恩赐的珍稀品种牡丹，更是朝野轰动，荣光耀祖。盛度回乡后为了报答故里乡亲百姓，便捐出了自己的全部银两，后来其后辈在石洞耆修建了这座气势非凡、雄伟壮丽的大祠堂。

盛氏宗祠的内部更是雕梁画栋，金碧辉煌，其立柱、栋梁、扶手、栏杆等，全部采用数百年生长的粗大银杏树、白杨、株树等木料，精工细琢，各种图案应有尽有，人物、花草、飞禽走兽，栩栩如生，整座建筑物全部采用隼铆连接，没有使用一颗铁钉。

徽州地区的三雕（即木雕、石雕和砖雕）艺术，在盛氏宗祠里也得到广泛应用，如其立柱下面的石鼓，门窗上的边框，屋顶上的龙凤翘角，室内门窗上的花格，梁条上的斗、格、拱、抬等，有的采用平雕，有的采用浮雕，有的采用镂空雕，最多的镂空层达到七层之多；还有的则采用多种雕法，雕、铲、挖、推、旋，应有尽有，其刀工细腻入微，技艺精湛，令人眼花缭乱，惊叹不已，拍案叫绝！

盛氏宗祠系三进两院式的建筑，前院是个四方形的大院子，约12米×12米的面积，四周全是“四正厢房”，厢房为上下两层，全为木质结构。屋面上的天井与地面上的面积相等，既为室内，也为室外，空气流通，光线充足；后院是个小院子，面积约为5米见方，四周也是全木质结构的厢房。最后一进的屋内是供奉牌位的场所，台阶式，上下共五六层，供奉有盛氏家族中百余位有影响的祖宗牌位，按年代，分区域，论资排辈地一一摆放。小院的中央地面上有一个储水池，与上方的“天井”相对应，同大小，采用大青石琢制而成。雨水从天而降，全部落入池中，可供人们洗洗涮涮之用。据说这叫：四水归堂，肥水不外流。雨水既可储留，也可由地下暗沟排至祠堂外。

在防火工艺上祠堂内也做到了尽善尽美，凡厅、室、进之间，全部采用空心斗子墙，房前屋后还备有几口大水缸，常年水总是满满的，祠堂内是绝对不允许随便用火的。平时，祠堂内都是空的，雇有一位“佃客”负责看管，这位佃客烧火做饭只有在祠堂外的“脚屋”里进行。脚屋建在祠堂的后边或两边，不影响建筑物的美观，主要是用来存放杂物和烧水做饭的地方。因为在祠堂里每年都要举行祭祀或晒家谱活动，而这些活动都是要准备伙食的。

宗祠主要的功能就是用作同族的子孙们供奉并祭祀祖先的场所和聚会议事的地方。盛氏宗祠当然也不例外，每年的春节都要举行一次祭祖活动，全族人聚集到祠堂里烧香叩拜，缅怀祖先；每年的农历六月初六则要进行“晒家谱”活动，活动由一名有声望的老者主持，全族人来到前院晒家谱。祭祖和晒谱活动都要进行一整天。这一天是全族人的大聚会，又吃又喝，热闹非凡。有这样一种说法：只让男的参加，不让女的参加，“女的”不包括儿媳妇，说女儿是“人家的人”，儿媳妇才是“自家的人”。

到了20个世纪的50年代，盛氏宗祠的祭祀功能逐步地减弱，董店乡政府便利用祠堂的前半部分开办了一所小学校，校名叫铜陵县牌楼小学，学校里开设了四个年级，每个年级只有一个班，共约150名学生，学生们的早操、体育等活动就在祠堂内的操场上进行。

20世纪的60年代后期，在“文化大革命”中，这座有着900多年历史的、承载浓郁的地方文化的大祠堂被拆掉了。从那以后，盛氏宗祠便在铜陵的土地上彻底消失了。

鹊岸说文石（外一篇）

沈成武

铜陵市义安区（原铜陵县）城关之西，一组峰峦，沿江蜿蜒，延绵十里，这片群山因名“十里长山”。原古鹊头山位于十里长山的北端，这一带江岸也被称作“鹊岸”。关于鹊岸以及在此发生的故事，铜陵地方史籍记载颇丰。但是，鹊岸还有一样天赐瑰宝，人们知之甚少，那就是“鹊岸文石”。

“鹊岸文石”，大多数人都认为它是普通的鹅卵石，但它与鹅卵石不同，最显著的区别就是它们的表皮。一般的鹅卵石是指河流中的水冲石，其由于被流水打磨，表面十分光洁是其特征。而鹊岸文石所处的十里长山原是古河床，由于地质变化，隆而成山。大江东流，在此却弯曲北去，因而有大量江石积聚。这些江石由于长期在沙石中掩埋，受地压、温度的影响，表面已经玉化，视之赏心悦目，抚之嫩若婴肤。大者两人合抱，小者粒粒珠玑。如果一定要说它就是鹅卵石的话，它也只是曾经的鹅卵石。用来观赏把玩，鹊岸文石以色彩艳丽、画面清晰、纹理奇特为胜，故称之为“文石”。有人说它是南京雨花石的鼻祖，而两相比较，鹊岸文石中的玛瑙不及雨花石剔透晶莹；雨花石却鲜见文石之巍然大块者。鹊岸文石尽管与南京雨花石的声誉不可同日而语，但是，它亦非无名之辈。早在百十年前，清代繁昌人洪杼写了一阙《卖花声·鹊岸文石》词，使鹊岸文石开始进入人们的视野——“鹊岸峙江滨，昔驻千军。而今波浅石粼粼。闻说南宫曾下拜，入袖如珍，莫笑老沙痕。隐具经纶，乌皮木几水晶盆。瀹取清泉看绉影，郁郁有龙纹。”真的佩服洪杼思接千古的联想，一个“闻说”就把鹊岸文石与宋代爱石成痴——人称“石痴”的米芾（号南宫）联系在一起了，也给予鹊岸文石更多的文化内涵。

据《石林燕语》载：米芾治无为军时，刚入州衙，见院中立奇石一方。他立即穿上官袍，手捧笏板，对着石头便拜，称之为“石丈”。此石现仍在无为“米公祠”的后面，“南宫曾下拜”说的就是这件事。至于“入袖如珍”，《初潭集》里就有一段颇为精彩的记录：米芾为涟水太守时，收藏了大量的奇石。有空就一一品玩，有时终日不出。有个姓杨的监察使，很严肃地对他说：“朝廷把一个郡交给你，你怎么能整天玩弄石头，不问政事呢?”米芾并未说话，径直来到他面前，从左手的袖子里取出一个石头，“嵌空玲珑，峰峦洞穴皆具，色极清润。婉转反复以示杨。曰：‘如此石，安得不爱?’”见杨不为所动，又从袖子里取出一个石头，“叠嶂层峦，奇巧又胜”。最后又拿出一个石头。“尽天划神镂之巧。顾杨曰：‘如此石，安得不爱?’”杨监察使突然说：“非独公爱，我亦爱也。”竟然从米芾手中一把夺过石头，“径登车去”。可见奇石，真的是“非独公爱”。

古之人爱石藏石之风长盛不衰，有所谓“山无石不奇，水无石不清；园无石不秀，室无石不雅。赏石清心，赏石怡人；赏石益智，赏石陶情，赏石长寿”之说。不唯“石痴”爱石，就连孔子亦盛赞“君子比德如玉（玉，美石也）”。汉唐以降，名人大家爱石者不胜枚举：陶渊明、白居易、柳宗元、苏轼、陆游、赵孟頫等等，甚至连一些皇帝老儿也加入其中：李煜就曾以一豪宅换得钟爱的“海岳庵研山石”；宋徽宗更是巧立名目“花石纲”，广收天下名石。楚国的著名奇石鉴赏家卞和曾采到一块“落风石”，所雕琢而成的闻名天下的“和氏璧”，曾被130多位帝王收藏达1600年。

当今爱石之人更加普遍，旧时王公贵族才能赏玩的石头，也如王谢堂前燕，飞入寻常百姓家了。我们这座城市专营长江奇石的店铺有数十家，数百人对鹊岸文石如痴如醉。我认识一位藏石者，就有两方“入袖如珍”的文石。它色质纯净，洞峰凹凸，大小适中，正堪把握。他常携这两方奇石参加全国各地奇石展览，观者无不啧啧称奇。有心动者求购再三，虽千金不易，也算是成就了鹊岸文石新的传奇。

闲暇之际，信步鹊岸，既享受着潮平两岸阔、月涌大江流的美景，又于这厚重的历史氛围里畅发思古之幽情，何其快哉。想那米南宫既然爱石成痴，公务之余，来一江之隔的鹊岸淘石，也未可知。说不定你打量着的一方文石，就留有米南宫的气息。能用这种方式与“石痴”交流，也不失一桩风流乐事。怀石而归，相对默坐，可聆听江涛如许，可领悟韵味自然，远离世事之浮躁，善养心中之浩气。即便是没有讲究的“乌皮木几水晶盆”，或置于白瓷盘中，看水里色彩焕然，

“郁郁龙纹”；或配以木几，朝夕抚拭，赏包浆古趣盎然。石不能言最可人，一石在手，怡然自得，宠辱皆忘，夫复何求？

说说“铜精山”

提起“铜精山”，听说过的人似乎不多，若要谈起“狮子山”，铜陵人几乎耳熟能详。而要论起“铜精山”与“狮子山”的关系，知道的人就更加寥寥无几了。

在弄清“铜精山”与“狮子山”的关系之前，我们有必要厘清“狮子山”这个地名的来龙去脉。在我们铜陵，有两处较为有名的地方都称“狮子山”。一处是现铜官区下辖的原狮子山铜矿（2004 年 5 月更名为冬瓜山铜矿）所在地，一处是原铜陵县钟鸣镇东侧的“狮子山”。相距不过 20 多公里的范围内有两处“狮子山”，它们的得名却有同有异。

原狮子山铜矿（现冬瓜山铜矿）所在地的狮子山，它的得名是缘于 1958 年开发、建设这里的铜矿床。当时的建设者，因“矿区境内东、西狮子山两峰相峙，状若一对雄狮。矿山因其而得名”（《狮子山铜矿志》）。不仅矿山以此命名，随后该地区的党政机关、团体等，也冠以“狮子山”之名。而地处钟鸣镇的“狮子山”，它的历史就久远多了。据清乾隆《铜陵县志》载：“狮子山，在县东六十里，石峦矗立，宛如狮首，扪发眺望，江空天阔，尤为壮观。唐太和间，南泉禅师创建上中下三清凉寺，顺治间止存下寺。康熙间重修上寺，旁有井名南泉，井泉极甘洌。”这里有众多的名胜古迹，我国泡桐学研究第一人——陈翥，他的坟茔就在下清凉寺旁。由此可见，狮子山区境内的“狮子山”，它的命名不到 60 年的时间；钟鸣镇境内的“狮子山”则最迟在唐代就有其名了。两者的相同之处，是这两处“狮子山”都是因其肖形——“状若一对雄狮”“宛如狮首”而名之；不同之处，一个是采矿区，一个是风景区。

我们要说的“铜精山”又是怎么一回事呢？它其实就是原狮子山铜矿（现冬瓜山铜矿）所在地的古名。明嘉靖四十二年（1563）的《铜陵县志》载：“铜官山……东又有铜精山，有采铜遗坑见存。”清乾隆《铜陵县志》中亦言：“铜精山，在县东二十里，齐梁时置冶，炼铜于此，遗坑尚存。”这较铜陵地区的风景名山“狮子山”更为久远，距今有一千四五百年的历史了。

铜精山，下临铜井冲，铜精山在其东，老鸦岭位其南（此为矿区最高山峰，海拔 233.7 米），青山傍其西，北部是其出入之门户。整个铜井冲呈南西—北东走向，长 1400 米，宽约 200 米，矿区就坐落在这三山环抱的狭长冲谷之中。

早在南朝齐梁时期，铜精山的矿藏就得到了开发，比名重江淮的铜官山略晚。铜井冲内古有铜塘、铜井，昔铜冶取水于此。又有石堋（陷岸、土突起立者），并留有大量的古采矿遗迹，今矿区仍可见大小百余处古掘迹和大量炼铜炉渣。这足以说明古代铜精山的采冶活动曾繁荣一时。后因矿床氧化不深，富矿采尽，原生矿石又多较贫且不便手选，以至于长期湮没无闻。

1931 年，原实业部地质调查所孙建初曾来矿区附近调查；1942 年 7 月，日本人夏井一郎也曾来附近测绘过地图；直到 1949 年秋，前华东工业部矿产勘探处张兆瑾等来矿区做了为时两周的调查，最终发现了矿带，从此，再一次掀开了铜精山开发建设的历史。

不仅如此，铜精山还埋葬着铜陵本土一位位高权重的贤臣。宋代名臣胡舜元之后、明代左副都御使胡本惠，因其“和而有守，宽而有为，不为赫赫之威，皦皦之行，而人服其令，民仰其德”。尤其是在他为辽东巡抚时，“持重有德量，中外畏服”。“致仕居乡，为贫民立业，请土台立案，将屠鲜儿行并经纪，永不许异民掺夺，至今犹受其惠。”年八十八终时，墓就葬在铜精山。明宪宗为表彰胡本惠的功绩，不但亲赐祭葬，还派学士陈一夔，来此修墓并撰写了“神道碑”。

铜精山，这一历史悠久的名山，在我国古代它是一个重要的采矿活动场所，现在仍是铜陵有色一处重要的采选基地。坐落于此的冬瓜山铜矿，是一座大型的现代化坑采矿山，年产铜量 34000 吨。她正以“青山凿不休，坐令鬼神愁”的气魄，续写着铜文化绵延千年的辉煌。

“铜精山”，不仅表明这里所产之铜之精之纯，而且寓意着这里有着如铜一样质朴、可贵的采铜人。

义安胜迹十题

海　鸿

陈翥墓园

北宋隐士陈翥的墓园，环山临水，风景幽美——坐落于安徽铜陵狮子山麓的坡地之上。陈翥，字凤翔，号虚斋、桐竹君，生于公元982年，卒于公元1061年，北宋贵上耆土桥（今安徽省铜陵市义安区钟鸣镇）人。他是北宋的一位乡间文化名人，也是一位知识渊博的“学术大师”。

出生于世宦门第的陈翥，“五岁识字，十四入庠（县学），博综今古之文，详明圣贤之道”。据史书记载，陈翥平生著有天文、地理、儒、释、农、医、卜算之书，共26部182卷，又创作有10图……因而成为当时“里人称德、府县知贤”的民间著名学者。可惜他一生著作虽丰，但是许多著作在南宋初年的兵荒马乱中散佚了，如今仅有《桐谱》一卷屡经翻刻才流传至今，这不仅是世界上最早记述桐树的科学技术著作，也是世界上第一部研究林学的专论典籍——对泡桐种类、种植、诗赋等十个方面做了详细论述。

陈翥治学严谨，刻苦认真，他为了撰写《桐谱》，不仅悉心研读了前人的有关著作，而且“召山叟，访场师”，虚心调查和总结前人的经验。他尤其注重亲身实践，将自家仅有的九亩山地全部用于从事桐树生产和研究。他不顾自己年迈体衰，翻山越岭搜集种苗，亲自开垦山地，先后种桐数百株。他特地给自己取号

“咸聱子”和“桐竹君”，正是表明从事桐树生产和研究的志向与决心。《桐谱》是一部在学术上很有价值的专门著作，陈翥也因此成了中国林学史，甚至世界林学史上卓越的自然科学家。

陈翥早年曾与当时官宦——肖定基、盛度等人同窗共读，笔砚之交深厚。但他一生甘为布衣，乐道安贫，一直隐居在家乡。史书记载，自宋仁宗天圣三年（1025）起，曾有人多次举荐陈翥出来做官，虽说他正值壮年，但是他屡次辞官不就。1050年，陈翥已是68岁的高龄老人了，宋仁宗曾诏赠“金帛冠带”以授他享受终身之誉——陈翥依旧“无意于荣幸”，依旧淡然处之。为此陈翥被时人誉为“乡村真儒，道德真君”，从而受到包拯、苏轼、王安石、黄庭坚等一大批政治家和著名人士的推崇和敬重。

其实陈翥胸怀淡远而博大，从他一生写的众多的诗文可以略见一斑——“莫道功名真富贵，须知山野大文章”，这是多么坦荡恢宏的治学思想和人生境界。他的同窗好友盛度也为其咏诗赞叹：“知君非是寻常客，看破功名一羽毛。”荆公王安石寓铜陵时也有一律《挽吊隐翁虚斋先生》——在赞美陈翥的敬仰之情中有一句精美佳句：“洒落襟怀超俗侣，能全道德卧林丘。”宋元丰二年，苏轼因公转道苏州与好友黄庭坚会叙陈公园，两人写诗称赞其“咏虚斋道德真儒”——苏轼的“潜心藐视三公贵，寄迹高随四皓风”，让人感受到一种崇高的人文崇拜和深切的情感关怀。黄庭坚也表达了咏赞陈翥美好的诗情：“默契诗书新日月，趣遗桃李旧山川。”陈翥正是在一种情感的淡化与幽默中，眺望一种致远宁静的文化芬芳。另外包拯等历代大批文人墨客纷纷吊唁陈翥，并写了数百篇赞美他道德品格的美好诗文。

山水依旧，人文长青——陈翥淡泊功利的情怀和高远深刻的治学思想，将光照日月，传颂千秋。

大明寺

我与大明寺是十分有缘的，尤其是寺中的老尼姑释果成，在“文革”期间我还是个孩子时，就听人说起并且认识她了，可是她现在已经不记得我了。这么多年来，我前后想一想，去过大明寺有十次之多了，然而每一次去，我都是因为有公务才前往的。其实在我的心中，对大明寺是情有独钟的，只要一踏上那块美丽的土地，我的精神就会马上振奋起来，我不仅会在寺庙里观光一番，还会去寺院外面到处走走，欣赏一下山野风光。

每一次去，我都能见到那位老尼姑，她总那么憨厚，不多说话，有时也为一些事情说个不停。记得在一次协调会上，她为了争得那一块竹林的所有权，就为大明寺说了不少的话，我听了也为之感动。其实关于那片竹林，只要去过大明寺的人，没有不为之而欣喜的，因为那片竹林太美丽了，简直是一个幽静无比的神化仙境。一棵棵竹子立在寺院外的山麓，像一个个清秀而水灵的女子簇拥成一片青翠的世界。山风拂来，让我在一种爽朗温馨的空气中流连忘返，我觉得在大明寺的竹海里，我属于世外桃源中的一位神游之人。

其实大明寺是一座江南名刹，北宋嘉祐年间（1063）就已经修建了庙宇，位置坐落于新桥镇的晃灵山的南麓。清代与民国时期，曾多次修整，当时庙宇为四正结构，分东西正殿和一栋偏房，建筑面积有400平方米。寺内气势宏大，大小佛像供奉了100余尊，四季的香火缭绕不绝，确实非常繁盛。“文革”前期，大明寺保存还算完好，可是1969年被捣毁了，剩下四间偏房和清代、民国时期重修的碑记。后来的大明寺，由释果成尼姑募化了一些捐款，逐步恢复了部分庙屋，有殿堂、偏房和厨房，从整个庙宇建筑的风格和规模上看，显得小巧玲珑，坐落在山野之间，倒也有一份天然的巧夺天工的情趣。每次去大明寺，我都要与释果成老尼姑聊聊，她也非常客气，有时还备一些茶水和点心让我们吃喝。她从不问我的姓名，每一次见面都像不认识我似的，可是总还是要对我说一些想法，比如扩建大明寺、修缮祖师墓……在佛事方面，她显然是一位有心人。记得有一次，她还对我说，为了建庙，她现在借了外债几十万元，我听了很感动，我想，这样一位老人了，可是她还在为大明寺的发展焦心竭虑，真是令人佩服呀！

“山不在高，有仙则名”，大明寺的名气也确实不小，这主要还是因为北宋大政治家、文学家王安石的缘故。据史料记载，王安石青年时代曾在此修身养性，读书讲学，酌酒赋诗。著名的《顺安临津驿》就是诗人看了当时临津（现在的顺安镇）美丽的城镇风光后写的一首诗：“临津艳艳花千树，夹径斜斜柳数行。却忆金明池上路，红裙争看绿衣郎。”此诗中的古代驿站，在今天顺安镇的回龙山畔，后人在这里建了顺安楼。诗中将临津驿与当时东京开封的金明池相媲美，反映北宋时期顺安的繁荣景象。诗人还有另一首诗《灵窦泉》：“山腰石有千年润，海眼泉无一日干；天下苍生望霖雨，谁知龙向此中蟠。”这是诗人在大明寺旁的灵窦泉边所写。乾隆《铜陵县志》记载：在叶山山腰有灵窦泉。泉出两穴，形如蟹眼，又名海（蟹的谐音）眼泉，侧有大明寺（又名大觉寺），此诗就题在寺院的墙壁上。据民间传说，灵窦泉有六个泉眼，终年泉水不干，曾有龙含石而出。

王安石正是借此景来描写心境，以抒发自己的政治抱负。也有人说，这首诗是王安石写过的唯一的一首“反诗”，反映了他怀才不遇的政治胸襟，同时也表达了他愤愤感慨的一腔热血。

如今，我穿过竹林、小溪和乱石山冈，再去寻访灵窦泉，这里的泉水依旧清澈。我站在灵窦泉边，让思绪放飞起来：这小小的泉眼如此能激发诗人丰富的想象力，写出留传至今的诗歌，让一代又一代的文人墨客心驰神往。我想，泉眼是有生命的，而这生命之源正是诗人的热情、感悟和敏锐的目光。其实，诗歌是属于诗人的，同时也是属于大众的，从另一个层面上说，它也是属于大自然的，更是属于一种地域性文化的——大明寺缘此而名扬四海，这是诗人的功劳，也是一个山清水秀的地方（铜陵大明寺）的一大幸事。

荆公书堂，是王安石当时讲学读书的地方，它在大明寺的南侧。当年的诗人就在这里生活了许多日子。我们可以想象，诗人临风把酒，遥望青山，俯瞰流泉，是何等的逍遥自在。一个山水的灵性孕育在他的心间，也可以说，从荆公书堂走出去之后，王安石有了经天伟业的成就，他不仅在北宋的政坛成为叱咤风云的人物，而且在中国文学史上也是不可多见的大文豪。“山水有幸出英才，风流千古春常在。”我在山水之间，不由自主地吟咏了这句发自心底的诗句，我还能说什么呢？面对早已经匿迹了的荆公书堂，我的心情还能与古人相默契吗？我不知道，但我知道，山水的情怀孕育了大明寺和荆公书堂的文化底蕴，对于饱经沧桑的文化圣地而言，即使是破落了的遗址，其文化的风采照常依旧，真可谓“青山依旧在，几度夕阳红”。

从大明寺走出来，已经是黄昏时分了，释果成老尼姑到庙门外忙碌起来——扫地、种菜、浇水……我望着红墙绿瓦的寺庙与老尼姑的背影融合在一起，我的心情更加激动了，眼中忍不住涌出了真诚的泪水。

葛仙洞

为了寻访道教在铜陵的踪迹，我特地去了一趟位于铜陵县顺安镇陶山村的葛仙洞公园。据了解，这里距市区约 15 公里，整个葛仙洞公园以拥有万年造化、千年陈迹的葛仙洞为主体景观，另有花堰泉、丹井、响洞、杏山等景观构成了公园整体。我一进入公园，就被洞外如画一样美丽的风景迷住了，我顿时感觉到，我所置身的地方不仅有着美妙的自然风光，而且是铜陵一处有着悠久文化历史的绝美胜地。于是，我探幽揽胜之情，在心头油然升起。

其实杏山的出名，与晋代道家巨擘葛洪有关。据说，葛洪看中了这块灵秀的风水宝地，他在解官南归后，就长期隐居在此种杏炼丹，终于修炼成仙。相传，葛洪还用丹药为当地山民治病，曾治愈天花、狂犬病者数百人，葛洪因此而声名大振，受到山民们的爱戴和尊重，因而人们称他为“葛仙”，葛仙洞也因此而得名。为了纪念葛洪，当地人在杏山曾建筑过一座“杏山庵”，堂中悬挂着葛仙的绘像和神位，人们四时祭祀，香火不绝，众多的游人来此凭吊游览，文人墨客也来此吟诗作画，寻访仙迹。到了清朝顺治七年（1650），铜陵知县刘日义又捐薪俸，在杏山增建祠宇亭榭，添置祭祀器皿，并作《杏山碑记》，使葛仙洞这一胜迹更为吸引游人。后来，由于战乱频繁，导致庵毁洞塞，杏山于是就荒芜了。1992 年 8 月，党和政府十分重视旅游和宗教事业，决定开发葛仙洞公园，仅半年的时间，这一被湮没了几百年的名胜古迹重现于世，并增建楼、阁、亭、榭，还建造了一座气势宏伟的门坊，在公园内，立碑刻一方，对葛仙洞公园做了概括介绍。另外还建有花堰泉，位于杏山西麓的葛仙洞的下方，相传葛洪当年饮用和栽植杏树的水就是在此汲取的。据说，水有热度，故又得名“温泉”之称。据史料记载，葛洪在山坡种杏，山下有清泉流淌，每到春天，杏花纷纷飘落在堰上，其溪流因而得名“花堰泉”。如今，葛仙洞公园的花堰泉边，增设了栅栏、亭榭，四周栽满了杏树，使这一景点看上去有了一种“古韵旧味”。

杏山是典型的喀斯特地貌，也称石灰岩地貌——这类地区极容易生成天然的溶洞。葛仙洞就是天然而成一座溶洞，据考证，形成时间大约距今 18000 年了。洞内峰险石奇，幽深莫测。八卦台、大象峰、天柱峰、万年灵芝等景观如神工鬼斧一样，千奇百态，形象逼真。洞内有一大厅，在大厅左侧，有恰似重云叠雾的云山。洞内景观中，尤其是“万象台”最为生动，充分显示了自然界万千动物的形态，从不同角度对它进行观察，就能得到不同角度的新奇的发现。那上面藏有十二生肖，只要你有心去发现，就能找到属于自己的一种属相。据说，葛洪炼丹时隐居下榻处就是“天台”，现仍有石床、石几等之类遗存。大厅右侧，曲折蜿蜒处是“天井护驾”，“海眼”流水，碧绿甘甜，终年不竭。有人说，在海眼之下，有一条地下河，传说直通长江。“丹炉生辉”是葛仙筑炉炼丹的场所，游至此，油然而生思古之情，在灯光若明若暗之处，令人有脚下生风、腾云驾雾的感觉，虚无缥缈，恍如进入神秘的仙境。

其实，我对葛仙洞公园的了解，最早还是源于十几年前从当时的报纸上看见的消息，记得得知消息后的第二天，我就兴冲冲地赶到了杏山。那天，我专访了负责开发工作的一位领导，他对我说，杏山是铜陵的道教圣地，也是中国道教文化的重要组成部分，对它的开发利用，不仅是为了弘扬铜陵的文化，也是为了更好地发掘铜陵的自然资源。当时我深受启发。在探访回来之后，专门为葛仙洞写了一组散文诗，而且很快发表了出来。有一段诗写道："走近你，就像走近一场玄幻美丽的梦境。丹井依旧，花堰泉上杏花的暗香，隐约从远古的岁月渐渐向我渗透。洞内，大象峰虔诚的姿态，像终生热恋着温暖的溶洞。海眼流泉，丹炉生辉，护丹的老鹰和戏游瑶池的龙，还有那万年灵芝，天井救驾毕真的传奇，使我情感浮动，充满柔和的神秘。更不用说八卦台上，我看见葛仙玄乎的光芒照亮了整个溶洞，看见中国文化古典骄傲的圣光。万象台中，一种超人的想象使我看见十二生肖奇迹般灼目的纷繁。看见生命浩荡的情景。葛仙洞呀！你是铜陵一朵鲜艳的奇葩。"如今翻阅此诗，我依然心潮澎湃，我不能不为当年我对葛仙洞公园所持有的年轻的诗情而欣慰，对我来说，这将是一种永远美好的回忆。

如今，葛仙公园已经是绿树满山了。如果我们有闲情逸致，去看一看当年葛仙种杏炼丹的杏山风光，只要你是一位有心人，就会发现那里绝对是一处访幽探胜的休闲娱乐的好去处，可钓鱼，可探洞，可观山……同时，你在悠然自得之中，不知不觉就会感受到人类悠久历史文化的风采神韵。

护国寺

在新桥镇先进村的掩眼冲，有一座寺庙叫护国寺，相传，该寺庙与明太祖朱元璋有过一段密切的缘分，而且这座寺庙现存的寺基，正是明朝洪武年间的建筑遗址。掩眼冲，离沿江快速通道和铜南公路较近，因而护国寺的位置处于四通八达的交通要道。寺院周围的环境也是十分优美的，绿树成荫，一派乡村的田园风光和美丽景色。

据传说，元末时期，各路诸侯纷纷争夺天下，各霸一方的局面已经形成。在江南地区有两个割据势力非常强大，他们的首领一路是拥兵自重的陈友谅，另一路是明朝开国皇帝朱元璋，他们相互之间并吞侵扰，经常发生战事。有一天，朱元璋战败，落荒而逃，陈友谅跟踪追赶。当朱元璋逃到新桥镇先进村掩眼冲这个地方时，他已经是精疲力竭了，而且四周都有追兵将他团团包围了。朱元璋见四面没有藏身之处，独见一所破庙立在那儿，无奈之时他躲了进去。四方追兵赶来，不见朱元璋的踪影，但见一座破庙，便要进庙搜查，可庙内蜘蛛网密布，让追兵有点寸步难行——他们误认为没有人进入过，于是退了出来，朱元璋终于化险为夷。据民间传说，朱元璋藏进庙后，庙内马上到处结满了蜘蛛网——这其实是一种天意，是上苍有意安排蜘蛛搭救朱元璋的。民间说法虽然不可全信，但是护国寺里“蜘蛛网掩眼”的故事却是真实发生过的，“掩眼冲”的名字也正是因为这个历史事件的发生而得此名。

后来朱元璋夺得天下，做了明朝的开国皇帝。有一天他突然想起了在安徽铜陵的掩眼冲发生的那件事情，心中顿时升起一种感激之情，为了报答神灵救护的恩情，立即下令动用国库的资金，扩建那座救了他性命的小破庙，并赐名：护国寺。当时护国寺的建筑规模非常壮观，三进正殿，佛像满堂，大小房屋多达 60 多间。据说，护国寺在鼎盛时期，寺内僧人有 10 多人，四季香火不断，而且周围环境十分优美。可以这么说，正是由于护国寺发生了一个与皇帝朱元璋有关的故事，它才在民间的传说中带有种种神秘的色彩，也正是这些让人心驰神往的神秘说法，才让护国寺远近闻名遐迩，古往今来，才能吸引如此众多的香客和虔诚的佛教徒们。

护国寺历经了几百年的风风雨雨，几度兴衰，特别是在“文革”中遭受了严重毁坏。党的十三届三中全会以后，党的宗教政策得到了落实，宗教信仰自由依法得到了保护，原护国寺法师陈慈预决心重建庙堂，恢复当年香火。陈法师历经千辛万苦，募化资金，终于在原庙基上建起了一座新的护国寺（1997 年年逾八旬的老法师陈慈预在护国寺圆寂）。如今的护国寺是二进正殿，前进正殿中供奉弥勒佛和维弥佛。后进正殿中供奉释迦牟尼、阿弥陀佛、药师佛、送子观音、东海龙王、十八罗汉等佛像。在二进正殿之间的东侧有一小庙，庙内供奉了朱元璋的像，并竖立了一块石碑，碑上记述了护国寺的来历、传说和概况。庙门两侧有一副对联：“圣封护国，蜘蛛救主”。每逢斋日、观音会和一些佛事圣会，前来护国寺进香的人络绎不绝，而且香火十分旺盛。

西明寺

游西明寺对我来说，是一件非常有趣的事情，记得那还是我在铜陵金榔乡工作的时候，如果上级来人或者有亲朋来看我，只要他们有兴趣，我会成为一名业余导游，带着他们去看看西明寺。其实西明寺所处的水龙村，是金榔三条冲中最长也是风景最美丽的一条大山谷。在铜陵旅游图上，西明寺、水龙洞、缪家古村落、十里断崖等景点，构成了一处旅游资源十分丰富的生态风景区。

其实在这个风景区里，只要你走在山谷或山冈之上，你就会呼吸到一股来自山野的清新空气，而不得不为大自然所创造的一幅山谷水墨画而感到心旷神怡。西明寺坐落在水龙山半山腰之间，它对面山的山脚下有一个天然的大溶洞，名叫水龙洞，也有人把该洞称为“梦游神府”。此洞发现于元、明时代，洞内早就有人工凿出的石梯，目前已经探明的洞深1000余米（只是一部分）。洞内，曲径跌宕，宽处犹如一川平野，窄处似一条视线。洞内溪水涓涓长流，钟乳石千奇百态：或川、或林、或瀑、或花、或云等等，四壁辉煌绚丽，洞内的空气清凉宜人。目前在洞内已发现了部分景点：百丈悬梯、观音指路、迷仙宫、通天河、百米长廊、二耆对酌和石瀑奇观等。其实，水龙洞这段地域，属于比较典型的喀斯特地貌，而且在洞的上下左右近2公里的地表面，溪水完全断流了，据专家说，有可能在地层下面有更大的空洞或地下河。

水龙山是一座美丽的山，绿树成荫，山色秀丽。在水龙山上，有一段山岩断层，构成了一幅长约几公里的绝壁长廊，崖间有洞、有树、有瀑、有画，蔚为壮观，一泻千里，真是美妙至极了。在水龙山的断崖尽头的山谷中，是一处风景古朴的缪村，村庄是明、清时的规划建设，房、水、路、树、桥构造得非常合理，协调一致，相得益彰，整个村庄简直就是一座徽州古村落的影子。村内主要有明代古桥、母子树、龙眼洞、古民居、乱石林、古檀溪等，许多景观让人看后，叹为观止，流连忘返。

每次陪人游西明寺，走在水龙山之中，我的内心都有一种无比骄傲的情绪，我总觉得这么美丽的地方，仿佛一切都是属于我的，我是这座山的主人——其实只不过我对这座山情有独钟罢了。我真正用心去发现每一处景，用生命的热情去看待每一个令我兴奋的石头、房屋和树木……我在这个山谷之中，体察到“生命情结”的真正意义在于欣赏、发现和执着，在于把自己灵魂中的爱和赤诚完全表达出来，在于自我满足中让思想抵达情绪的愉悦和思考的丰富。我觉得自己是山的儿子或朋友了，对于整个水龙山而言，我感到自己是一股游荡的山风。

穿过一片茂密的山桦树林，沿着悬梯一样的山地小路攀登而上，约行500米便可到西明寺了。西明寺又称“西明禅寺”或“观音禅寺”，寺庙依山而建，寺后峭壁耸崎，山势雄峻而宏伟。西明寺的正门外，有一棵大桂花树，树的胸径1.5米，冠幅约1亩面积，真是一棵人间罕见的桂花树了——这是铜陵最老的一棵“桂花王”，树龄已经有500多年。据当地老乡说，这棵桂花树一年开几次桂花，每年可采干桂花几百斤。伫立桂花树下，香气袭人，浓荫如盖，让人感到心神通达，一会儿，身上由于登山出的汗就干透了，人也变得十分轻松。此时，我站在这里，极目四望，群山绵延而蔚为壮观，绿树丛中有一只只鸟飞翔起来。此时，我会情不自禁地说："真是一派人间好风光呀！"同行的人，在登山劳累之后也有人高兴地附和着我说："会当凌绝顶，一览众山小。"我听了，大笑起来，我想，其实西明寺所处只是水龙山的山中间，并不算太高，可是同行的人登山的速度太急太累了，自认为到达了最终的目的地，自然会发出如此的感慨了。那天我还幽默地说："唐代的诗人杜甫来了，他要望西明寺的月亮了！"大家哗然大笑起来。

西明寺最早建于明代，那时，南陵、繁昌等周边地区的善男信女，经常来西明寺烧香，这座寺庙当时的人气非常旺盛。后来此寺几度兴衰，在"文革"时期被完全拆毁了。现在建的寺院，规模小巧玲珑，有碑刻、殿堂、神像、侧屋和厨房，在厨房角屋边的小门外，有一条长年流淌不息的涓涓流泉，泉水通过毛竹做的导水管流进了储水池，上面的一个池子为吃水池，下面一个为用水池。泉水，甘洌清新，喝了一口感到沁人肺腑，我每一次到这里都要用手捧几捧，尽情地喝个够。我对同行人说："这是人间圣泉，大家都来喝一口吧！"

同行人已经感到很满足了，我便对他们说："无限风光在险峰！"他们不懂我的意思，听了我的话，热情又高涨起来，他们跟着我，艰难地从西明寺的后山往水龙山的正峰攀登。行到顶处，有一断崖，我们紧张而恐惧地走过了一线绝壁天险的单人窄道，就到达了面积约60平方米的一处天然山洞（也称观音洞），洞体宛如天然楼阁，洞内泉水四季长流不息，叮咚有声，洞的正面还供奉着一尊观音菩萨的神像。我对同行人说，当地群众告诉我，每月初一、十九，周边百里都有香客结伴而至，来这里烧香祭拜，真是热闹非凡的。从西明寺到观音洞，其间山道陡峻，但一路上山泉潺潺，林幽石奇，风景十分优美。沿途你可以看到兀突岭、美人石、将军柱等景点。

我已经攀登过几十次西明寺了，每一次我都是眉飞色舞地做免费导游，我心神飞扬，同行的人也被我点燃了游玩的热情。记得五年前有一天，我们从南陵县翻过水龙山回铜陵，有人问："走哪一条道？"我很干脆地说："走西明寺。"我离开金榔几年了，只要想起西明寺，我认为它在我心里，已经不单纯地是一座寺庙了，它是一方灵秀的山水在我的灵魂中留下的美好回忆。我想，西明寺藏在深山中，它是一幅生态优美的风景画，等待人们去了解、开发和游玩。

云崖寺

我去云崖寺那天正是雨过天晴，山谷中的潺潺流泉声，像一支歌在我的耳鼓流动着。我仰望高高的莲台山峰，看到轻轻的流岚夹带着一种灵气在空谷浮动，我的心被这如画一样的风景和那清爽宜人的空气所吸引——我感到此处正是胜境风光呀！那种天然的美丽，慑服了多少慕名而来游客的激动之心。

当地山民在山谷村口立了一座木制牌坊，听人说这就是莲台山风景区的进山门楼了，可以说也是一个景区的人文标志。我真切感觉到山民们的用心良苦，他们对故乡的热爱，在一座小小的简易的木牌坊里透出一种纯朴和赤诚——我可以肯定地说，他们把莲台山作为抚慰心灵的故乡骄傲，希望更多的人来到这里看一看、走一走，感受一下莲台山的山色风光和人文沧桑。

其实，我到莲台山已经不是第一次了，早在二十年前我就曾五次登上了莲台山的云崖寺了，那时云崖寺是新桥明月村的林场，住了许多的护林员和林场职工。我也置身在他们之中，听他们讲述莲台山和云崖寺的故事。当时我还是一位热血青年，我听不懂一些饱经岁月磨炼的山里老人对我说的话——这些话都是关于莲台山和云崖寺的，现在想起来，我回味到一种丰富的人情味，我感觉到，如果说莲台山是一座高贵的躯体，那么云崖寺就是这尊躯体的灵魂了。

莲台山海拔400多米，云崖寺就坐落在山巅绝壁之间。唐代有古人在这里开采过银矿，因而又得一个古名叫银坑冲。据史记载，在明朝正德年间，有一钱姓人家捐资营造了此寺，初定名为石山寺，主要是寺靠山石峭壁而建，险峻之处可见石壁耸然。后来更名为云崖寺，这一更名，将该寺的特色描述得淋漓尽致，可以说，“石山”二字只是形象上的表达，而“云崖”二字则出神入化地表现了一座古老的山寺，在凌空绝云之地的高贵和玄妙——我以为，云崖寺这个名字有了一种幽谷空灵的味道，它的内涵变得丰富了，感觉变得充实了，意境也显得深远了许多。真是“空山新雨后，云崖现风光”。

我登上傍崖凌云的云崖寺，可以看出这是一座呈直角形布局的寺庙，建筑风格朴素、淡雅、清新，老建筑的黑瓦白墙，最显眼的就是我们安徽省的徽派建筑，清白中透出一种浓郁的神秘，轻盈里闪烁着一种文化和智慧的厚重感。云崖寺周围，群山环绕像簇拥着一朵莲花佛座，寺院拱卫其中，真是好一派人间胜景呀！当你站在寺院门前的峭壁悬崖之上，望远天浩瀚，听人说，如果是晴空万里，还可以看见飘带一样的滚滚长江东流而去。我站立在山之巅，有了一种“登高而招”的舒适情怀，不免赞叹古人有幽情深意才选择了这块风水宝地，才将云崖寺建筑在莲台山上，才让我有幸来这里一游，享受着风光无限的快乐世界。我想，云崖寺为铜陵古刹胜地，昔日在方圆百里之内，前来进香朝拜的教徒络绎不绝，晨钟暮鼓，香火袅袅，定是一派美丽风光。在云崖寺的周围，浓荫大树参天而立，幽邃深美，一派绿色风光进入我的眼帘。其实在大自然中，享受绿色就是在享受生命的实在，就是在享受一种心旷神怡的豁然开朗的人生顿悟。无数次，我就是在这种绿色中，尽情地开拓自己的狭隘视野，我认为绿色是温和的，它能够掠动我的心智，让我沉静其中，也让我深思或者熟虑一切的人或事物。今天我在云崖寺，周围的绿色也是这样，我被那种浓浓淡淡的绿色情韵所包围了。

云崖寺的前厅正南侧有一天然的石洞，当地叫它观音洞。洞门左右边各立有碑石共两块，碑文上记录了云崖寺的一些历史概况和人文事由。我进入观音洞内，深幽曲折，处处尽有一种空灵之气——这也许是洞内的凉意渗入我的皮肤和心灵，让我有了一种铭心刻骨的清凉之意。从这种舒适爽凉的洞中走出来之后，我去了供奉肉身菩萨的殿内，这位真身菩萨姓李名定民。相传，光绪二十七年(1902)，南陵红教起义，朝廷命清兵统领李定民（系湖南长沙人，身高 2.05 米）率兵镇压，死者无数，惨不忍睹。李定民良心忏悔，不忍心再滥杀无辜，因而激怒了朝廷，被迫逃到了青阳恶龙洞躲了三天之后，从此弃弋皈佛，出家为僧。民国十四年（1926），李定民来到莲台山的云崖寺，重修寺庙，潜修于此。民国二十年（1932）圆寂，民国二十三年（1935）开缸升佛，被装金成肉身菩萨供于寺内，从此云崖寺香火兴旺，绵绵不断。“文革”期间，红卫兵将其肉身甩进了寺庙附近的龙井里，在井里泡了两天后，被一看山者捞起并掩埋起来。1968 年有一位看山人在此山刨地种菜时发现了他的尸体，将其安葬了。1996 年 7 月 28 日正式开墓，由九华山旃檀禅林住持惠深法师主持仪式。当棺一打开，佛光闪闪，据说有照片为证，其真身除了头部和腰部损伤一点外，其他部分基本保持原样。于是，1996 年 9 月 19 日又将其妆金真身坐像供于寺内，此后，前来敬香者络绎不绝。云崖寺是座古刹，正是因为有了这一尊真身菩萨而使它更有了一层神秘色彩，可以想象，一个个前来朝拜的善男信女，他们信仰的是一种佛教，而他们面对的却是一种文化，这种文化的骨子里散发出陈年的记忆，在我的感觉中浓郁、深长而厚重。

在云崖寺内，还有铜陵地区唯一的一座明代铁钟，高 0.95 米，重 250 公斤，铸造精良，浑然大气。有人敲响这座古钟，顿时群山空谷之间，清音袅袅。我听着这钟声，想着云崖寺的烟雨往事，感觉到我的思想在游动着，像一股雨后的山泉哗哗流淌着。钟声清远，我的思维也变得清远了许多。我曾听说过，1939 年 10 月，新四军军长叶挺和副军长项英也曾经到过云崖寺内，察看过当时的地形，“皖南事迹”后，云崖寺曾是新四军的秘密联络点。我想，这云崖寺有着一段革命的历史，身上流动着一种红色记忆的光彩。红色的记忆是美好的，和平年代，这里山民的生活也是美好的。我听说，1986 年以来，当地农民自发集资对云崖寺进行了修缮，他们为古铜都的旅游发展做出了自己的努力，同时为我们开辟了一个新的旅游胜地——莲台山云崖寺。想到这里，我又想起了山谷村口的那座木制牌坊，我的情绪更激动了，我为那些无私的山民而欣喜万分，我想，莲台山是美丽的，云崖寺是厚重的，而生活在莲台山下的山民们却是无比真诚的。

当我离开云崖时，天空晴了起来，阳光也出来了。我感到心明眼亮，听山泉响彻山谷，近处的鸟声嬉戏在绿色的群山森林之中。

凤凰山·金牛洞

安徽铜陵凤凰山风景区，有一处全国重点文物保护单位——金牛洞古采矿遗址。有人说凤凰山是一方灵秀之地，它的深层宝藏就是一片金属矿产的人文世界。

我去那儿时，正值仲春时节，满山遍野盛开着花海如雪的药用牡丹。凤凰山的山谷流出了一条古老的相思河，在河畔生长着一棵形似情侣相依的美丽绝伦的相思树——这是一棵千年古枫杨。滴水岩是凤凰山的一处绝景，奇峭峥嵘的石崖风景势如壁画，长年流淌的串串流泉滴水如泼——宛似银河纤尘细若游丝。这儿也确实是风光无限的迷人世界。

20 世纪 80 年代，凤凰山一带的群众露天采矿时，在边坡上挖掘出古代的采矿井巷和采掘遗物——从清理出来的古矿井巷中发现了一些珍贵的采掘工具和生活用具：除铜凿、铁锄、竹框、木桶、陶器等一批采掘工具外——有一件为井矿提升工具的平衡石锤，从器形看，石锤为战国时期文物；另一件文物是西汉早期的铁斧。另外在古遗址还发现了大量的木炭屑——当时工匠们以燃烧木炭的“火爆法”来采矿。采矿井巷是竖井、平巷、斜井的木支撑结构，有半框式和方框式两种，竖井井筒采用“企口接方框密集支架”结构。

目前，整个金牛洞遗址的建设规模气势壮观——东面崖壁上有八个行草大字

“金牛洞古采矿遗址”，周边界线是用92根水泥立柱和古铜色铁链相连成了铁栏墙，在入口处有一黑色石碑上题了“金牛洞古采矿场”六个嵌金大字，背面刻有遗址简介，在一旁还有青铜铸造的金牛一头。西侧为停车场，北面是遗址陈列馆，西南面沿相思河岸建有题词廊和铜陵地区矿物岩石林。在遗址边出土文物的山坡上，架起了锥空网架，那些裸露的古矿井和木支架勾起了人们神秘的遐思、渴望……遗址北坡宛如空中观光的阶梯走道，可以贴近欣赏悬壁矿井与矿巷——从而领略古遗址的全貌，体味着古代矿工的真实生活和遥远情怀。

有专家赴铜陵考察研究后说，商周青铜文化在中国延续了一千多年，它的物质基础就是采铜炼铜。如果说湖北铜绿山是古荆州的产铜基地，那么铜陵就是古扬州的铜都——古矿规模更浩大、年代更久远……从商周到唐宋一直是中国采铜和冶铜的中心地区。另外遗址上发现的冰铜锭是硫化铜冶炼物（碳14标本测定距今3000年左右）——古代铜矿是由地表浅层开采氧化铜矿，向深层发掘才是硫化铜。由此可以说，铜陵的矿冶历史应该比3000年的西周更早，因为它中间还有一个氧化铜矿开采时间。在最早的中国学术界，认为黄河流域是中华民族文明的起源地。然而20世纪40年代，郭沫若则认为华夏文明起源于江淮流域。之后，苏秉琦先生却认为两河同时起源。无论如何，铜陵古矿治遗址的发现，对探索中国冶金史和中国起源史，都具有十分重要的研究阶值。

可以说，金牛洞采矿遗址，是一处自然与人文相融一体的风景之地，它的文物价值和旅游潜质非常深厚——同时也是我国继湖北铜绿山古铜矿遗址之后，第二个正式对外开放的古铜遗址。难怪有人说：“凤凰山下金牛洞，相思之地情长久!”

狮子山上清凉寺

我乘坐一辆“普桑”轿车上了山，这是在一个黄昏时分，我平生第二次上了这座清凉山。

第一次上山时我不满二十岁，那是二十年前，我在县林业局工作去那儿验收造林。那时没有公路上山，我用了一上午的时间才登上清凉山顶。对于那次登山，我记忆里没有什么印象，只隐约记得是在一座当时是林场场房的庙里吃了中饭，几位林场的护林员非常热情，不仅拿鲜鱼好肉来款待我们，而且说：“这里是上清凉寺，香火旺时有九十九间半的房子，是在‘文革’时期被烧毁的。”那天我没有看见更多的庙宇，那时我也不知道佛教文化有何价值和含义，我的思想是烟雾朦胧的。

后来查阅典籍，才知道清凉山是一处佛教圣地，有上清凉寺和下清凉寺。山上有八大胜景，分别是天台秀峰、喷珠泉美、玉鼎含烟、百丈丹崖、马岭松韵、天女前拜、罗公书堂和狮子昂霄。与八大胜景齐名的还有八大奇石，分别是磨盘石、关门石、犀牛石、和居石、鸟鱼石、猪槽石、船形石和狮头石。八景和八石的灵魂，要数狮头石和狮子昂霄胜景了。其实清凉山另一个名字就叫狮子山，清乾隆年间编撰的《铜陵县志》载："狮子山……宛似狮形……绝顶为狮首，突兀嶙峋，眉目毕具，类神工鬼斧所雕刻者。"

在清凉山下，我来来回回走了二十年了，远眺山峦，我被这座雄伟而传神的狮子形的高山所吸引着，这是一座火成岩的大石山，漫山绿树葱茏，山崖黛紫色，朝晖夕阴，经常看见岚雾缭绕峰峦。在这座山上，我了解曾经生活过两位宋朝名人，一位是宋绍定二年进士罗京，官至户部侍郎，在清凉山的"九曲泉"旁边建有罗公书堂。另一位是陈翥，他著的《桐谱》一书是世界上最早的林学典籍，宋朝的包拯、王安石、苏轼、黄庭坚都曾写诗称颂陈翥。苏轼《陈公学堂诗》中有一句："潜心藐视三公贵，寄迹高随四皓风。"包拯《题陈公学堂》也有一句："无拘无束清闲客，赢得芳声处处同。"陈翥不仅是一位林学家，而且是一位文学家。他一生著书立说，多次谢绝出山做官，许多名人志士称颂他为"道德真君"和"乡村真儒"。

下清凉寺在狮子山下，很方便就能抵达，我去过几次。在那儿，我看了陈翥墓、清凉石和桂花王等胜景。至于上清凉寺，如果不是我调到旅游局工作，如果不是因为有了这条盘山公路，恐怕我不会再有机会上山了。今天上到山顶，我的感觉全然不同于二十年前，我感到这确实是一方风水宝地，每一块老砖和每一块古石雕，都像珍宝一样牵动我的心，那座当年是林场的庙，如今在我眼里看上去是一幢佛教文化的古迹瑰宝。在清凉山上，我眺望远山浩如烟海，黄昏的夕阳高悬西天，我的眼前一派气壮山河的辉煌景象。我身后的清凉山顶，绝壁凌云，山光如烟，幽静而神秘，我顿时想起明代繁阳中丞吴琛写狮子山的一首诗中的两句："雾罩晚岩疑气吐，草铺春麓若毛生。从龙有意能兴雨，与世无情岂啖牲。"我想，狮子山太美丽了，我无法在现代都市看见这种深山绝景，我认为这是千年甚至几万年的人文精神与自然风情，在一方水土之上、在人杰地灵的渴望之中，蕴含沉淀下来的灵气和力量。

我是与县领导一起来清凉山考察旅游资源的，我们只是来看看，并没有惊动这儿的方丈法师，可是他在市里谈关于开发清凉寺的项目，听说我们来了上清凉寺，便打了一趟的士匆忙赶了回来。法师总是笑容可掬，他把我们引进新建的一栋庙宇，泡茶递烟又上了几碟点心，还对我们说，这条盘山公路是他化缘60万元修建而成的，他还把恢复九十九间半房子的清凉寺的规划全景图拿出来给我们看。他说，建造一幢大雄宝殿就要花100万，目前他已经着手准备资金了。他还说要在清凉山的悬崖上雕一座“佛雕群”，这是恢复上清凉寺规划的一种新创意。由于我在旅游局是分管旅游工作的，听了法师的远景设想，心里非常激动，在我的眼中，法师是一位干实事的人，而且有文化品位和敬业精神。他还说，清凉寺规划的实施他要一步步来实现，只是请求县里能不能在通电、铺柏油路和建造水库供水方面给予支持。他态度诚恳，我们听了都非常感动。临别时，法师要留我们吃一顿素斋，我们谢绝了。我们离开上清凉寺时，西天已经渐渐暗淡了，可是法师要了一辆的士，说是还要赶回市里与外商继续谈项目。

一个月之后，我又与法师见了面。这次也是为了旅游项目的事情，是接待上海来的投资商。见面后我才知道，这些商人是他引进来的，说要把清凉山投资建设成通往安徽省的黄山、九华山的旅游中转站，兴办中转旅游。这种想法正好与我们县旅游规划的目标是一致的，我听后很是吃惊，因为县里的规划还没有正式出台，法师自己就先行一步了。

这一天，我们跑了全县的十几个景点，法师总是陪着，而且笑着说：“旅游文化有大文章可做，我不仅要把上清凉寺搞好，而且要为全县的旅游做点贡献。”我平时只写新诗从不写古诗，今天听了法师的话有点儿激动，于是脱口说出一句诗：“佛光无限看清凉，金屏扶手观人间。”他听了，大笑说：“不能担，不能担。”我从他快乐的笑意中体察到他内心的激情，我想不论我怎么说，他总是要干点有意义的事情来的。

我与法师分手后，一直在想，清凉山喧闹过的岁月，我只能在历史沧桑的风声里去想象了。可是我所看到的狮子山，一直是沉寂的，有文化名人的沉寂，也有美丽风光的沉寂，还有那些旅游资源被破坏了的无声的沉寂与控诉，仔细一想，更多的还是我与众多人们一样，在心灵之中，多年以来对旅游文化的漠不关心和无言以对，这是一种巨大而可怕的沉寂。如今，这一切在我的思想中，逐渐变得有了一种撕裂的疼痛的感觉，于是我发现我对狮子山有了一种独特的认识，这种认识不只是对于一座清凉山，不只是对于一位法师。我想，我所渴望的不是信口说出的佛光，而是对文化旅游产业兴旺发达的渴望之光。我渴望能有无数位像金屏一样的人，实实在在地为恢复古老文化而尽心尽力，为了山川秀美，为了现代文明的人类走进美丽的自然之中，享受生活，享受快乐。

狮子山，我在为你写这篇文章的时候，我的灵魂已经走近了你，我的思想已经进入了一种澄清明亮的文化世界。

太阳冲

车子在柏油马路上飞驰，透过车窗看外面的风景，我感到每一个山丘，乃至每一棵绿树、水塘和山石，它们再普通不过了，可我的目光看过去之后，它们都是属于阳光的，正如我的灵魂属于太阳的照耀，其实一切生命对关爱和恩宠的渴望，莫过于对太阳的渴望。

太阳冲，一个很好听的名字，那里美丽的景点，在我的潜意识中根深蒂固，像干净的雨水洗过一样清晰。车在飞驰，我乘坐的其实是一辆很旧的白色吉普车，一路飞驰奔向太阳冲。我虽然已没有了十年前的激情，但仍然能感觉到我在逐渐贴近太阳冲的一石、一树和一水，感觉到它们的厚重与亲切，这是一种情谊，在阳光中的比重和浓度，渗透在我的灵魂里，显得风和日丽。

现代人需要阳光，太阳冲的阳光纯净温和，它隔绝喧哗的尘嚣，远离城市的灯红酒绿，太阳冲的阳光是“绿色的休闲阳光”。我的这种想法，是一位太阳冲的农民朋友所说的一句话激发了我。他说：“别说城市好，其实乡下的空气最新鲜，太阳冲的阳光最美丽。”

这位农民朋友，他身着粗劣的衣服和鞋，有着平实乡下人的头发与神情，使我想起太阳升起在黄土高坡，他的笑脸是农民本真的笑脸，朝着太阳，笑脸中有一种奔放的热情和粗犷的意念，是那么地贴近大自然的真实。我感到他是一棵向日葵、一株红高粱，然而对于太阳冲而言，我要说，他是一棵吐出氧气的绿树、一处绝壁深藏的风景石，我甚至感到他是太阳冲的碧潭深水中的一弯月牙儿。这一切想象，太美丽了，其实任何事物都是因为被太阳染色，才如此富有生机。

这次重返太阳冲，我感到自己像“躲进小楼”多年之后，终于走出令我窒息的城市。城市的嘈杂，隔绝了我与自然之间的亲近，我渺小的身躯，困乏而又百般无奈，这些年来我淡忘了太阳冲，淡忘了我的农民朋友，有时我甚至淡忘了我自己的存在。

果然，今天见到的还是我的那位农民朋友，他还是我登临太阳冲的向导，他曾经对我说过：做一位劈开藤萝灌丛的“樵夫”，是太阳冲人的快乐和骄傲。

他的笑容，还是阳光的笑容，那种掏心窝子的笑容，只有我才能看见它内涵的丰厚与意义。我知道他很穷，比我这个城市“贫民”还要入不敷出，可是他是太阳冲里的农民，有着山的脊梁和太阳无私的品性，他是一个平常的人，对于那些精神自乐而扬扬得意的人而言，他的存在，或许是一种悲戚，还是“枉走了红尘一遭”?

他还像从前一样，对我说了许多掏心窝的话。他为我们在登山劳累之后准备的美食，我知道是倾其所能做出的最大努力，这是他掏心窝子的情怀，也是对城里朋友抵达给予的极致的关爱和恩宠。临走前他对我说了一句话：太阳冲美丽，多回来走走，也多带人来走走。

多回来走走，与“常回家看看”，似乎意义贴得很近，无论是缘于友情，还是缘于亲情，那种人性的芬芳刻骨铭心，弥漫在阳光色的空气里，醇香陈年，余温袅袅。

我的农民朋友，你家乡太阳冲的风景，美轮美奂，我在走笔之际，体验最深刻的是你情感暖流中的人情馨香、人性之美，风景这边独好，太阳冲“好”，我祝愿你的日子要过得更好。

歌手解小东唱过一句歌词，“给我一身太阳色能把那雪融化”。我想，无论对于太阳冲的风景和太阳冲的友人，还是对于我的灵魂而言，这句歌词都唱得最贴切不过了。因为我已经融化了。

天目湖

万里长江流经安徽铜陵，在这一段黄金水域的长江南岸，有一个美丽的湖泊，她有一个美丽的名字叫天目湖。

在天目湖上，有两座出浴湖水的小岛，宛如两颗明亮的眼睛深情地仰望天空。天目湖这个美丽的名字，大概就是因为有了这两座形状如同天目的小岛而得名的吧。

天目湖上，碧波万顷，浩如烟海的湖上风光，一眼望去赏心悦目，让人们的心情恍然置身于水色天光的安详和博大之中。

黄昏，一轮夕阳垂落西天，这是天目湖的一处独特的风景。“落霞与孤鹜齐飞，秋水共长天一色”，在天目湖上，你能够看到初唐诗杰王勃抒写的这种恢宏的气势，能够感受到这种景象的水域风采，更能在气象宏伟的湖上风光里，让心灵与大自然融为一体。

天目湖，也叫白浪湖和缸窑湖，她的另一个美丽的名字叫“皖江鹭岛”。

四月梨花芬芳，白鹭鸟成群结队地飞翔而来，小小的天目山就成了鹭鸟的世界。成千上万只鹭鸟，竞飞翔集，天目湖成了一派生机勃勃的鸟的天堂、鸟的乐园、鸟的故乡。

唐代诗人杜牧写过一首《白鹭》诗，诗曰：“雪衣白发青玉嘴，群捕鱼儿溪影中。惊飞远映碧山去，一树梨花落晚风。”可谓是写白鹭鸟的传神之作。大诗人杜甫的著名诗句“一行白鹭上青天”，写得更为绝妙动人。在天目湖上，观鸟吟诗，可以引发人们遐想白鹭冲天的万种风情和美妙画卷，可以让渴望的心灵与白鹭齐飞，可以让美丽的思想与白鹭共舞。

白鹭是候鸟，每年春来秋去，在天目湖的绿树丛荫里年复一年地生息繁衍。白鹭飞起，双腿向后伸展拖在翅下，姿态非常优雅潇洒，无论清晨，还是傍晚，白鹭鸟满天飞翔觅食，水天一色，上万只白鹭鸟，把整个天目湖和天目山装扮得十分壮观和迷人。

水傍山而秀，山因水而出色，这里有湖光也有山色。如果说湖水像一碧纯香弥漫的陈年美酒，那么青山就像一幅如诗如画的淡墨人生。渔歌如烟，晚舟飞渡；青山不老，人杰地灵。这里是湖的世界，也是山的世界。这里是湖的海洋，也是山的海洋。这里有湖的灵性，也有关于山的美丽和神奇。

天目湖的东面，群山环抱之中，苍峦叠翠，绿树成荫，绵延浩荡的山与丘陵，像无数雄伟的生命环环相连。

在群山之间，风景无限美丽。

翠竹禅林，是善男信女抵达九华的中转之地，古代有“小九华”的美誉。江村古民居，为明清时期的建筑，石雕木刻，古韵清远，具有较好的旅游开发价值和考古研究价值。十里长冲和西峰山谷，溪水长流，林秀山奇，一种来自大自然的神秘、宁静和安然的感觉，令人追怀流连，久久不愿离去。皖陵珍稀动物养殖场，有鸵鸟、马鹿、孔雀和梅花鹿等珍稀动物，占地 140 亩，这些国家重点保护动物，一个个表演节目，令游人啧啧赞叹。双龙洞，“养在深闺人不识”，洞口高大宽敞，清泉四季从洞里流出，从不干涸。洞内路萦回曲，钟乳石，如玉柱，如天马行空，如观音送子，惟妙惟肖，引人入胜。盛氏牡丹，是发生在双龙洞旁的一段传奇故事，相传宋仁宗因盛度平息边疆之乱有功而深对其器重，设宴款待，并御赐“状元红”牡丹一株。这株牡丹花从此在双龙洞盛家祠堂蔚然成树、开花。盛家祠堂已经成为故地，但是牡丹花却留在了民间，成了百花珍品，在山野田地中广为引种。

天目湖的西南面，有一条河从这里流过，它的名字叫青通河。青通河发源于青阳县九华山麓，经童埠流至铜陵大通咀入长江，全长28公里，是长江连接青阳九华的唯一的水上通道。青通河唐代时称石桥河，在交通尚不发达的年代，香客和商人云集河上，船帆如云，水流清澈，一派繁华景象。如今我们置身青通河上，遥想昔日的喧闹和繁华，沿着清悠的河水可以逆流而上，去寻找不远处的九华圣地的美景风光，去感觉中国四大佛教圣地之一的九华圣境和九华山水。在青通河上，可以观看妩媚秀丽的自然风光，两岸青山绿树掩映，怪石嶙峋，飞鸟鸣歌于山涧和丛林之中。倘若月夜泛舟，幽静空朗，水天一色，可以让人产生无比美丽的奇思遐想。

顺流而下，过鸡冠山，可达号称“大九华山头天门”的大士阁。“千载松涛鸣古寺，一轮红日照山门。”这里曾是长江中下游一带的香客朝圣九华的必经之地，有一种说法：“不去大士阁，去了九华也等于没有上九华。”可见大士阁之兴旺，与九华山息息相关。大士阁历经人世沧桑，几度兴衰变迁，如今古刹依旧金碧辉煌，成了一处绝佳的旅游观光胜地。寺内有大雄宝殿、天王殿和观音堂等气势宏伟的建筑，而且寺内还有圣传禅师的“不腐真身”，在清代莲花缸里供于祖师灵塔。相传大士阁的“大九华头天门”的称号，是乾隆下江南时所赐，如今原九华住持仁德大师，亲笔书写“大九华头天门”的真迹悬挂寺内。

如果说大士阁是点缀天目湖的一颗宝石，那么古镇大通就是拥有着无数颗宝石的一顶王冠，戴在天目湖美丽的头颅上，成为天目湖最深厚的文化背景和文化基础。古镇大通，在晚清时期，与安庆、芜湖和蚌埠齐名，并称安徽省的四大商埠之一。大通本意有四通八达之说，可见当年作为商业、交通和佛教文化的胜地，大通的繁荣昌盛是可想而知的。

天主堂，这座建于晚清时期的“西方建筑”，它的沧桑身影，包含着古镇历历在目的往事尘烟和岁月故事。它美丽耸立，不骄不华，在长龙山顶鸟瞰万里长江，在日月之下，观摩世事变迁。

明代“龙井”，它是古镇年代已久的历史见证，人们说，它从不干涸，滋养着古镇一代又一代人的生命。历史爬上眉梢，岁月挂满风情。

和悦洲老街，我们可以看见这里曾经繁华的“三街十三巷”，当年的码头、戏院、银楼、澡堂、旅社、报馆和学校，就散落在这里，10万人口就云集在这里，这里被誉为“小上海”，成为当时江南商贸和文化的中心，带来过大通和悦洲发展史上的黄金时代。

铜陵白鳍豚养护场，位于和悦洲和铁板洲的夹江上，长 1600 米，宽 220 米，江岸柳影婆娑，水色秀美宜人。白鳍豚被誉为“东方美人鱼”，亦称“水中大熊猫”和“淡水海豚”，属于我国一级保护动物，物种十分珍贵。养殖场里有水族馆，有中外鱼类品种 200 多种可供游客观光游览，还有各种鱼类标本供人参观。为广大游客提供了旅游、观光和休闲的好去处，也为青少年提供了学习生物和环境知识的大课堂。

大通新镇，这里是一派全新的建筑，是移民建镇的新城区，是集旅游、商贸和生态为一体的新型的大通新镇。2002 年，就是这座以全新姿态展露风采的新大通，被授予第二届“国家人居环境范例奖”。

天目湖，一方神秘的湖泊，在很早以前就有这样一句诗说：“鸡冠山寸土寸金，天目湖寸水寸鱼。”鱼米之乡的丰饶和美丽，已经是对天目湖最为中肯的评价了。北宋诗人晁补之《过铜陵南望》一诗中，就有一句写道：“惊骇舟中齐举看，不言知是九华山。”可见诗人身立于铜陵的长江之上，目视九华胜景，诗情无限，感慨之情也流在了铜陵的天目湖畔。同样北宋大名鼎鼎的苏轼也写过一首诗：“落帆重到古铜山，长是江风阴往还；要使谪仙回舞袖，千年翠拂五松山。”大诗人苏轼，心系铜陵，缅怀诗仙李白，在江风落帆之中，把酒临风，正可谓喜洋洋矣。北宋李纲也留有《铜陵阻风》一首，诗曰：“春色到江渚，梅花正断魂；风波留远棹，烟雨湿寒村。”这首诗正写出了天目湖畔乡郊景色，一种清远秀美的古风流韵，正通过古老的诗歌传达给我们。清刘大櫆《发铜陵》：“大江风急峭帆喧，帆影江声万马奔；朝发铜陵未朝饭，两山如画过天门。”诗中的天门山，正是天目湖东岸山麓的第一高山——天门山。关于铜陵，关于天目湖畔的古代诗歌，举不胜举，这些美好的诗篇为天目湖秀美的景色增加了不可多得的文化氛围。诗歌不朽，愿一切与天目湖相关的美好的诗歌情怀，也永远长留在人们的心中。

天目湖，八百里皖江的一颗美丽的明珠，它屹立在素称“八宝之地”的“中国古铜都”铜陵的长江之滨。它不仅是江南的旅游胜地，而且是中国青铜文化发祥地铜陵的珍贵的自然文化遗产。

连接南北，“合—铜—黄”高速公路已经施工，从天目湖抵达黄山、九华山和太平湖的直通大道就在明天。

横贯东西，沿江高速公路和铜陵至九江铁路的施工指日可待。

天目湖，以其独特的地理区位，将成为现代交通的黄金枢纽；以其雄厚的旅游资源，将开创一个新型的朝阳产业。

天目湖，不仅是集旅游、休闲和观光于一体的一方胜地，而且是抵达安徽省“二山一湖”和江西庐山等旅游胜地最佳的中转地带。

天目湖，她正张开热情的臂膀欢迎八方宾客，她正睁开美丽明亮的眼睛喜迎五湖四海的友人贵宾。

走进连城

钱新华

丁酉年春，一个雨后初晴的上午，雾气还未散去，我们相约来到枞阳连城，倾听一番这里千百年的记忆。站在这片土地上，放眼望去，清渠绕户、枕山环水，显得雅静、清新而明丽。尤其小堤、小桥和那坐落于旁的农家小院，更令人遐想，似隔着潺潺流水，也能够听见悠远岁月里传来的阵阵渔歌互答声。

来到村口，见绿茵如毯的草坪中立一尊米黄色“迎宾石”，似一头眯着双眼的老黄牛在悠闲地反刍着刚啃下去的青草。两行错落有致的“美丽乡村·连湖”红色字体，热情地把我带进群山环绕、连山如城的景象里。我不由地问自己：是不是“连城”这一地名因此而得名呢？

那天，不只是阳光好，各种意想不到的开心事都赶上了。先是遇到了县里“大美枞阳·画里乡村”启动仪式。一句县主管领导宣布“‘大美枞阳·画里乡村’启动仪式开始”的话音刚落，就见一支像是安庆方向过来的骑友队伍，在场外拉起了一道长长的“墙”。那场面，那气势，就像是一种特约嘉宾莅临现场的感觉。骑行队伍中，有位胸飘长髯的老者，更是让我仰慕不已。老人身边有位骑友见我们好奇，热情地向大家做了这样的介绍：他是一位自行车运动达人，虽逾古稀，却一直坚持骑行运动……立马就有粉丝们争着上前与其合影，似乎要把老达人的那种自信阳光、快乐健康，统统带回家。或许这些骑友们早已是连城的“常客”了，只是我寡闻而好奇吧。毫无疑问，他们选择连城作为骑行中一个驿站，一定是看上了连城这里宜居、宜游的那种独特魅力吧。

来到连城，不可不去天峰寺。这是一座集佛教文化与自然、人文景观于一体的古寺，我早就想去拜谒了。

一砖一瓦皆是史，一草一木总关情。用这句话来描述我对天峰寺的印象，一点也不夸张。

初闻天峰寺这个名字，我曾有过这样的猜想：这寺会不会是建在一座险峻的峰顶上？其实这寺名寓意，哪是我等凡夫俗子所能揣测到的？后来从一文献中才得知该寺名字来历，与其坐落的“高度”并没有多大关联，只是因庙门朝西，遥望潜山天柱峰而得名。

同行文友章君，年纪不大，倒是一肚子“古经”。我们一路走，一路上听他介绍着有关天峰寺的“身世”。当我们行至杨家山下一处农家菜地时，见地头赫然裸露着一块似“牛蹄”状的粉色巨石。他指着这石头告诉我，这便是传说中的“马踏石”。我为之一振，像是遇到了“外星人”，端详良久，不舍离去。我已经注意到了，眼前这是一片零星种着各种庄稼的坡地，那巨石似一只从九霄云外掉下来的天马之蹄，只是蹄底被厚厚的泥土严严实实地包裹着。

沿着弯弯绕绕的麻石阶，我们上到天峰寺正殿。见殿门右侧墙下方镶嵌着一块约一平方米的长方形石刻，密密麻麻地记载着天峰寺昨日里的故事，其中就有一段关于“马踏石”的文字。

一腔直言九重天，朝奏夕贬陌路边。
欲为南国兴邦事，宁洒热血玉阶前。
云横白鹤家何在，雪拥连城马不前。
陈兄远送殷殷意，惜别依依云水边。

一首南唐徐铉（917—992）的诗，一下子把我带到了一千多年前。从这首诗里，我们可以看出大致情形：徐铉在南唐官吏部尚书，因赵家大兵压境，徐主战，向南唐后主李璟力谏，遭到怕打仗的大臣们联手加害，被贬至舒州境内的枞阳江边荒芜之地。舒州知州陈洪寿，为徐铉故交，亲自送徐到连城江口，遇大雪阻路。时徐铉坐骑正踏在一块冰雪遮盖的石面上，因马匹突然受惊，前蹄高扬，扬鬣长嘶，踏石不走，遂在石旁歇马，留下马蹄印迹。后人因仰慕徐盛名，故名“马踏石”纪念之，亦名“驻马坡”，为天峰寺十二景之一。从马踏石留印的深深水迹看，这一传说并非是空穴来风。

浏览着墙上镌刻，我满脑子回放着“驻马坡”那一幕幕场景。我们哪里会想到，这儿曾经是古代通往安庆的驿路。南唐徐铉被贬连城时，留有《龙门寺记》一文。宋代清远禅师重建该寺，称龙门禅院。明代崇祯七年（1634）重修，时名天峰庵。明代洪武初年，曾设马踏石巡检司（明清时，凡镇市、关隘要害处俱设巡检司，巡检为主官正九品，相当于现在的派出所，归县令管辖），后为巡检署。洪武八年（1374）建立马踏石社学，课耕里中子弟。我们不难想象，这里一度是集交通、佛教、经贸、文化教育为一体的重要关隘。用今人的话说，有着得天独厚的区位优势。

阅尽湖山，禅意入心。多少先贤，何曾不是？清代顺治十一年（1654），由智湘和尚重修，曰天峰寺。其匾额为乾隆年间礼部侍郎张若澄（张廷玉次子）所题。后经战乱，几废几建。如今已形成前后数进规模，供奉着南海观音与四大金刚、十八罗汉诸神。寺内庄严肃穆，气势恢宏！寺旁石壁下有一泉水，清澈见底，久旱不枯，汲之旋满，虽雨不溢，故名“定泉”。北有石如蛙，面对定泉，有跃跃欲试之态，因名“蛙饮定泉”。同属寺内十二景。

出后殿，抬头望见东西二岭各耸立着一尊巨石，似天外来客。不知不觉中加快了脚步，朝岭上巨石赶去。躬行在陡峭的山道上，身子不一会儿就渐渐热腾起来，口鼻也开始拉起了“风箱”。是过于兴奋，还是体力消耗所致？些许两者都有吧。

通往“一柱擎天”的路是条狭窄坡陡的山道。怪石嶙峋的道旁，除了一些不知名的灌木杂草，偶尔也能见到几株绽开笑脸的杜鹃花。可以看出，这些生灵或许是长期受佛家文化的熏陶，一个个都具有那种平静的内心，它们之间没有恶性竞争，安详、平等地享受着属于它们的那片蓝天、阳光、雨露、泥土。尽管也有某个花花草草，会突然跑出来拦住了你的去路，但并没有让人感到这是一种失礼的行为，而是人类擅闯了它们的领地呢！让我步步惊心的倒是这湿滑的路面。

登上峰顶，我猫着腰，小心翼翼绕石柱半圈（另半圈悬在绝壁上，无法环绕），凝神屏气仰望着似悬停的石柱，越发臆想：要是能沾上她的一点灵气该多好呀！我俯下身子，对着石柱脚下一处似人为留下的“洞口”，又是一番好奇地端详。同行的章君，见我身在险处不知险，不住地提醒我该注意安全。我心存感激。

倚在石柱下，我蓦然想起了一个古老的传说：相传明洪武初年，刚登上帝位不久的皇帝朱元璋，不知道是听信了哪个臣子的馊主意，说天峰寺后山这尊石柱有“定乾坤”的法力，若放在宫中，可保大明江山千秋万代……朱元璋听了，龙颜大悦。遂下旨派人到枞阳天峰寺装运“护国石”。遥望石柱，大有一柱擎天之势。一阵山风吹过，又似在摇摇欲坠。若想搬走，谈何容易？为取石柱，皇帝劳师兴众，远道而来。数月过去，招数使尽，拉断铁链，不计其数，石柱却岿然不动。虽说是“普天之下，莫非王土”，然天意不可违，竹篮打水，终究一场空。时至今日，石柱巍然耸立，笑看世间百态……

下岭时，遇一位带着子孙祭祖的当地矍铄老人，从他口里听到：过鲤鱼鳞山，依径而下至东麓，昔日建有三贤祠，奉祀隋代皖城郡公张威、其子连城县公张植、南唐吏部尚书徐铉，后毁于兵燹。清时，连城先贤张孔纪，于祠址近处建有望贤楼，以示后人。

清代咸丰十一年（1861），太平军为夺取枞阳与清兵于马踏石进行了一场外围大战，终未获胜。旁有毛家墩，为元代末年毛氏远祖由寿春南来始迁之地，定居后制坯烧窑，为小缸窑窑场前身。再往前，是枞阳河古源头，在菜子湖进入枞阳河口处，突起二山，隔河相对。东岸山形如狮，名狮子山；西岸山形如象，名象山。俗称“青狮白象守护津关”。

徜徉在洁净的环形村道上，我们欣赏着被一块块黄绿相间的油菜麦田装扮的村居农家，望着时隐时现在阡陌交错的旷野里的追梦人，听山脚下园林中的鹊语鸠啼，吮吸着空气中飘过来的阵阵甜味……竟恍惚起来：难道，自己真的走进了“种豆南山下，戴月荷锄归”“鸡鸣桑树颠，依依墟里烟”的那个世外桃源？

正当我陶醉于眼前美景时，倏然间，从身后走来了一位老爹爹。老人右手掌心握一把小巧玲珑的紫砂壶，一脸古道热肠，一副悠闲自在的神情。在与我们闲聊时，他一脸幸福地数落着美丽乡村建设带来的一件件喜事与变化。从新农合、养老到种田有补贴，从孙辈们上学不交费到看病报销不贵等惠民政策，如数家珍。

攀谈中，我还得知，老人今年 76 岁，就住在我身后不远处。我顺着他的手指所示，看到了一座乖巧的小桥，连接着山脚下翠竹掩映中的那座粉墙黛瓦的院落。小桥下溪水潺潺，清澈见底，偶尔可见到几条手指大的小鱼逆流而上。一辆米黄色的小轿车朝着院外，扭着屁股停放着。院门两侧的文化墙，绽放着催人奋进的诗情画意。

说起文化墙，老人深情地向我们讲起了两则小故事。一是“拖船沟的故事”。讲的是清乾隆年间，这里出了一位名叫张兰的贤达，时任广西柳州知府。此公为官清廉，爱民如子，深得百姓爱戴。有一年，张兰回乡省亲，见连城湖通往枞阳上码头的水道，有一段阻碍了交通。他便拿出了自己的俸银，发动乡亲们去疏通河道。因工期紧，有一地段开挖不深，载重船只能用人力拖过去，因名“拖船沟”。

“此沟遗址今尚在，留有佳话传后人！”我听了，心里默默地感叹起来。

另一则民间故事叫“寒夜送火”。说的是很早以前，有位孝顺婆婆的好媳妇。在一个天寒地冻的夜里，她怀揣一只小火炉，去为婆婆送暖。刚爬上虎头山，遇到了一只张牙舞爪的老虎向她扑来。媳妇哀求道：“老虎呀，老虎，你现在可别吃我，等我把火炉送给婆婆回来再吃吧！”说也奇怪，她回来时，在树底下等了好久，也没有见到那只老虎。听了古老的传说，分享了美丽的故事，我不由得肃然起敬：原来，我每一脚踩着的都是连城厚重的历史！

老人见我不断地称赞着这里的生态环境，风趣地与我们逗趣道：你若是喜欢这里，可以来连城投资兴业呀！我会心地朝他一笑，一边拱手与老人话别，一边祝福他健康长寿！

若我们居繁华闹市久了，想要一份宁静致远，那就到连城来吧，寻一段过去的旧梦，找几分心中的念想，老祖宗留下的青山绿水而今已成为宝贵的财富，在当地政府的保护开发中，吸引着一拨拨游人，在这里，赶上最美好的遇见。

喜欢连城这样的村落。虽不是青藤竹篱，草舍茅庵，一畦春韭，十里杏花，一派诗意江南，但背倚青山，连一湖清流，看落雁冬去春来，观溪流淙淙流淌，数墟里炊烟……那是不变的风景。还有在这里邂逅的那几位老人，守望着这片静谧而秀美的土地，相伴的是家的温暖，这些不正是我们想要的生活吗？

印象菜子湖

高 斌

一阵清风，便可拾起旧梦，一翻阅，便是画里山湖。终于在一场秋雨里，我要去找寻，遥想已久的菜子湖。

经过老桥、塔桥，经过脑海里熟悉的地名。雨水打湿的车窗，把青山和村庄装裱成一幅水墨画，我们就在画里穿行。美丽乡村的景色，在雨刷的一闪一收间若隐若现。雨声渐大，车在不宽敞的乡村公路上迂迂回回，像极了从江南归来的摇舟，带着侬语，驶入世外的芬芳。

湖面潋滟的水光在雨后进入我们的视野，一阵兴奋，虔诚地放慢速度。岸边的青草，以及摇曳的柳树，不小心就把村庄分开，既诗意又无意。几头享受下午时光的水牛，或卧在草丛闭目佯装，或站在湖边喝水吃食，偶尔有白鹭掠过，就勾勒成了一幅画，就成了它简单的日子。你站在其中，没有烦恼，没有忧伤，没有喧嚣，有的只是童年的身影，和那无忧无虑的梦境。

可能，世间所有的路都是相似的，就像所有的泥土都带着芳香一样。你闭上眼睛，就能相识。多年以前，或多年以后。

菜子湖与众不同的地方，就是湖面密布而又整齐的竹子，蜿蜒到看不见的远方，不经意就成了风景。湖面划着小舟的渔农，荡着木桨，归来或出港，在我们眼里都是那么潇洒，那么惬意。戴着草帽的大哥，在一堆渔网中间，认真修补着破损的地方，我们的到来，丝毫没有打扰他的视线。他的淡定，让我们羡慕不已。我想，他修补的一定不只是渔网，更多的是一种态度，一种对生活淡然、对岁月不惊的态度。偶尔，他会望向远方，不知是等待归来的船只，还是即将到来的大雨。青山远黛，也只不过是他眼里的对岸，也只不过是关于春秋冬夏的颜色。

小舟归来，收桨抛锚，把收获从渔网里拾起，三两笑声从岸边登陆，一株小草也会跟着水纹点头迎接。从渔农爹爹口中知道，这里就是车富岭。我好奇这般诗意的湖边，小舟荡漾，为何会有“车”一说呢？渔农爹爹笑语，水车车水，越车越富。我似乎有些明白，鱼米之乡，淳朴的车富岭人，连希望都是那么的让人感动。不仅如此，连这里的乡名都是虔诚的，车富岭地属雨坛乡，而雨坛一名的来由，据说最初名该是“祈雨坛”，祈雨求福，祈福风调雨顺，多么善良的雨坛人。

“石壁挂藤通篆意，桐荫滴露聆琴声”。湖边一处高出的土墩，几颗新藤努力地攀爬，点缀季节。你仔细观察，会情不自禁地笑出来，因为当你赋予它们生命或者情感的时候，你会发现原来它们是那么可爱。雨声轻点杨树叶，清唱一首关于秋天、关于湖畔的歌，你浮躁的心，真的会被洗涤，浑然不知你被雨水打湿的衣襟，已经沾染了菜子湖的灵气，宁静而又禅意，让你即刻就有归依山水、归依田园的心思，走不出来。

一条小路沿着湖边延伸，然后被湖水隐藏，那是我抵达不了的远方。

那里应该有诗，应该有书声，似乎还应该有酒，我隐约听见有马蹄声，那是古道，是我去往“桐城派”的渡口。然后择一叶小舟，吱吱呀呀地前行，去往历史深处。菜子湖的辽阔，是一种姿态，经过长河，汇入大江的姿态。菜子湖的水，赋予了这块土地深厚的文化底蕴和气息，打开了一道又一道刻上文化的长廊，孕育了一代又一代名门望族以及大家。明朝中叶，29 岁的雨坛人齐之鸾考中进士，入选翰林院庶吉士，这是枞阳历史上的第一位翰林。大湖之风，打开了酝酿已久的文化气场，枞川之河从此汇入江海，从此汇入文化主流，一发不可收。或许让人遗憾的是，齐之鸾生不逢时，菜子湖清澈的世风浸染，让他看不惯朝廷的作为，屡次被贬。一个怀抱江湖的人，把情怀寄予文字，寄予诗歌，不无偶然地为“桐城派”的发展打开了阵地。“云外好呼南去雁，系书先为报江乡。”一颗江河之心，恰好诠释了他和这片湖水的深情，以及这里的每一处精致能带给你的明月清风。

那些相忘江湖的故事，你一低头，就能在一块隐于草丛里的青花碎片里读懂，安静而不改最初的颜色，看菜子湖夏涨秋落，看风轻云淡。

小舟自横。远处的独山，像是闺中的姑娘，临窗观雨，等一帘幽梦，等暑去秋来。谁又能轻易靠近，谁又何尝不想靠近？只是烟雨蒙蒙，也许是她给你最美的姿态。等你再次遇见，依然不问归途，哪怕荒芜了时光，也要提一壶酒，在炊烟升起时，品味水乡。

大通天主堂

松　子

我读小学一年级就是在大通天主堂里上的学，现在还隐约记得，当时的礼堂被芦席隔成了几间教室，我们便在里面上课了。有时放学了，我们几个调皮的孩子，还会从铁梯爬上高高的钟楼。在钟楼之上，可以鸟瞰大通镇的全景，鹊江两岸的风光尽收眼底。当时我们就听老人们说，这座天主堂是葡萄牙人建造的，还说那个葡萄牙人是位神父，叫解佩义。我也听不懂，只记得这不是中国人的教堂，而是外国人来创办的——有的人还干脆说，这是葡萄牙人侵略中国的铁证。我听了，幼稚的心灵于是烙下了一块伤疤，以至于很长一段时间里，我对这座天主堂都持有一种“仇视心理”。

后来我长大了，读了不少关于宗教方面的书籍，也了解到党和国家关于宗教信仰的政策，便对这座教堂有了一种全新的认识。可是如今这座教堂的已经被拆除了，只留下了一幢孤零零的钟楼了。有时我回到大通，都要到钟楼去看看，内心深深为之惋惜，我想这是多么好的一座教堂呀！如果保存完好，它的文物价值是非常高的。

有一天，从一位文友的文章里，我有了新发现，其实这座教堂并不是葡萄牙人投资兴建的。投资兴建的人，的的确确是一位中国人，名字叫朱牧野，他是安徽省青阳县人，做小杂货生意的小商贩。原来，民国二十年（1931）夏，当时的国民党政府在大通发行一种“中华航空公路建设奖券”，1 银圆可买 5 张，500 万张为一个开奖组，一等奖可得奖金 25 万元。朱牧野那天到大通购货，于是就买了 5 张。没想到，他的运气特别好，购买的奖券号码是 2 个开奖组的，而且都得了一等奖，2 张获奖券可得奖金 50 万。这一来，朱牧野可成了大富翁了。可是后来，朱牧野并不顺心，许多人都来向他借钱或找麻烦，敲诈勒索的人络绎不绝，一段时间弄得他提心吊胆的，连在青阳开的小杂货店也被迫关门歇业了。朱牧野是一个虔诚的天主教徒，被逼无奈，他决定把奖金全部捐出去盖大教堂。于是他去了南京，找到葡萄牙人当时在南京开办的天主教会总部，把钱捐了出去。葡萄牙人于是派来了解佩义，在大通和青阳县的天主教堂的基础上进行了扩建，增建了几栋教室、钟楼和圣母教堂等。教堂的竣工日期为 1936 年 8 月 18 日，如今钟楼墙上的碑文还清晰可见。

当我了解到大通天主堂建设的真实情况后，不免对儿时的心态感到好笑。怀着对天主堂探索研究的想法，我查阅了一些资料，也对天主教在铜陵地区的活动与渊源，有了进一步的掌握和了解。同治八年（1869）法籍教士获尚清（译音）在我县和悦洲建造洋式瓦房 4 幢，设立了教堂。同年女教士蒋某（上海人）亦在和悦洲建造洋式瓦房 1 幢，作为女堂。光绪十二年（1886）传教士杨世安（湖北人）在管山（现在新桥镇新丰村）建造洋式瓦房一幢，设立教堂。光绪二十二年（1896）法籍教士获尚清复在顺安建造洋式瓦房 1 幢，作为教堂。光绪二十八年（1902）某女教士（湖北人），在顺安建造洋式瓦房 3 幢，作为女堂。另外，公元 1905 年法籍传教士狄司铎（音）建顺安天主教堂。公元 1936 年，西班牙神父解佩义（音）建大通天主教堂。此后，大通、顺安两地的教堂的传教士便向全县扩散宗教影响。当时铜陵境内，已经有教堂 6 座，均为西欧式建筑。抗日战争时期，一些教堂受到严重破坏，至中华人民共和国成立初，铜陵尚存教堂 4 座，教徒 2502 人。1951 年，大通和顺安的一些外籍神父利用宗教搞反革命活动，于是被驱逐出境。自此，天主教堂就停止了活动，之后，4 座教堂先后被拆除了。

大通天主教堂，有圣堂、教室、传教室、宿舍、工友住室、教友休息室等等，合计 11 间。另有土地 14 亩。属芜湖洋码头天主教堂管辖。1938 年教堂被日军占领据为兵营，其工作人员逃往青阳。1945 年，由西班牙神父纪纳德（音）负责，有工作人员 10 人，其中外籍 3 人（男 1 女 2）、中国籍 7 人（男 4 女 3），并设诊所 1 个、学校 1 所。属于该教堂管辖的有 3 个公所，即和悦公所、五松公所、丁家五房公所。1951 年纪纳德等人离境，中国籍工作人员分别加入当时大通的联合诊所和小学教师队伍。土改期间，该教堂的土地分给了当地农民。教堂所有房屋，后来全部改作小学校舍。

我每次回到古镇大通，走过这经历了风风雨雨的天主堂的钟楼，都会情不自禁地停下来仰望它。我是从这座钟楼里走出来的孩子，如今已经是两鬓花白的中年人了，沧桑人世，几度变迁，我突然感到自己的心与钟楼贴得那么近，我无法不用一种缅怀的神情注视钟楼，它是一种见证，同时也是一种文化的承载和烙印，更多的喜悦、痛苦，让我不安宁的情绪变得心潮澎湃。近几年来，钟楼边杂乱的小屋基本被拆除了，随之建了一块绿地，可供游人游览观光。当我走在绿地之上，恍然置身在岁月流动的风声中，我依然怀念那座已经匿迹的教堂——我的第一堂课就是在那儿上的，今生我也无法抹去这种记忆了。我想，一个完整的梦是永远不存在的，可是当梦成了一种文化后，更重要的是珍惜它们的存在。